Manfred Langner (Hg.)
Dem Leben auf der Spur

Manfred Langner (Hg.)

Dem Leben auf der Spur

Erinnerungen – Meditationen – Annäherungen
EinLeseBuch

Vier-Türme-Verlag

Die Deutsche Bibliothek – CIP-Einheitsaufnahme

Dem Leben auf der Spur : Erinnerungen – Meditationen –
Annäherungen ; EinLeseBuch / Manfred Langner (Hg.). –
Münsterschwarzach : Vier-Türme-Verl., 1996
 ISBN 3-87868-560-2

Manfred Langner (Hg.)
Dem Leben auf der Spur
Erinnerungen – Meditationen – Annäherungen
EinLeseBuch
Im Auftrag der Hauptabteilung Gemeindearbeit
im Bischöflichen Generalvikariat Aachen
© by Vier-Türme-Verlag, Münsterschwarzach Abtei 1996
Gesamtherstellung: Vier-Türme GmbH, 97359 Münsterschwarzach Abtei
ISBN 3-87868-560-2

„Da ist er!"

Ein Künstler hatte in der Meinung seiner Freunde ein bewundernswertes Bild gemalt. Es zeigte einen Weg, ansteigend zu einer Bergkuppe, auf der ein Haus zu sehen war. Die Freunde wünschten vom Künstler, dieses Bild in einer Vernissage auszustellen. Als einer der Freunde die Begrüßung beginnen und die Bildbetrachtung einleiten wollte – da war der Künstler verschwunden. Die Gäste schauten umher, doch niemand entdeckte ihn. Plötzlich rief einer: „Da ist er!" Und der Entdecker zeigte auf das Bild. Da sahen alle den Künstler, wie er den Weg in seinem Bild bergauf ging zu dem von ihm gemalten Haus. Dort angekommen, öffnete er die gemalte Tür, drehte sich Ñâ und lächelte seinen Freunden zu. Dann ging er in sein gemaltes Haus, machte die gemalte Tür zu und verschwand so in seinem Bild.

Umschlagbild: Aquarell von Klaus Hemmerle (1929-1994),
Bischof von Aachen 1975-1994.
Ohne Titel, ohne Datumseintrag, unsigniert. Vgl. dazu den Beitrag auf Seite 123.

INHALT

Ein Wort zuvor 13

Wo's hinführt... 15

Ans Leben erinnert werden ...

Norbert Geis	Wenn der Glaube zur Lebenskrise wird.	25
Christoph Henkel	Kindheits-Erinnerung (1)	29
	Kindheits-Erinnerung (2)	30
Edmund Erlemann	Auf der Suche nach Gott Zum Pastoralen Schwerpunkt „Kirche und Arbeiterschaft"	32
Siegfried Kruse	Erinnerungen an Braun	35
Johannes Schnettler	Allein die Erinnerung schafft Zukunft Auschwitz als bleibende Mahnung gegen Gewalt und Völkermord	38
	Anmerkungen	43

Lebensweisheit will erzählt werden ...

Ulrich Bätz	Oh, wie schön ist Panama – Ein Weg zu sich selbst	49
Wilhelm Bruners	Zwei Lehrer	53
	Gott suchen	54
	Die größte Versuchung	55
Werner Kallen	Die Tänzerin und der Mönch	56
Manfred Langner	so verliert man unterwegs nicht den überblick – michael ende zugedacht –	60
	Anmerkungen	63

Wenn Leben dicht wird ...

Herbert Arens	Dem Leben auf der Spur	67
H. Herbert Busch	Wegzehrung: Brunnen – Boote – Glauben	68
Jürgen Damen	Advent – Gedanken zum KOMMEN	71
Christoph Henkel	Spuren	73
	Erinnerungs-Spur	73
Werner Kallen	Nachtrag zu der Frage, was ich so mache	74
	Bedürftigkeit	75
Manfred Langner	petrus – zu johannes 6, 68-69	76
	vom rechten richten – zu lukas 13, 13	78
Gabriele Laumen	Zeitaspekte: Erfahrungen mit der Zeit – Eine Hand voll Zeit	79
Gerhard Ludewig	Transzendenz im Alltag	81
Elisabeth Pajonk	Trennung	82
Ursula Pöppinghaus	Ergriffen	84
	Anmerkungen	85

Wo Leben durchsichtig wird ...

Hans Günter Bender	Das Leben ist die Spur Gottes Eine Vermutung	89
Anselm Hartmann	Religiöse Spuren in Leben und Werk Anton Bruckners (1824-1896)	94
Erich Johannes Heck	Der Berufene	96
Friedhelm Hofmann	Herbert Falken – Gitterköpfe	99
Karl-Heinz Kurze	Neu sehen lernen	103
	Wähle das Leben	107
Anja Künzel	„... Jetzt schauen wir in einen Spiegel ..."	111
Doris Lintzen	Leben	114
	Leben ist ein Weg	115
	Leben ist	116

Michael Zielonka	Dem Leben auf der Spur – die Spur der Farben in unserem Leben	117
Franz Reidt	Das Haus am Himmel	123
Karl Schein	Das Labyrinth – Das große Spiel des Lebens	125
Mario Schleypen	– „Nur eine alte Frau?" –	132
Herbert Steinbusch	Nun leb mal schön!	135
Maria Kübel	Lebenswege	138
Andreas Wittrahm	Spuren Gottes – auf dem Grund einer Teetasse gelesen	139
Eva-Marie Beckers Gisela Bücken Veronika Bünger Anni Decker Elisabeth Jansen Dorothee Schmidt Doris Schmitz Elvira Storms Lieselore Wald Marie-Th. Hansen-Weitz	Dem Leben auf der Spur	143
Michael Zielonka	Dem Leben auf der Spur – Zur Exegese eines Satzes	150
Josef Schneider	Musikalische Spuren für unser Leben .	151
	Anmerkungen	155

Lebenswegen auf der Spur ...

Günter Bartczek	Sucht Jahwe, wo er sich doch aufspüren läßt! Ruft nach ihm, wo er doch nahe ist! (Deutero-Jesaja 55, 6) Gedanken über den gemeinsamen Boden für verschiedene Wege	161
Franz-Josef Breuer	Lebensraum – Ort der Frohen Botschaft	165
Ulrich Deller	Ich bin der „Ich-bin-da" – Bilder und Namen von Gott	166

Hans Albert Höntges	„Ein Mann hatte zwei Söhne ..." Meditation zu einem Holzschnitt von Paul Reding	169
Paul Jansen	„Da wird Weinen und Zähneklappern seyn" Ein Jesuit predigt im Jahr 1780	173
Christa Matenaar	Ehrfurcht vor dem Leben Eine Predigt	177
Marianne Willemsen	Die schöne Judit und Holofernes der Starke	180
Wilhelm Willms	Vorspann zur Ökumene heutzutage	185
	oekumenelied	187
	Ansprache als Zuspruch mit biblischen Beweggründen	188
Maximilian Wolters	Ein Mann mit Vergangenheit Gedanken zum Nach-denken zu Exodus 3, 14	197
	Anmerkungen	203

Leben hat viele Seiten ...

Hermann-Josef Beckers	Trend „Religion" Überlegungen zu drei Titelgrafiken von Helmut Kehr	207
Heinrich Mussinghoff	Der Bund Gottes mit uns Menschen	212
P. Rolf D. Pfahl SJ	Eine Betrachtung, um Liebe zu erlangen	216
Arno Jenemann	Wozu Sakramente an den Übergängen des Lebens?	223
Gabriele Eichelmann	Der Wolf, die sieben Geißlein und die Mutter Kirche	228
Rolf Mengelmann	Ein Pfarrgemeinderat zieht Bilanz	235
Bert Landen	Ich darf nicht die sein, die ich bin	239
Franz-Josef Schümmer	Wo legen sie denn ihr Haupt hin?	242

Conrad M. Siegers	Die Heilige Familie – Abbild, Vorbild oder Ebenbild (der Gemeindearbeit)?	244
Rolf Mengelmann	Wenn die Liebe hinfällt In der Beziehungskrise wird Sexualität oft zum „Kriegsschauplatz"	250
	Anmerkungen	257

LEBEN AUSSPRECHEN ...

Wilhelm Bruners	Gebet zu einem „alleswissenden" Gott	261
Werner Kallen	Ihr, die ihr nach Gott fraget, euer Herz lebe auf! – Eine Erwägung –	263
Manfred Langner	mein leben – zu psalm 23 –	265
P. Rudolf Ostermann SJ	Drei Gebete	266
P. Rolf D. Pfahl SJ	Steht Gott bei mir in der Warteschlange?	269
Ewald Vienken	„An den Zweigen läßt sich erkennen ..." Eine Gewissenserforschung	271
Arnold Vitzer	Abendgebet eines Eheberaters	274
Sr. Christl Winkler	Jesus, wachse in mir	277
Ernst Schneider	Heimfahrt von einer Pastoralkonferenz	278
	Anmerkungen	281

ANHANG

Autorinnen und Autoren	285
Bildnachweis	295

Ein Wort zuvor

Seelsorge und Gemeindearbeit stehen heute vor neuen Herausforderungen. Die „Zeichen der Zeit" rufen uns zu einer neuen Hörbereitschaft auf das, was uns der Geist Gottes heute sagen will. Die „Zeichen der Zeit" sind nicht eindeutig, sie tauchen immer wieder in schnell wechselnden Zusammenhängen auf, sie zeigen sich nur in Umrissen und sind nicht einfachhin zu identifizieren. Seelsorge ist heute konfrontiert mit unterschiedlichen Situationen, die jeweils andere Zugänge erforderlich machen. Unverzichtbar wichtig ist aber bei allem Ringen um neue Wege in der Pastoral das Interesse, „dem Leben auf der Spur" zu sein.

Als Christen erkennen wir eine Spur, die uns näher an das eigene Leben und das Leben der Menschen heranführt. Diese Spur trägt einen Namen: Jesus Christus. Er ist der Weg, die Wahrheit und das Leben. Der Kirchenvater Irenäus sagt von Christus: „Omnem novitatem attulit seipsum afferens." – „Alle Neuheit hat er gebracht, indem er sich selbst brachte." Auch wir als Christen bringen erst dann etwas Neues, wenn wir uns selbst einbringen. Unser eigenes Leben ist der Schlüssel, dem Leben der Menschen heute auf die Spur zu kommen. Der Weg vom eigenen Leben hin zum Leben der anderen, das ist der Weg Christi. Zu dieser Weggemeinschaft sind wir heute besonders gerufen. Diese Weggemeinschaft ist der Sinn von Seelsorge und Gemeindearbeit.

Viele engagierte Christen im Bistum Aachen sind miteinander auf diesem Weg. Ihr besonderer Dank gilt dabei auch Herrn Prälaten Karl Schein, der immer wieder neue Wege geöffnet hat. Seit 1983 ist er Leiter der Hauptabteilung „Gemeindearbeit" in unserem Bistum. Zu dieser vielfältigen Tätigkeit im Bistum Aachen kommen viele überdiözesane Aufgaben hinzu, besonders die als Vorsitzender der Katholischen Bundesarbeitsgemeinschaft für Beratung. Im Bistum und über das Bistum Aachen hinaus verdanken wir Herrn Prälaten Schein Ermutigung und Weggemeinschaft.

Prälat Karl Schein wird wie das Bistum 65 Jahre alt. Aber weder er noch das Bistum setzen sich zur Ruhe. Wir wollen auch weiterhin dem Herrn den Weg bereiten hin zu den Herzen vieler Menschen.

Der Herr ist es, der ankommen soll, und er ist es, bei dem wir ankommen wollen. Dabei geht unser Blick immer wieder zum erhöhten Herrn in der Kuppel des Aachener Domes. Er ist Ziel unseres Weges und Vollendung unserer Weggemeinschaft. Dies drückt sich aus in unserem Dom, der ein Abbild des Himmlischen Jerusalem ist. Unser Dom ist also ein sichtbares Zeichen, wohin die Spur unseres Lebens führt.

Die Aachener sind stolz auf ihren Mariendom. Seit Jahrhunderten ist diese Pfalzkapelle ein eindrucksvolles Zeugnis einer großen und lebendigen Geschichte. Und so spüren gerade auch heute noch viele, wie sehr Karls des Großen Schein auf Aachen liegt und in Aachen erfahrbar bleibt.

Aachen, im September 1995

† Heinrich Mussinghoff

Bischof von Aachen

Wo's hinführt ...

Der äußere Anlaß

Von außen betrachtet, hat dieses Buch einen besonderen Anlaß: Prälat Karl Schein, Leiter der Hauptabteilung Gemeindearbeit im Bistum Aachen, gibt nach 13 Jahren diese Leitungsfunktion ab und vollendet im Februar 1996 sein 65. Lebensjahr. Grund genug, zurückzuschauen und innezuhalten, abzuwägen, was wichtig und was weniger wichtig war in seiner Zeit des vielfältigen kirchlichen Engagements. So entstand eine Idee, seine Idee, zum guten Schluß mit vielen Mitarbeiterinnen und Mitarbeitern aus der Hauptabteilung Gemeindearbeit und ihm darüber hinaus verbundenen Weggefährten **gemeinsam** innezuhalten, wie denn wohl der rote Faden beschaffen sei(n müßte), der unser ganzes pastorales Wirken und Mühen zusammenhält. So ist dieses Buch entstanden...
Trotz unterschiedlicher Wege, Ansätze, Aufgaben, An-sichten und Ein-sichten, die unverzichtbar sind, bezeugt das vorliegende Buch auch und besonders:
Leben gelingt nur dann, wenn in einem hohen Maß miteinander kooperiert wird.

Dem Leben auf der Spur

Eine bedeutsame Spur in meinem Leben ist mir unser verstorbener Aachener Bischof Klaus Hemmerle (1929-1994) geworden. Ich erinnere mich immer wieder gerne an die Begegnung, die ich mit ihm im Advent 1988 hatte. Wir sprachen miteinander über meinen Wunsch, langfristig als (hauptamtlicher) Laie in der Exerzitienseelsorge mitwirken zu dürfen. Beim Abschied schenkte er mir sein Buch über das Beten. „Ich glaube, es kann Sie auf Ihrem Weg begleiten. Wenn Sie möchten, schreibe ich Ihnen gerne etwas hinein", sagte er, bescheiden, wie er war. Da liegt nun wieder sein Buch „Dein Herz an Gottes Ohr – Einübung ins Gebet" vor mir. Ich schlage es auf und lese seine Widmung: **„Von innen die Neue Stadt bauen"** – sechs Worte, mit denen alles gesagt ist. Um das Bauen der Neuen Stadt Jerusalem (vgl. Offb 21, 1-5; auch Gotteslob Nr.

642!), der Stadt auf dem Berge (vgl. Mt 5, 14), dem Haus mit den vielen Wohnungen (vgl. Joh 14, 2; darum das Titelbild des Buches!), geht es bei unserem ganzen Tun. Oder sollte es! Davon war **er** zeitlebens zutiefst überzeugt. Und dazu braucht es auch und vor allem die Bewegung von innen, sonst bauen wir auf Sand und versinken in unserem selbstgemachten Getriebe! (vgl. Mt 7, 26) Unendlich oft hat er uns nicht nur darauf hingewiesen, sondern es auch auf seine bescheidene, aber eindrucksvolle Weise vorgelebt: „So hatte er ... einen großen Sinn für die immer wieder von neuem von ihm zusammengeführte Gemeinschaft im Bistum, aber auch für die Einmaligkeit vieler Persönlichkeiten, nicht zuletzt unter den Priestern; für den Künstler ebenso wie für den Arbeiterpriester. Manche meinten, er sei in dieser echten Liberalität, d. h. in der Freigebigkeit seines Geistes, in diesem großzügigen Gewährenlassen, schwach gewesen. In Wirklichkeit war es seine unnachahmliche Stärke, daß er eine so große Vielfalt von Begabungen immer wieder durch die Kraft des Geistes zu einer echten Einheit zusammenfügen konnte."
(Bischof Karl Lehmann in seiner Predigt im Trauergottesdienst am 29.01.1994; abgedruckt in: „Nicht Nachlaßverwalter, sondern Wegbereiter", Klaus Hemmerle, Predigten 1993, Hg. Karlheinz Collas, Aachen 1994, S. 145)

Immer wieder hat er uns Mut gemacht, **so wie wir sind**, ob Künstler oder Arbeiterpriester, ob Laie oder Kleriker, ob Mann oder Frau, Kind oder Jugendlicher, **sich einzubringen, um in Weggemeinschaft Kirche** (im Bistum Aachen) **zu bauen: von innen nach außen**.

„Und er wußte nur allzu gut, daß alle künftige pastorale Planung auf Sand baut, wenn es nicht eine neue spirituelle Vernetzung im Bistum gibt, die alle Pläne erst trägt." (Bischof Karl Lehmann, a.a.O., S. 146) Ob wir ihn wirklich damit verstanden haben, verstehen wollten!?

„Von innen die Neue Stadt bauen" – von innen dem Leben der Menschen auf die Spur kommen, in Erinnerungen – Meditationen – Annäherungen ... Darum geht es – nicht nur in diesem Buch!

Dem Leben auf der Spur – aber wie?

War dies nicht das Herzensanliegen unseres verstorbenen Bischofs, uns auf die Spur des Evangeliums zu bringen, in **„Weg-Gemeinschaft"**...!? (vgl. Mk 6, 7; Lk 10, 1)

So schrieb er in seinem ersten Hirtenbrief 1975: „Sie werden mir heute freilich die Frage stellen nach meinem Programm. Ich muß Sie da ein wenig enttäuschen: ich bringe keines mit. Mein Programm ist nur das Evangelium. Ich meine das Evangelium, wie es mir vorgelegt und ausgelegt wird durch die Kirche. Ich meine aber auch das Evangelium, wie es lebendig ist im Glauben und Leben von Ihnen allen, im Glauben und Leben der Gemeinden. Für die Gemeinden, für Sie alle will ich ins Wort Gottes hineinhören, in Sie alle will ich hineinhören, weil ich überzeugt bin, daß in Ihnen das Evangelium lebt." (Klaus Hemmerle, „Hirtenbriefe", Hg. Karlheinz Collas, Aachen 1994, S. 13)

Diesen Grundsatz „Mein Programm ist nur das Evangelium" bekräftigte er viele Male und in unterschiedlichsten Zusammenhängen – vor allem beim Prozeß „Weggemeinschaft" im Bistum Aachen; so zuletzt 1992 in seinen zehn Konsenspunkten. Bezeichnenderweise lautet der erste Punkt: *„Erster und letzter Maßstab ist die Botschaft Jesu.* Wir bilden Weggemeinschaft, weil wir uns und die Kirche im ganzen gerufen wissen zur Nachfolge Jesu. Die entscheidende Frage heißt daher nicht: Was will ich, brauche ich?, sondern: Was will Er, was sagt Er?" (Klaus Hemmerle, a. a. O., S. 245)

Ja, was Er uns zu sagen hat – und das ist viel! –, das finden wir in den Evangelien: in Wort und Tat.

Dabei fällt deutlich auf, daß „Jesu Symbol nicht zuerst der Kelch und die Stola ist, sondern die ‚Sandale' (Heinz Zahrnt). Er ist einer, der zu den Menschen unterwegs ist, ihnen die Liebe Gottes nachträgt. Dafür blieb er beweglich, hatte nichts dabei, was ihn belastete oder beengte."
(Isidor Baumgartner in: Gerhard Dane, „Wie Menschen heil werden", Begegnungen mit Jesus dem Seelsorger, München 1995, aus dem Nachwort, S. 191)

Im Johannes-Evangelium z. B. liest sich Jesu „Gute Nachricht" in einem Satz zusammengefaßt so: **„Ich bin gekommen, daß sie Leben haben – ja es haben überreich."** (Joh 10, 10 in der Übersetzung von Fridolin Stier) Ja Leben, überreiches Leben, ja Fülle, Fülle des Lebens, davon spricht Jesus. Er offenbart einen Gott, der nichts für sich will, nichts zu seinem Vorteil, nichts für seine größere Ehre: „(der) Gott (Jesu) will nichts anderes als den Vorteil des Menschen, seine wahre Größe, seine letzte Würde. ... *das ist der Wille*

Gottes: das Wohl des Menschen ... und gerade die radikale Gleichsetzung von Wille Gottes und Wohl des Menschen, wie sie Jesus im Horizont der Nähe Gottes vorgenommen hat, macht deutlich: hier wird nicht nur ein neuer Lappen auf ein altes Kleid genäht, hier wird nicht junger Wein in alte Schläuche gegossen. Hier geht es tatsächlich um etwas Neues, das dem Alten gefährlich wird."
(Hans Küng, „Christ sein", München, 5. Auflage 1975, S. 241; die beiden Klammern stammen vom Verfasser.)

Jesus hat nicht nur göttliche Spuren hinterlassen, sondern ist dem Leben der Menschen auf der Spur. Ja er selbst – so bezeugt es die Schrift unzählige Male – ist das wahre Leben in Fülle: vgl. Joh 1, 4; Joh 11, 25; Joh 14, 6 u. ö.

Liegt es da nicht auf der Hand, daß Pastoral, im Sinne des „leicht beschuhten Jesus" (Isidor Baumgartner), also Pastoral, die wirklich dem Wohl des Menschen dient, immer auch das Leben der Menschen – so wie es eben ist! – in den Blick zu nehmen hat, dem Leben auf die Spur zu kommen hat ... So kam es zum Titel dieses Buches. Nichts anderes meint das II. Vatikanische Konzil, wenn es in der Pastoralkonstitution „Die Kirche in der Welt von heute" bereits im Vorwort formuliert: **„Freude und Hoffnung, Trauer und Angst der Menschen von heute, besonders der Armen und Bedrängten aller Art, sind auch Freude und Hoffnung, Trauer und Angst der Jünger Christi."**
(Karl Rahner – Herbert Vorgrimler, „Kleines Konzilskompendium", Freiburg, 11. Auflage 1976, S. 449)

Und wie oft sind wir doch weit davon entfernt! Auf der falschen Spurensuche, auf falschen Fährten unterwegs. Am Leben der Menschen – so wie es nun mal ist! – haarscharf vorbei.

EinLeseBuch

Richtig gelesen! Ein Druckfehler? Kein Druckfehler! Vierundsechzig Frauen und Männer haben sich im meditativen Spuren-Lesen versucht: in Worten und Bildern. Dabei sind achtzig sehr unterschiedliche Texte entstanden, um dem Leben in seiner ganzen bizarren Vielfalt, bereichernden Buntheit und oft auch unerträglichen Widersprüchlichkeit auf die Spur zu kommen. So ist ein bun-

tes Such-Buch entstanden. Das, was hier – wie zu einem Puzzle – zueinander gefügt ist, in aller Unterschiedlichkeit, oft aber auch geheimnisvollen Verbindung und Nähe zueinander, möchte einladen, sich selber einzulesen in das Leben, so wie es nun mal ist ...
Oder besser: wie es die einzelnen Autorinnen und Autoren nun mal sehen – aus ihrer Sicht, durch ihre Brille, aus ihrer Erfahrung, aus ihrer Erinnerung, aus ihrer meditativen Annäherung ...
Ein Ein-Lesen eben – mal von da, mal von dort – mehr nicht.
Um sich selber – mal von dort, mal von da – einzulesen in das Leben, in das eigene Leben ...
Darum: „EinLeseBuch" und nicht nur „ein Lesebuch"!

Dieses Buch mehr als „a lot of paper"!?

Ein Gedicht von Detlev Block geht so:

Er
hat kein Buch geschrieben
keine einzige Zeile ...

Wir
gehen unter
in a lot of paper

(Pastoralblatt für die Diözesen Aachen, Berlin ..., Juli 1985, S. 224)

Ich hoffe sehr, daß dieses „EinLeseBuch" – beim Ein-Lesen – mehr wird als „a lot of paper", inmitten von soviel Papier, in dem wir uns verlieren und oft „untergehen". Eben auch in unseren Kirchen und Gemeinden, um es an dieser Stelle einmal so allgemein zu sagen. Es soll Mut machen und Lust, dem eigenen Leben neu und mehr und intensiver auf die Spur zu kommen und dem der Menschen um uns herum.

Schön wäre es ...

... dieses „EinLeseBuch" würde uns so neu zum Leben zurückführen, neu Mut machen und zur eigenen Spurensuche animieren, überall da, wo wir leben und wirken. Schön wäre es, dieses „EinLeseBuch" würde uns neu zu **den** „christusbildern" (zurück)führen, von denen Kurt Martis gleichnamiges Gedicht eindrücklich spricht:

christusbilder

> clemens von alexandrien:
> siehst du deinen bruder
> so siehst du deinen gott

nur leben
entwirft
vom leben
lebendige
bilder

was schaben
was pinseln
die maler
auf kirchengerüsten
an toten gemälden?

des lebens
und seines fürsten
lebendiges bild
sind frauen
und männer

(Mit Genehmigung des Radius-Verlags entnommen aus: Kurt Marti: geduld und revolte. die gedichte am rand. Stuttgart 1995 [¹1984])

Schön wäre es!

Dank

Herzlich danken möchte ich am Schluß den vierundsechzig Autorinnen und Autoren und den vielen anderen lieben Menschen, die zum Gelingen dieses Gemeinschaftswerkes beigetragen haben.

Besonders bedanken möchte ich mich bei Herrn Dr. Hermann-Josef Beckers, Aachen, der mir mit Rat und Tat zur Seite stand, bei Herrn Winfried Dünninger vom Vier-Türme-Verlag in Münsterschwarzach für sein wohlwollendes Interesse von Anfang an, bei Frau Lieselore Wald, Aachen, die mit Geduld, Humor und Einfallsreichtum alle Schreibarbeiten erledigte und bei Frau Irmgard Simons, Aachen, für ihre unermüdliche Korrekturarbeit.

Last but not least danke ich Herrn Prälaten Karl Schein dafür, daß er in seiner Amtszeit Raum gelassen hat für unterschiedliche Wege, Ansätze, Aufgaben, An-sichten und Ein-sichten und den roten Faden darin ...

Aachen, am 28. Januar 1996

ANS LEBEN ERINNERT WERDEN …

Norbert Geis
Wenn der Glaube zur Lebenskrise wird

Begonnen hat alles im September 1981, mit einem Bericht in der Kirchenzeitung des Bistums Aachen über die Arbeit der „Hilfe für Lebensmüde", Aachen. Zu der Zeit hatte ich gerade die verantwortliche Leitung für diese Schwerpunktaufgabe übernommen. Als Reaktion auf diesen Artikel bekam ich einen Brief von einer etwa 50-jährigen Frau aus einem Alten- und Pflegeheim, die mir von einem Suizidversuch schrieb und als Hintergrund dazu Einblick in ihre Lebensgeschichte gab.

Ich besuchte sie, und aus einem ersten Treffen entwickelte sich ein intensiver Gesprächskontakt, in dem beide Gesprächspartner Veränderungen und Entwicklungen erfahren haben.

Im folgenden möchte ich versuchen, einigen Spuren dieses Kontaktes nachzugehen und nach ihrer besonderen Bedeutung zu fragen. Dabei mag die Beschreibung an einigen Stellen vielleicht befremden, da Kirche und ihre Vertreter ins Kreuzfeuer der Kritik geraten.

Als junges Mädchen erkrankte die Frau an Polio und wurde behindert. Diese Behinderung bedeutete einen schwerwiegenden Eingriff in ihr Leben. Sie konnte sich ihren Berufswunsch, Handarbeitslehrerin zu werden, nicht erfüllen. Von ihren Eltern erfuhr sie in dieser Zeit wenig seelische Unterstützung. Ihre Behinderung wurde religiös gedeutet, so daß für sie der Eindruck entstand, sie sei in den Augen der Kirche minderwertig. Ihre Eltern versteckten sie.

Später, im Alter von etwa 25 Jahren, kam sie mit Verdacht auf Knochenkrebs ins Krankenhaus. Eine Knochentransplantation war vergeblich, ein Bein mußte amputiert werden. Vor der Operation brachte man ihr eine Reliquie der Francisca Schervier.[1] Ihre Mutter sagte ihr sinngemäß, sie solle darum beten, daß ein Wunder geschehe und sie wieder gesund werde. Wenn jedoch kein Wunder geschehe, habe sie entweder nicht richtig gebetet, oder sie sei keines Wunders wert.

In diesem Zusammenhang beschrieb sie mir ihre negativen Erfahrungen, die sie als Behinderte dann mit den offiziellen Vertretern der katholischen Kirche gemacht hatte. Das führte dazu, daß sie sich immer mehr zurückzog. Aus diesem Grund besuchte sie keinen Gottesdienst mehr. Gefühle der Erleichterung darüber und Schuldgefühle, Gott zu verraten, wechselten sich ab.

Als ich ihr vorschlug, sonntags den Gottesdienst in der Gemeinde und nicht im Altenheim zu besuchen, reagierte sie zunächst skeptisch und mit vielen Wenn und Aber. Mit ihrem Einverständnis sprach ich mit dem Pfarrer der Gemeinde über die Situation der Frau, und er bot mir seine Unterstützung an. Aus dieser endlich sehr positiven Erfahrung für sie wuchs das Interesse nach intensiverem Kontakt zum Geistlichen und der Gemeinde. Dieser Wunsch wurde so exponiert und bedrängend vorgetragen, daß wiederum mehrere Gespräche notwendig waren, ihr deutlich zu machen, daß eine solche Intensität nicht zu leisten war. Es gelang, ihr das Gefühl zu vermitteln, daß Gemeinde und Pfarrer sie, wie sie ist, akzeptierten. Ein Lepra-Strickkreis ermöglichte es ihr, auf normale Art und Weise Kontakte zu Gemeindemitgliedern zu pflegen.

Ein weiterer Schwerpunkt bestimmte unsere Gespräche. In der Auseinandersetzung mit ihrer Behinderung lernte sie das Judentum kennen. Sie berichtete von einem Schlüsselerlebnis, das sie als Kind auf dem Schulhof hatte. Sie, selber Niederländerin, hörte, wie Klassenkameraden ihr und ihrer Schwester während des Krieges vorhielten: „Ihr dreckigen Ausländer braucht uns nicht die ganzen Lebensmittel aufzufressen." Das klang ihr in den Ohren wie die antisemitischen Parolen, die allenthalben zu hören waren. Von daher identifizierte sie sich spontan mit den Juden.

Sie informierte sich über das Judentum durch Bücher, Rundfunk- und Fernsehsendungen. Die Beschäftigung mit dem jüdischen Glauben führte zu großen Konflikten. Sie erlebte das Christentum als eine Religion von Zwängen, eine Religion, in der Schuld eine große Rolle spielte. Dies wurde besonders deutlich in der Auseinandersetzung mit der Erbsündenlehre. Ein weiterer Gesichtspunkt war für sie die Frage nach der Gottessohnschaft Jesu. Mit Blick auf das Judentum sah sie Jesus als jemand an, den die Kirche nachträglich zum Gott gemacht hatte und der den *einen Gott* verdrängte. Vom jüdischen Standpunkt aus könne ein Mensch nie Gott werden. „Die Juden brauchen zu ihrem Leben nur den einen Gott. Warum brauchen die Christen neben Gott und Christus den Heiligen Geist, Maria und die Heiligen?" schrieb sie einmal und weiter: „Ist christlicher Glaube nicht Dressur?"

Dieses Spannungsfeld zwischen negativer christlicher Erfahrung und erarbeiteter Auseinandersetzung mit dem Judentum führten zu einer tiefen existentiellen Krise: „Wohin gehöre ich? Wer ist mein Gott?". So lernte ich meine Gesprächspartnerin als einen Menschen in einer suizidalen Krisensituation, in einer Glaubens- und Sinnkrise kennen. Mein erster Gedanke war, sie mit den positiven Seiten der Kirche, inspiriert aus dem Evangelium, bekannt zu machen, und ich hatte die naive Vorstellung, das müßte doch in wenigen Gesprächen gelingen.

Ich sollte mich gründlich täuschen!

Sie erklärte mir immer wieder, wie sinnlos sie dieses Leben fände und wie unbarmherzig die Kirche sich ihr gegenüber verhalten habe. Das Ganze deckte sich nicht mit meinen kirchlichen Erfahrungen und meiner christlichen Sozialisation. Ich war überzeugt davon, daß der christliche Glaube die beste denkbare Religion ist. Das Wesentliche war doch, daß Jesus den (Rache-)Gott des Alten Testamentes als unseren barmherzigen Vater verstanden und vorgestellt hat.

Aber mit diesen Argumentationen kam ich nicht weit.

Ein entscheidender Diskussionspunkt blieb die Auseinandersetzung mit der Erlösung. Wenn die Christen an die Erlösung durch Leiden, Tod und Auferstehung Jesu Christi glauben, war das für meine Gesprächspartnerin immer ein Stein des Anstoßes. In einem ihrer vielen Briefe, die sie mir parallel zu unseren Gesprächen schickte, schrieb sie einmal:

„Was ist Erlösung? Die Not der Welt hat im Kreuz eine Bezeichnung gefunden, aber das Kreuz ist geblieben. Die Welt ist heute unerlöster denn je. Wie kann auf die Erlösung ein Auschwitz, Dachau, Theresienstadt, Treblinka und Maydanek folgen?"

Ein anderes Mal bemerkte sie sinngemäß, wenn Christus wirklich die Welt erlöst hätte, dann müsse sie schließlich nicht als Behinderte in einem Heim leben, sondern könne am ganz normalen Leben teilhaben. Die eschatologische Spannung der Erlösung im „Schon" und „Noch nicht" kam ihr wie eine böswillige Vertröstung vor.

Innerhalb der Erlösungsthematik spielte die Geschichte der Verfolgung des jüdischen Volkes eine wichtige Rolle. Sie war überzeugt davon, daß es schon im Neuen Testament und erst recht bei einigen Kirchenvätern eine starke antijudaistische Tendenz gab. Sie glaubte, daß sich das Christentum im Finden einer eigenen Identität vom Judentum abgrenzen mußte. Dies führte zur Frage, warum geschieht das Unrecht an Juden immer wieder, und warum läßt Gott das eigentlich zu?

Diesen Gedankengang verband sie mit ihrer persönlichen Situation: Warum läßt Gott das zu, daß ich behindert bin? Es war schwierig, einen Versuch der Bewältigung zu unternehmen. Ich schlug ihr vor, das Buch Hiob zu lesen und sich nicht **über**, sondern **bei** Gott zu beklagen. Dankbar nahm sie diese Anregung an.

Rückblickend merke ich, daß ich selber aus dem Kontakt mit der behinderten Frau eine Menge mitgenommen habe. Besonders berührt hat mich die Erfahrung meiner Gesprächspartnerin, wie tief Eltern und auch Kirche einen Menschen verletzen können. Andererseits habe ich bei ihr gemerkt, mit welcher Kraft und Beharrlichkeit sie sich immer wieder mit der Frage nach dem Sinn der eigenen Existenz und dem geistigen und geistlichen Überleben beschäftigt hat.

Unser Gespräch geht weiter ...

Christoph Henkel
Kindheits-Erinnerung (1)

Familien-Wohngeruch
Mansardenwohnung – Friesenstraße – Duisburg-Laar – Mansardenfenster – Blick auf die ruhige Straße – warmer Sommertag – Geborgenheit – die Umwelt – sieht mich an: Geräusche, Gerüche ...

Ich erinnere mich an den unbestimmbaren Geruch, den ich als Vorschulkind – in unserer Familien-Mansardenwohnung – aufnahm. Mit Vater und Mutter gab es nur meinen zwei Jahre jüngeren Bruder Helmut. Hannelore war noch nicht geboren. Wolfgang mit 9 Monaten – 4 Jahre jünger als ich – an Lungenentzündung gestorben. Jetzt – in diesem Augenblick – vermag ich den verinnerlichten Geruchseindruck zu definieren als Geborgenheitsgeruch. Es war die Zeit des Sterbens bzw. des Todes von Wolfgang im Krankenhaus. Während Vater im Krankenhaus weilte, hockten mein Bruder Helmut und ich zu Füßen unserer Mutter. Sie hatte ihre Füße auf einem Fußhocker – vom Großvater geschreinert als Schuster – aufgeruht, in ihren Händen den Rosenkranz, mit uns betend für Wolfgang. Unsere Trauer, bei der Mutter voll mit tief empfundenem Schmerz begleitet, der auch uns – Helmut und mich – berührte, war aufgehoben in der Geborgenheit. Sie war wohl festgemacht bei unserer Mutter, aber – so spürte ich – letztlich über sie hinaus dort – was Mutter Gott nannte, oder Jesus. Das drückte sich mir aus in den Gebeten. –

Wie gut, daß es solche Spuren gab, auch den Familien-Mansarden-Wohngeruch. Er umfing alles.

Christoph Henkel
Kindheits-Erinnerung (2)

Als ich ein Kind war, lief ich oft zur Wippe auf dem Spielplatz, zum Schaukelbalken. Ich fand immer jemand, der mit mir wippte – rauf und runter, rauf und runter. Gleich wer oben war, gleich wer unten war: welche Lust, zu schwingen von unten nach oben, von oben nach unten; vom Hocken hoch hinauf ins Schweben, vom Schweben tief hinab ins Hocken. Unten angekommen, wußte ich – es geht wieder einmal hinauf ins lustvolle Schweben; und in der Schwebe war ich mir sicher – ich muß wieder runter, mit den Füßen auf die Erde, ja in die Hocke. Oben packte mich etwas von der Erfahrung Goethes: „Alle Lust will Ewigkeit"; beim Hinunterwippen ahnte ich wohl etwas von der gegenteiligen Wissenswelt Goethes: „Das Unzulängliche – Hier wird's Ereignis."

Damals war mir noch nicht bewußt, daß ich mein Leben spielte in diesem Wechselspiel. Keiner kann oben bleiben – keiner muß unten bleiben. In meinem realen Alltagsleben jedoch war 'runter' schändlich. Ich sollte immer 'rauf', nichts als 'rauf': im Kindergarten, in der Schule, im Studium, im Beruf, in jeder Beziehung, in der Liebe – ganz hoch hinauf, für sich allein auf der Lebenswippe. Ich lernte, das Gegenspiel und meinen Gegenspieler zu verdrängen. Das Gegengewicht in meinem Leben – auf daß es schwinge – lernte ich zu mißachten, zu überspielen. Es verschwand aus meinen Erfahrungswelten: Mein Gegenspieler – mein anderes ICH – muß auf der anderen Seite mitmachen, damit ich, Spieler und Gegenspieler zugleich, schwingen kann, rauf und runter: ohne 'Illusion' vom 'immer oben' – ohne Resignation vom 'immer unten'.

„Weg hinauf, Weg hinab – ein und derselbe", sagt Heraklit. Nur die zusammengespannten Gegenkräfte halten alle Wirkkräfte zusammen und bewirken, daß sie schwingend, d.h. belebend wirken. Lebensschwung: hinauf und herunter, herüber und hinüber wie der Wippbalken, lebt alles Leben in gegenstrebigem Wechselspiel: Einatmen und Ausatmen, Lachen und Weinen, Freuen und Leiden, Ankommen und Fortgehen, Binden und Lösen, Tag und Nacht, Licht und Dunkel, Oben und Unten, Innen und Außen, Mann und Frau – Yin und Yang.

'Für-und-Wider' ist wie 'Ja-und-Nein' aufeinander bezogen. Die gegensätzlichen Kräfte stehen in einem wechselseitig sich ergänzenden polaren Zusammenhang. Sie stehen im **versöhnten Widerspruch**. Wird die zusammengespannte Kraft solcher Gegensätze gebrochen, dann werden die gegenstrebig verfugten Lebensdimensionen gespalten. Jeder herausgebrochene Gegensatz verletzt das Strukturmuster des Lebendigen, verletzt den Lebensnerv und ist lebensentmächtigend statt lebensermächtigend.

Miteinander verwoben, hat dennoch jeder Lebensimpuls **seine** Zeit und **seinen** Raum, wie der biblische Schriftsteller KOHELET schreibt. Beides hat seinen verbindenden Grund:

geboren werden und sterben,
einpflanzen und ausreißen,
töten und beleben,
niederreißen und aufbauen,
weinen und lachen,
wehklagen und tanzen,
Steine werfen und Steine aufsammeln,
sich umarmen und sich aus der Umarmung lösen,
finden und verlieren,
aufbewahren und wegwerfen,
zerreißen und zusammennähen,
schweigen und reden ...
Das Lieben hat seine Zeit und auch das Hassen,
das Auseinandersetzen und Befrieden ...[2]

Edmund Erlemann

Auf der Suche nach Gott
Zum Pastoralen Schwerpunkt „Kirche und Arbeiterschaft"[3]

Schon lange bin ich auf der Suche nach Gott.
Als ich ein Kind war, war Gott eine selbstverständliche Wirklichkeit für mich. Er umgab mich von allen Seiten, wie es in einem alten Lied Israels heißt (Ps 139, 5). Ich erlebte ihn als das Element, in dem ich lebte, mich bewegte und war. (vgl. Apg 17, 28) Als ich ein junger Mann war, war ich in Gott verliebt. Das war schön! Er war für mich Freund und Freundin, war wie Vater und Mutter für mich.

Dann kam die lange Zeit. Es wurde zwischen mir und Gott wie zwischen ehemals Verliebten: Tag, Schatz – und ein Küßchen so obenhin – ohne Tiefgang. Ich machte mir meine Welt zurecht und versteckte mich im Blätterwald dieser selbstgemachten Welt (vgl. Gen 3, 8) – so, wie damals Adam und Eva nach der „Sünde" sich ab"sonderten". Aber auch Gott hatte sich versteckt in einer völlig weltlich gewordenen Welt, in der er entbehrlich schien, unter den Schrecklichkeiten der Welt, die fragen lassen nach ihm und seinem Dasein.

Ich habe Gott in der Kirche gesucht. Aber sie kommt mir seit langem seltsam blutleer und erstarrt vor, ohne Lebendigkeit und sehr auf sich selbst bedacht.

Ich liebe unsere Kirche sehr. Sie ist meine Heimat. Und ich werde auch nie aufhören, in ihr nach Gott zu suchen.

Aber ich habe gelernt, die Menschen **noch** mehr zu lieben als die Kirche.

Oft treffe ich Gott, der ganz draußen, am Rande der Straße, weg, weit weg von den religiösen Zentren liegt und „unter die Räuber" gefallen ist. (vgl. Lk 10, 25-37)

Im Volksverein zum Beispiel.[4] Oft verlieren arbeitslose Frauen und Männer die Wohnung. Häufig fallen sie dabei „unter die Räuber". Kolleginnen und Kollegen aus dem Volksverein nehmen die wohnungslose Mitarbeiterin, den wohnungslosen Mitarbeiter bei sich auf. Die sind dann wie der barmherzige Samariter. Ich bin gerne unter den Arbeitslosen im Volksverein. Da treffe ich Gott. Dienstags gehe ich zum Arbeitslosenfrühstück. Das ist für mich wie die Eucharistie!

An eine junge Frau denke ich, die im Heim groß geworden ist, innerlich ganz und gar haltlos war, drogenabhängig – und die jetzt durch die Hilfe der Kolleginnen und Kollegen im Volksverein eine Ausbildung zur Altenpflegerin mit großem Erfolg bestanden hat. An einen jungen Mann denke ich, der alkoholabhängig war und der durch die Hilfe der Kolleginnen und Kollegen im Volksverein eine Dreherausbildung gemacht hat. Er hat auch eine Frau im Volksverein gefunden und ist glücklich.

Oft geht es auch nicht. Das Kreuz steht als unausweichliche Realität da in seiner ganzen Unbegreiflichkeit. Manchmal wird der/die „unter die Räuber" Gefallene **nicht** gerettet. Birgid, Bibliotekarin im Volksverein, konnte nicht mehr leben. Und wir konnten sie auch nicht mehr retten oder zum Leben erwecken.

Ein ganz alter Freund von mir, ein Prophet Gottes, Pater Wilhelm Klein SJ, vor kurzem im Alter von 106 Jahre gestorben, hat vom Volksverein gesagt: „Der Volksverein ist ein Werk Gottes."

Gott ist „ganz unten"! – Erlebnisse mit diesem Gott, der „ganz unten" ist, habe ich oft mit den „Freunden/Freundinnen von der Straße". Und oft habe ich mich aufgeführt wie der Priester und der Levit. Ich habe diesen Gott, der ganz unten ist, auf der Straße liegengelassen. Noch immer denke ich an den Mann, der nachts um vier zu mir kam und eine Stunde mit mir sprechen wollte – und den ich hartherzig weggeschickt habe.

Ich fühle mich oft von den „Freunden/Freundinnen von der Straße" beschenkt. Ihre Bedürftigkeit und ihr Vertrauen zu mir sind Geschenke für mich.
Ich lerne von ihrer Solidarität. Keine Zigarette wird alleine geraucht. Keine Flasche Wein wird alleine getrunken. Die „Freunde/Freundinnen von der Straße" können wirklich teilen. Und Teilen ist eine Form der Selbstmitteilung Gottes!

Bei den von der Kirche Ausgestoßenen, den von der Kirche Abgeschriebenen, erlebe ich oft Gott. Ich denke an eine junge Frau, die sich ein ganzes Jahr lang vor Gott gefragt hat, ob sie in eine konkrete Ordensgemeinschaft eintreten oder einen bestimmten Mann heiraten solle, der geschieden ist. Nach dem Jahr kam sie und hatte sich für diesen Mann entschieden. Und sie wollte aus Anlaß der standesamtlichen Trauung die Eucharistie feiern. Die Provokation des Glaubens dieser Frau war stärker als das kirchliche Gesetz.

An eine andere Frau denke ich, die in ihrem Leben seit ihrem Erstkommuniontag alles erlebt hat, was das Leben belastet und fast unmöglich machen kann: Tod des Brüderchens, sexueller Mißbrauch, nach dem Erwachsenwerden mißlungene Beziehungen und Ehen, sexueller Mißbrauch der eigenen Kinder in einer Pflegefamilie, belastete Drittehe, behindertes Kind. Im Leben dieser Frau, in ihrer immer neuen Tapferkeit, in ihrer Strahlkraft, in ihrer inneren Stärke bei aller Schwäche (vgl. 2 Kor 12, 9), erlebe ich Gott.

Und ich erlebe Gott im gemeinsamen Kampf mit vielen anderen „für Gerechtigkeit und menschliche Entfaltung". (Synodenbeschluß „Kirche und Arbeiterschaft" der Würzburger Synode 1975) Ein Kampf eigener Art; ein Kampf, wie Jesus ihn gelehrt hat: ein Kampf, in dem immer neu der erste Schritt zum Frieden gemacht wird (vgl. Mt 5, 38-42) – ein Kampf mit versöhntem Herzen.

Siegfried Kruse
Erinnerungen an Braun

„Die Braunen" sagten damals vor Fünfundvierzig meine Eltern, wenn sie von denen sprachen, die in jener Zeit Eva Brauns Freund zujubelten und sich nur wenige Jahre später an meinen politisch unbelasteten Vater wandten mit der Bitte, im Rahmen der sogenannten Entnazifizierung ihre politische Weste weiß zu waschen. Darum kam mir die Farbe Braun viele Jahre verdächtig vor.

Als Gymnasiast und in meiner Studentenzeit trug ich stets graue Anzüge oder blaue, dazu schwarze Schuhe, und auf den kleinen Tisch in meinem ersten eigenen Zimmer, der zu meinem Bedauern dunkel gebeizt war, legte ich viele gelb, rot oder grün eingeschlagene Bücher, damit ich die unerfreulich getönte Platte nicht zu sehen brauchte. Erst jetzt, in einem Alter, in dem die meisten meiner einst brünett gewesenen Haare grau geworden sind, fange ich an, mich auch mancher Dinge zu erinnern, die braun aussahen und doch angenehme Gefühle in mir auslösten.

Ich denke zum Beispiel an die Mengen glänzender Kastanien, von Biologen wohl genauer als Samen der Roßkastanie bezeichnet, die ich unter den riesigen Bäumen am Rand unserer Straße aufsammelte. Ich trug diese kugelähnlichen Gebilde nicht wie unser Nachbar, der ständig von seinen Schmerzen gekrümmte Herr Kuntze, in der Hosentasche mit der Absicht, mich dadurch gegen rheumatische Beschwerden zu schützen, denn ich war jung genug, um „Rheuma haben" für gleichbedeutend mit „bald sterben müssen" zu halten und dies als einen Vorgang anzusehen, der in Friedenszeiten ausschließlich alte Menschen betrifft.

Die rundlichen Gebilde, die ich reichlich auf dem Gehweg fand, verwertete ich auch nicht wie manche anderen Kinder als Material für kunsthandwerkliche Bemühungen; denn ich glaubte bedingungslos den Worten meiner Großmutter, die mir seit meiner Vorschulzeit oft genug zu verstehen gegeben hatte, es fehle mir – im Unterschied zu meiner begabten Schwester – jegliches Talent zum Basteln.

Trotzdem sammelte ich Kastanien. Dafür gab es drei schlichte Gründe: Es machte mir Spaß, sie aus ihren grünen, stacheligen Schalen zu befreien; ich mochte gern ihre rundliche, harte Oberfläche betasten; ich liebte es, immer noch einmal ihre tiefbraune Farbe anzusehen.

Etwas anderes Braunes beeindruckte mich ebenso intensiv. Jedes Jahr im Mai betrachtete ich wieder und wieder die Deckflügel der nach jenem Monat benannten Käfer. Dazu schüttelte ich diese niedlichen Tierchen mit Ausdauer von den Bäumen in den Wäldern nahe der Großstadt. Zwar war ein Motiv meines Tuns auch Pflichtgefühl, weil wir Schüler gehalten waren, uns als Schädlingsbekämpfer zu betätigen, aber vor allem handelte ich aus Freude an dem Anblick der unterschiedlichen Brauntöne einer beachtlichen Zahl von Käfersorten. Diese wußte ich wie die meisten meiner Mitschüler anhand der Beschaffenheit der Deckflügel genau zu identifizieren als „Schuster", „Müller", „Kaiser" usw.

Warum, frage ich mich, habe ich als Kind, bevor die Abneigung meiner Eltern gegen Braunhemden und gegen jene, die sie trugen, auch mich ergriff, so offensichtlich eine Mischfarbe geschätzt? Wäre nicht das dunkle Rot der Mohnblüten auf dem Hintergrund gelben Getreides oder das lichte Blau des sommerlichen Himmels über der Ostsee meiner Zuneigung würdiger gewesen?

Vielleicht hat eine sehr frühe Erinnerung aus Vorkriegskindertagen meinen Geschmack geprägt. Ich entsinne mich nämlich noch heute daran, daß während der entbehrungsreichen Jahre ohne Süßigkeiten für mich die verschwommen ins Gedächtnis eingeprägte Friedenszeit durch nichts so eindeutig symbolisiert wurde wie durch ein Stück Borkenschokolade. „Wenn der Krieg zu Ende ist", dachte ich mir, „kaufe ich mir sofort ein ganzes Pfund."

Selbstverständlich ist nicht auszuschließen, daß meine Freude an Braun einen noch früheren Ursprung hatte. Anhänger der Lehre Sigmund Freuds mögen behaupten, es könne eine geradlinige Entwicklung angenommen werden von der Hinwendung des Säuglings zu den braunen mütterlichen Quellen seiner Sättigung und Lust über die spätere anale Phase mit ihrem Gefallen am eigenen Kot bis hin zur generalisierten Bevorzugung der Farbe Braun. In dieses Denkmodell ließe sich auch die Tatsache einordnen, daß sich meine erste Liebe auf ein Mädchen mit besonders dunklen Augen richtete.

Aber wie wäre mit dieser Theorie zu vereinbaren, daß es auch Männer gibt, die Frauen mit blauen, grauen oder grünen Augen lieben? Ich kann es nicht erklären, brauche es wohl auch nicht zu tun, denn mir genügt es jetzt, mit geschlossenen Lidern „Braun" zu denken und mich daraufhin von angenehmen Empfindungen durchfluten zu lassen.

Mein Geruchssinn spielt dabei die Hauptrolle. Nein, nicht das Aroma von Borkenschokolade stellt sich ein, auch nicht das von Muttermilch. Vielmehr nehme ich jenen Duft wahr, den mir ein sehr warmer, tropisch feuchter Lufthauch jedesmal wieder entgegentrug, wenn ich als Kind die Tür zur Arbeitsstelle meines Vaters öffnete. Er war als Bademeister in einem Krankenhaus beschäftigt, in dem sich an rheumatischen Erkrankungen leidende Menschen Heilung durch Moorbäder – nicht wie Nachbar Kuntze durch in der Hosentasche getragene Kastanien – erhofften. Dieser warm in meine Atemwege dringende Geruch des Schlammes aus Torf und heißem Wasser umgab in meiner Phantasie meinen Vater mit der Aura eines Medizinmannes, der, magisch mit einem Material aus vermoderten Pflanzenteilen waltend, dem vorzeitigen Sterben und Verwesen von Menschen Einhalt gebot.

Wenn ich heute, in fortgeschrittenem Alter, an meinem Körper hinunterblicke, stelle ich fest, daß vom Hemd über Hose und Socken bis zu den Schuhen meine gesamte Kleidung braun aussieht. Offensichtlich ist es mir gelungen, meine alte Liebe zur Farbe der mütterlichen Brustwarzen, des eigenen Kotes, der Borkenschokolade und des Moores neu zu entfachen.

Trotzdem: Was mir immer verdächtig bleiben wird, ist Braun als Gesinnung!

Johannes Schnettler
Allein die Erinnerung schafft Zukunft
Auschwitz als bleibende Mahnung gegen Gewalt und Völkermord

Verortung

Fünfzig Jahre sind seit dem Ende der verbrecherischen Gewaltherrschaft des Nationalsozialismus vergangen. Spät erst ist es den Überlebenden der Konzentrationslager möglich gewesen, über ihre Qualen und Entwürdigungen zu sprechen. Nur zögerlich hat die bundesrepublikanische Öffentlichkeit die Täterschaft deutscher Männer und Frauen für diese Verbrechen an der Menschlichkeit akzeptiert. Die Gedenkfeiern aus Anlaß der 50. Wiederkehr der Befreiung der Konzentrationslager Auschwitz, Buchenwald, Bergen-Belsen, Ravensbrück, Flossenbürg, Dachau und der 50. Jahrestag der Befreiung vom Faschismus haben vielfach die Stimmen der Opfer als bleibende Klage und warnende Stimme hörbar gemacht. Sie wecken Hoffnung, daß der 50. Jahrestag nicht der Beginn eines Vergessens der in den Gasöfen verbrannten Menschen darstellt, sondern die Erinnerung als bleibende Aufgabe jeder nachfolgenden Generation ins Bewußtsein gerufen wird.

Wir haben zu hören und zu sehen, was geschehen ist;
wir haben die Klage der Überlebenden und ihrer Nachfahren stumm zu vernehmen;
wir dürfen nicht von Versöhnung reden, wo es keine Versöhnung geben kann;
wir haben uns in unserem Reden und Tun als glaubwürdig zu erweisen, indem wir uns erinnern.[5]

Als Deutscher sich an Auschwitz erinnern

Einer, der sich seit Jahren dieser Erinnerungsarbeit stellt, ist Manfred Deselaers. Als Priester des Bistums Aachen lebt und arbeitet er seit mehreren Jahren in Auschwitz. Als Deutscher und Katholik nähert er sich diesem Ort: „Meine persönliche Begegnung mit Auschwitz ist die eines deutschen Katholiken; ich kann nicht anders, als meine Identität mitzubringen. Sie begleitet mich, wenn ich durch

Auschwitz gehe, wenn ich Zeugnisse lese oder ehemaligen Häftlingen begegne; sie begleitet mich, wenn ich mich frage, was mir dieser Ort bedeuten soll, sie prägt mich, wenn ich bete. Wie anders als mit den Ausdrucksformen der eigenen religiösen Identität soll ich mit diesem Ort umgehen? Zwei wesentliche Bedingungen gibt es:

Die Toten und die Gefühle ihrer Angehörigen zu achten und die eigenen Überzeugungen von dem Zeugnis des Ortes anfragen zu lassen. Ich bin hier nicht allein, es geschieht Begegnung. Begegnung so radikal, daß ich in den Fundamenten meiner Selbst angefragt bin. Die spirituelle Macht dieses Ortes liegt, wenn man so will, gerade in dieser fundamentalen Erschütterung, die die Begegnung auslöst."[6]

Das Unversöhnliche

Die Erschütterung ist radikal. Selbstgewißheiten, Rechtfertigungen, Erklärungen, sie müssen zerbrechen angesichts der fundamentalen Verneinung des Lebens, die hier mit deutschem Ordnungswesen geplant und ausgeführt wurde. Elie Wiesel, der als Jugendlicher das Konzentrationslager Auschwitz überlebte und auf dem Todesmarsch nach Buchenwald seinen Vater sterben sehen mußte, klagt die Einzigartigkeit dieses Verbrechens ein: „Nie werde ich diese Nacht vergessen. Die erste Nacht im Lager, die aus meinem Leben eine siebenmal verriegelte lange Nacht gemacht hat. Nie werde ich diesen Raum vergessen. Nie werde ich die kleinen Gesichter der Kinder vergessen, deren Körper vor meinen Augen als Spiralen zum blauen Himmel aufstiegen. Nie werde ich die Flammen vergessen, die meinen Glauben aufzehrten. Nie werde ich das nächtliche Schweigen vergessen, das mich in alle Ewigkeit um die Lust am Leben gebracht hat. Nie werde ich die Augenblicke vergessen, die meinen Gott und meine Seele mordeten, meine Träume, die das Antlitz der Wüste annahmen."[7]

50 Jahre später kehrt Elie Wiesel zum ersten Mal wieder an die Stätte dieses Grauens zurück. Vor den Ruinen des Krematoriums II in Auschwitz-Birkenau betet Wiesel: „Barmherziger Gott, sei nicht barmherzig zu den Mördern, die unsere jüdischen Kinder umgebracht haben. Gott, der Du vergibst, vergib ihnen nicht. Es gibt keine Kollektivschuld, aber es gibt die Schuld der Schuldigen."[8]

Annäherungen

In den Gesichtern der Menschen die Einzigartigkeit jedes einzelnen zu erkennen, dies ist nach Auschwitz ein absoluter Anspruch. Auschwitz ist die nicht hintergehbare Letztbegründung für die Geltung der Menschenwürde. Manfred Deselaers formuliert es so: „Der Tod von Auschwitz (darf) nicht das letzte Wort haben. Aus den Knochenresten, die aussehen wie Samenkörner, muß neues Leben entstehen. Auschwitz muß ein Ort werden, der der Welt die Würde jedes einzelnen Menschen bewußt macht und uns in unsere große Verantwortung für den Frieden ruft. So wie einmal aus ganz Europa Menschen nach Auschwitz in den Tod fuhren, so muß die Botschaft von der unverletzbaren Würde aller Menschen in die Welt hinausgetragen werden. Wie es einmal viele Soldaten des Todes gab, so sind wir heute gerufen, unser ganzes Leben einzusetzen für Frieden, Versöhnung und Solidarität. Wenn wir dafür unser Leben geben, geben wir nicht mehr, als alle Opfer gegeben haben."[9]

Hoffnung

Eine Gruppe deutscher Zivildienstleistender feiert in der Maximilian-Kolbe-Kirche in Auschwitz einen Gedenkgottesdienst mit ehemaligen Häftlingen des Konzentrationslagers. Der Gottesdienst wird für einen kurzen Moment durch die Ansage unterbrochen: „Vor einer Stunde trafen wir uns an der Todesmauer 11 des Konzentrationslagers Auschwitz zum Gedenken an die hier ermordeten Männer, Frauen und Kinder. Einer unserer Freunde, selbst ein ehemaliger Häftling des Konzentrationslagers, brach während der Gedenkfeier zusammen und mußte in ein Krankenhaus eingeliefert werden. Ich muß Ihnen mitteilen, daß unser Freund soeben verstorben ist."[10]

Nach dem Gottesdienst sagt einer der Zivildienstleistenden: „Der Tod des ehemaligen Häftlings an der Stelle seiner größten Demütigung hat mich aufgerüttelt. Eines Tages wird es keine Überlebenden des Konzentrationslagers mehr geben, und dann sind wir, die wir Auschwitz gesehen haben, die wir mit Zeitzeugen gesprochen haben, in der Verantwortung, den nachfolgenden Generationen von unseren Begegnungen in Auschwitz zu erzählen."[11]

Dieses Erzählen hat eine befreiende Kraft. Es bietet die Chance zu einem Perspektivwechsel der Begegnung mit den Menschen. Eine Überlebende des Lagers verabschiedet sich von den Zivildienstleistenden mit den Worten: „Der Mann, der mir auf der Flucht geholfen hatte, war klein, aber er hatte ein großes Herz. Schaut Euch die Menschen nicht von außen an, schaut auf ihr Herz. Denn das Sein ist wichtiger als das Haben. So sorgt Ihr dafür, daß Auschwitz nicht vergessen wird und die Zukunft der Menschlichkeit gehört."[12]

Plakatentwurf von Leszek Holdanowicz

ANMERKUNGEN

[1] Francisca Schervier (1819-1876), eine Aachener Fabrikantentochter, gründete 1845 die Ordensgemeinschaft der Armen-Schwestern v. hl. Franziskus. Mit wachem Herzen erkannte sie die Probleme der sozialen Randgruppen in der aufstrebenden Industriegesellschaft und versuchte zu helfen, wo sie konnte. Ihre geistliche Prägung erhielt die Gemeinschaft durch das Vorbild des Armen von Assisi, der das Evangelium zum Maßstab seines Lebens gemacht hatte. 1974 wurde Francisca Schervier seliggesprochen. Heute arbeiten die Armen-Schwestern v. hl. Franziskus in Krankenhäusern, Altenheimen, Kinderheimen und Kindergärten, Sozialstationen und Einrichtungen der Nichtseßhaftenhilfe.

[2] Koh 3, 1-8; soweit nicht anders vermerkt, sind die Stellen aus der Heiligen Schrift der Einheitsübersetzung entnommen (Kath. Bibelanstalt Stuttgart 1980).

[3] Nach der Verabschiedung des Beschlusses „Kirche und Arbeiterschaft" der Gemeinsamen Synode der Bistümer 1975 verkündete Bischof Klaus Hemmerle 1980 „Kirche und Arbeiterschaft" zum Pastoralen Schwerpunkt des Bistums Aachen. Anliegen war und ist die Überwindung der Kluft zwischen Kirche und Arbeiterschaft. Während in den ersten Jahren die Kontakte und Begegnungen mit MitarbeiterInnen, Betriebsräten und Gewerkschaften im Vordergrund standen ("Wer nicht selbst Arbeiter ist, bedarf der Information, der Bildung und der Kontaktnahme", Synodenbeschluß „Kirche und Arbeiterschaft" 2.2) und zu konkreten Solidaritätsaktionen, z. B. bei Betriebsschließungen und Massenentlassungen, führten, kamen bald weitere Handlungsfelder dazu. Insbesondere die zunehmende Arbeitslosigkeit forderte zum Handeln heraus. Heute gibt es über 50 Arbeitsloseninitiativen und -projekte im Bistum Aachen. Für die Zukunft des Pastoralen Schwerpunkts, dessen Weiterführung Bischof Heinrich Mussinghoff ausdrücklich wünscht, stehen folgende vier Handlungsfelder an: 1. Zukunft der Arbeit – gegen Arbeitslosigkeit und für Neue Arbeit; 2. Die betriebliche Arbeitswelt und die Rechte der ArbeiterInnen gestalten; 3. Die Lebenswelt und den Stadtteil als Orte der Solidarität und des politischen Engagements in den Blick nehmen; 4. Die regionale Strukturpolitik aus der Sicht der betroffenen Menschen mitgestalten.

[4] Der „Volksverein Mönchengladbach", Gemeinnützige Gesellschaft gegen Arbeitslosigkeit mbH, steht in der Tradition des 1890 in M.-Gladbach gegründeten „Volksvereins für das Katholische Deutschland", der 1933 von der Gestapo aufgelöst wurde und sich zum Ziel gesetzt hatte, „die Kleinen groß zu machen" (Bruno Lelieveld, 1936-1989, Reg.-Pfr. in M.-Gladbach und Mitbegründer des neuen „Volksvereins"), die ArbeiterInnen zu gleichberechtigten Gliedern der Gesellschaft heranzubilden. Der neue „Volksverein" wurde 1983 aus der Taufe gehoben. Er bietet arbeitslosen Jugendlichen und Erwachsenen Bildungs- und Beschäftigungsmöglichkeiten, um so die durch Arbeitslosigkeit drohenden geistigen und seelischen Schäden möglichst gering zu

halten und die Wiedereingliederung in das Arbeitsleben zu erleichtern. Im Beschäftigungsbereich werden gespendete Möbel von ca. 50 Frauen und Männern aufgearbeitet und verkauft. In einer großen Werkstatt wird Holzspielzeug angefertigt. Die Frauen und Männer sind mit je 10 Stunden wöchentlich in der Werkstatt und im Second-hand-Shop beschäftigt. Dazu kommen über 10 MitarbeiterInnen mit einem vollen Beschäftigungsumfang.

[5] Vgl. dazu die Ansprache von (Alt-)Bundespräsident Richard von Weizsäcker „Zum 40. Jahrestag der Beendigung des Krieges in Europa und der nationalsozialistischen Gewaltherrschaft", die er am 8. Mai 1985 im Deutschen Bundestag gehalten hat, sowie die Ansprache des israelischen Präsidenten Ezer Weizman im Bundestag am 16. Januar 1996 anläßlich seines ersten Staatsbesuchs im wiedervereinten Deutschland. Beide Reden sind über das Presse- und Informationsamt der Bundesregierung in Bonn (0228/2080) erhältlich.

[6] Manfred Deselaers, „Mein Gott, warum hast du mich verlassen ...?", Kreuzwegmeditation in Auschwitz, Aachen 1995, S. 8 f.

[7] Elie Wiesel, „Die Nacht zu begraben, Elischa", Frankfurt/M.-Berlin 1987, S. 56.

[8] Elie Wiesel am 26.01.1995 beim jüdischen Totengedenken anläßlich des 50. Jahrestages der Befreiung des KZ Auschwitz.

[9] Manfred Deselaers, a.a.O., S. 59.

[10] Aus einem Bericht des Referates Friedensförderung über eine Reise mit Zivildienstleistenden nach Auschwitz: veröffentlicht in der Kirchenzeitung des Bistums Aachen, Nr. 4/94, S. 24–27.

[11] ebd.

[12] ebd.

Lebensweisheit
will erzählt werden ...

Ulrich Bätz
Oh, wie schön ist Panama – Ein Weg zu sich selbst

Diese Textmeditation handelt von einem Kinderbuch[1]: Der Autor Janosch erzählt eine Geschichte vom kleinen Bären und vom kleinen Tiger. Sie leben zusammen in einem kleinen Haus mit Schornstein, gehen angeln, sammeln Pilze und führen ein glückliches Leben. Das Zuhause der beiden ist idyllisch, friedlich und übersichtlich – eine kleine, wohlgeordnete Welt. Die beiden haben sich eingerichtet. Nichts und niemand bringt sie mehr von hier fort, so scheint es.

Eines Tages findet der kleine Bär im Fluß eine Kiste, die herrlich nach Bananen duftet. Auf der Kiste steht „Panama". In einem Land, in dem es so schmackhaft und himmlisch riecht, muß es sich vortrefflich leben lassen, schlußfolgert der kleine Bär. Panama ist das Land, in dem Milch und Honig fließen. Der kleine Bär und der kleine Tiger beschließen: „Panama ist das Land unserer Träume." Dies nicht etwa, weil sie mit ihrem bisherigen Leben unzufrieden wären. Das Land ihrer Träume entspringt auch nicht einem politischen oder religiösen Programm. Noch weniger ist dieser Traum das Produkt einer gelungenen Fremdenverkehrswerbung. Sie folgen damit auch keiner Führungsfigur. Es gibt noch nicht einmal Wegweiser, die angeben, in welche Richtung denn Panama liegt. Der verführerische Duft der Bananenkiste ist es, der das Transzendente in ihnen weckt. Sie philosophieren und phantasieren über ihr jetziges Leben hinaus, ohne dieses „Panama" jemals wirklich erlebt zu haben.

Der kleine Bär und der kleine Tiger beschließen, ihrem Traum nachzugehen. Sie machen sich auf den Weg. Sie verlassen ihr sicheres Zuhause und ziehen hinaus in die Welt, ein Exodus der Kleinen. Doch wer sich auf den Weg machen möchte, muß wissen, wohin es gehen soll. Da es ohne Orientierung nicht geht, bauen der kleine Bär und der kleine Tiger ihren eigenen Wegweiser und stellen ihn auf. Er weist in eine Richtung, und auf ihm steht „Panama".

Nun wissen wir alle, daß diese Vorgehensweise unvernünftig ist. Wer sich über den richtigen Weg zu einem Ziel informieren möchte, der sollte Atlanten und Landkarten studieren. Wer wirklich Panama

erreichen will, der muß die Wegstrecke planen. Der muß wissen, wie er dorthin kommt und wie lange man für die Reise braucht.

Eine Möglichkeit ist es, sich bei jemandem zu informieren, der weiß, wie man nach Panama kommen kann. Man frage also Fachleute und Spezialisten. Doch der kleine Bär und der kleine Tiger sind bei der Auswahl ihrer Informanten unbedacht. Zunächst treffen sie die kleine Maus. Diese kann sich noch nicht einmal vorstellen, daß es etwas Schöneres und Größeres als ihr Mauseloch geben mag. Über Panama weiß sie nichts. Dann treffen sie den Fuchs. Doch dem Fuchs geht es wie uns allen. Er ist beschäftigt und mit seinen Gedanken ganz woanders. Denn gerade hat er sich eine Gans geschnappt. Um die beiden loszuwerden, sagt er einfach: „Nach links." Das ist jedoch falsch. Dann treffen der kleine Bär und der kleine Tiger auf ihrem Weg eine Kuh, die sie ebenfalls nach links schickt. Dabei handelt es sich hier noch nicht einmal um eine besonders dumme Kuh. Da rechts der Bauer wohne, könne dort nicht Panama sein, folgert sie. Doch auch die Kuh ist auf diesem Gebiet keine Expertin. Links ist abermals falsch. So kommt man nie nach Panama. So geht man im Kreis.

Unterwegs fängt es auch noch an zu regnen. Es wird dunkel und ungemütlich. Doch der kleine Bär und der kleine Tiger sind schließlich zu zweit. „Und wenn man einen Freund hat, dann braucht man sich vor nichts zu fürchten."
Auf ihrem Weg nach Panama treffen der kleine Bär und der kleine Tiger einen Hasen und einen Igel. Sie werden von ihnen eingeladen. Bei Hase und Igel zu Hause dürfen der kleine Bär und der kleine Tiger auf dem gemütlichen Plüschsofa sitzen. „So ein Sofa ist das Allerschönste auf der Welt." Und der kleine Bär erzählt den ganzen Abend von Panama. Er wirkt glaubwürdig und authentisch und kann seine Zuhörer begeistern. Auch der Igel und der Hase sind nun davon überzeugt: „Oh, wie schön ist Panama."

Der kleine Bär und der kleine Tiger treffen auch einmal eine Krähe. Die Krähe behauptet, sie wisse, wo Panama sei. Von der Spitze eines hohen Baumes aus könne man es sehen. Um auf Panama einen Blick werfen zu können, muß man wirklich eine gute Übersicht haben, eine Super-Vision. Und was der kleine Bär und der kleine Tiger zu sehen bekommen, verschlägt ihnen die Sprache. Dort hinter dem Fluß liegt das Land ihrer Träume.
Um jedoch in das Land ihrer Träume zu gelangen, müssen der kleine Bär und der kleine Tiger diesen Fluß überqueren. Sie müssen sich anstrengen. Panama kommt nicht zu ihnen. Sie bauen ein Floß. Der eine holt Holz, der andere bindet es zusammen. Das ist Teamarbeit. Nach Panama kommt man zusammen oder gar nicht.

Auf der anderen Seite des Flusses angekommen, finden sie einen umgekippten Wegweiser. Auf ihm steht „Panama". Sie sind im Land ihrer Träume angekommen. Sie tanzen vor Freude. Dann entdecken sie ein Haus mit Schornstein. Wind und Regen haben das Haus etwas verfallen lassen. Die Bäume und Sträucher sind größer geworden. Deshalb erkennen der kleine Bär und der kleine Tiger ihr Haus, das sie verlassen hatten, nicht wieder. Doch das ist nicht wichtig. Für sie selbst ist alles neu und aufregend anders. Sie reparieren und arbeiten mit großem Eifer. Nachdem alles fertig ist, kaufen sie sich ein schönes, gemütliches Sofa aus Plüsch. Das hatten sie vorher noch nicht. Es ist sehr bequem.

Sie hätten erst gar nicht losgehen brauchen? Tatsächlich, Panama haben sie nicht erreicht. Sie haben sich nur im Kreis bewegt. Trotzdem war ihre Reise nicht vergebens. Sie haben viel erfahren und gelernt. Und weil sie glauben, sie seien in Panama angekommen, erleben der kleine Bär und der kleine Tiger die Wirklichkeit so, als ob sie im Land ihrer Träume wären. Sie konstruieren ihre eigene Realität, wie wir alle. Glaube kann bekanntlich Berge versetzen.

Auch, wenn es nicht Panama ist, wo sie angekommen sind: der Weg war das Ziel. Und wo sind sie angekommen? Bei sich selbst. Der Weg als Ziel zu sich selbst.

Wilhelm Bruners
Zwei Lehrer[2]

Da war ein Lehrer der Theologie. Der hatte Generationen über Gott geprüft. Er hatte stets die Antwort gefordert, die er erwartete. Er hatte ein Professorenleben lang nur das Echo seiner Theologie gehört. Er war ein Meister der Lehre gewesen. Aber eines Tages blieben die Studenten aus. Sie interessierten sich nicht mehr für seine Fragen und Antworten. Sie ließen sich keine Zensuren mehr geben.
Da drohte er mit dem Gericht Gottes und nannte die Studenten ungläubig und uninteressiert. Und er wurde immer ärgerlicher und einsamer. Und als er starb, war keiner da, der ihn tröstete; denn er lehnte den Trost ab und nannte die Welt schlecht. Und Gott nahm ihn zu sich, damit er nicht weiter Unheil verbreitete und falsche Gerüchte über Gott in die Welt setzte.

Und da war ein anderer Lehrer der Theologie. Auch er hatte Generationen über Gott belehrt. Eines Tages sagte er zu seinen Studentinnen und Studenten: Ihr habt genug von mir über Gott gehört. Macht euch nun auf und sucht ihn. Ich will euch nicht länger an mich binden. Seht zu, ob ihr mit meinen Lehren und Visionen Spuren Gottes entdecken könnt. Und erst, wenn ihr sie gefunden habt, dann kommt wieder und erzählt mir davon. Ich selber will derweil schweigen und hören, ob Gott mir etwas zu sagen hat.
Da zogen die Studentinnen und Studenten aus und begannen ein Leben der Gottessuche. Sie lernten dabei das Leben in allen Höhen und Tiefen kennen, und sie erlebten Sonnenuntergang und Sonnenaufgang, Liebe und Haß, Trennung und Gemeinschaft, Meer und Wüste ..., Reden und Schweigen. Nach langer Zeit kamen sie zurück. Da lag der alte Theologielehrer im Sterben. Und sie erzählten ihm, was sie erlebt hatten. Da lächelte er und sagte: Die ganze Zeit hat Gott geschwiegen und mir kein einziges Wort gesagt. Bevor ich nun sterbe, schickt er mir mit euch die Boten, die mir von **dem** Leben erzählen, das Gott uns durch alle Gefährdung hin schenkt. Erst jetzt verstehe ich, über was ich ein Leben lang nachgedacht und gelehrt habe.

Wilhelm Bruners
Gott suchen

Einst kam ein Schüler zu seinem Meister und fragte ihn: „Wo kann ich Gott finden?" Der Meister antwortete: „Geh! Und such das Leben!" Nach einiger Zeit kam der Schüler zurück und sagte enttäuscht: „Überall, wo ich das Leben gesucht habe, fand ich nur Sterben und Vergehen. Weise mir einen anderen Weg, um Gott zu finden." Der Meister verharrte eine Weile in Stille. Dann antwortete er: „Geh! Und such den Menschen!"

Als wieder eine Zeit vergangen war, kam der Schüler noch mißmutiger zurück und sagte: „Meister, ich habe den Menschen gesucht, aber ich fand nichts als Sünde und Staub." Der Meister antwortete: „Dann hast du Gott gefunden; denn aus Staub hat Er den Menschen gemacht. Als der Höchste, gesegnet sei Er, den Menschen formte, sprach Er:
'Das ist mein Fleisch und mein Blut.' Dann hauchte Er ihm seinen Atem ein und sprach: 'Lebe!'" Da ging der Schüler traurig weg, denn er hatte bisher nicht gewagt zu leben.

Wilhelm Bruners
Die größte Versuchung

Einst kam ein Schüler zu seinem Lehrer und fragte ihn:
„Was ist die größte Versuchung des Menschen?"

Nach einer Weile des Nachdenkens antwortete der Meister:
„Die größte Versuchung des Menschen ist,
 aus Angst vor der Unberechenbarkeit des Lebens
 nicht genug leben zu wollen."

Der Schüler fragte weiter:
„Und was ist die größte Versuchung Gottes?"
 Nach einer erneuten Weile des Nachdenkens antwortete der Weise:
„Die größte Versuchung Gottes ist,
 dieser Angst nachzugeben
 und dem Menschen das Leben zu erleichtern."

Werner Kallen
Die Tänzerin und der Mönch

Die Leute klatschten und lachten vor Begeisterung. Picara war völlig außer Atem und strahlte. Sie verneigte sich. Einmal. Zweimal. Dreimal. Dann verließen die alten Frauen und Männer nach und nach den Dorfplatz, auf dem Picara getanzt hatte. Das Dorf war klein. Weit weg von der nächsten Stadt. Es gab keine Kinder mehr in dem Dorf. Die Leute hier, die Frauen mit ihren runzligen Gesichtern und die Männer mit ihren Stoppelbärten, waren arm.

Nun gingen sie zurück in ihre Häuser und auf ihre Felder, wo die Arbeit hart war. Abends waren die Menschen müde, und morgens mußten sie wieder früh aufstehen. So war das Leben. Ohne große Abwechslung. Wenn da nicht Picara gewesen wäre. Jeder wußte, wer sie war, doch niemand kannte sie näher. „Sie ist aus dem Süden", hieß es. Damit waren alle zufrieden. Wo sie wohnte, wie sie lebte, ob sie Kinder hatte, ob einen Mann, den sie liebte – das alles war nicht so wichtig. Wichtig war nur, daß Picara kam und – tanzte.

Picara kam immer im Sommer. Und sie kannte nur zwei Tänze: den Gewittertanz und den Regenbogentanz, welche noch nie jemand auf der Welt getanzt hatte. Picara hatte tiefe, funkelnde Augen und ein Herz aus Feuer. Niemand wußte genau, wann Picara im Sommer kam. Doch man spürte es.

Es war dann, als zöge für eine kurze Zeit tiefe Heiterkeit in das traurige Dorf ein. Mal war es am Mittag, mal am Abend; zuweilen auch mitten in der Nacht. Dann füllte sich in Windeseile – wie von unsichtbarer Hand geführt – der kleine Dorfplatz; und Picara tanzte. Und tanzte und tanzte. Die Leute gerieten außer sich vor Freude und strahlten über das ganze Gesicht. So war es auch heute gewesen.

Picara war ein wenig müde geworden und setzte sich in den Schatten der großen alten Dorfkastanie, die mitten auf dem Platz stand. Sie schloß die Augen halb, blinzelte vor sich hin – und: da war ja noch jemand auf dem Platz! Ein kleiner Mann mit wuchtigem Bart und einer alten Brille saß da und ließ seinen Blick über den Platz

schweifen. „Wer bist du, daß du nicht auf die Felder mußt wie die anderen Männer?" rief Picara halblaut. Der kleine Mann drehte seinen Kopf verdutzt in die Richtung, aus der die Stimme kam.
Picara's Blick und der Blick des kleinen Mannes trafen sich. Eine Pause entstand. „Ich heiße Jeronimo", sagte der Mann dann. „Jeronimo – so, so, so." Picara machte sich ein wenig lustig über den Mann. „Und ... was machst du, was treibst du, daß du so einfach hier herumsitzen kannst?" forschte Picara weiter. Der kleine Mann rückte ein wenig näher, sah Picara lange an und sagte dann ganz langsam und ein wenig unsicher: „... Ich ... mache: ... nichts!"
„Wie langweilig!" entfuhr es Picara. Wieder entstand eine Pause. „Wer bist denn du?" nahm der kleine Mann den Gesprächsfaden bald wieder auf. „Ich bin eine Tänzerin und heiße Picara." „Pi – ca – ra." Der kleine Mann ließ den Namen förmlich auf der Zunge zergehen. „Ein geheimnisvoller Name."

„Ich bin jedesmal hier, wenn du tanzt", fuhr Jeronimo fort. „Du tanzt wunderschön. Und beim Regenbogentanz bin ich ganz außer mir vor Freude. So kann man nur mit dem Herzen tanzen; so kann man nur mit dem Herzen tanzen." Jeronimo's Stimme wurde leiser und besinnlich; er rückte noch näher, so daß er jetzt auch ganz unter der großen alten Dorfkastanie saß.

Picara war ganz gerührt. Sie sah den kleinen Jeronimo lange verlegen an. Und über ihr Gesicht huschte ein ebenso schönes wie zerbrechliches Lächeln. Es war, als ob er sie ganz tief und zart berührt hätte.

„Mein Herz muß tanzen, darum tanze ich.
 Ich habe nur mein Herz, mein feuriges Herz,
 und den Tanz; der Tanz ist mein Leben."

Picara's Stimme klang bedeutungsvoll. Sie sprach betont, und sie setzte sich dabei ganz aufrecht hin. „Und ... was machst du außer – nichts?" Picara knüpfte an ihre Frage von vorhin an. „Ooch ..." Es schien, als wüßte Jeronimo keine Antwort, jedenfalls keine richtige Antwort. Dann bemühte er sich trotzdem: „Ich versuche, etwas tiefer zu sehen und etwas besser zu verstehen; und ich möchte da sein, wo das Leben ist, wo das Herz des Lebens schlägt." Man spürte, wie die Worte den kleinen Dorfplatz erfüllten. „Puuh – das klingt schwierig. Also bist du ein Philosoph?" Picara gab sich alle Mühe, die Antwort zu verstehen.

„Nein, so kann man das nicht sagen; wenn es auch nicht ganz falsch ist. Ich komme von dort drüben, wo das Grün der Wiesen das Blau des Himmels berührt." Jeronimo zeigte in die Richtung, aus der die Sonne schien, wo aber nichts zu sehen war; kein Haus, keine Hütte, kein Zelt. „Ich sehe nichts", warf Picara ein.

„Hinter dem Wald und hinter der Stadt – ganz weit und einsam: von dort komme ich her. Die außer mir noch dort sind, könnte man meine 'Brüder' nennen; und 'Schwestern'." Jeronimo hielt kurz inne und fuhr dann fort: „Ich bin ein – Mönch, eine Art 'himmlischer Nichts-Nutz'." Erleichtert und erwartungsvoll hatte Jeronimo diese Sätze herausgebracht.

„Ein Mönch?!? ... Du wohnst also in einem ... Kloster?! ..." Picara schien es völlig die Sprache zu verschlagen. So, als hätte sie sich verhört; oder, als hätte ihr jemand einen ungeheuren Unsinn erzählt. „Bist du verrückt?!"

„Verrückt? Na ja, ein bißchen schon." Jeronimo lächelte milde.

„Ich lebe von der Überraschung,
 von der Überraschung des Augenblicks.
Vom Warten und vom Zeit haben.
Vom Hin-sehen und vom Zu-hören.
Und von der Stille.
Daran hängt mein Herz; daran hängt mein Leben.
Und jetzt bin ich hier.
Nur hier. Bei dir."

Picara verstand nichts. Das sollte ein Leben sein?! Doch – ... etwas verstand sie wohl. Sie wußte, woran *ihr* Herz hing. Und sie wußte, daß sie ihrem Herzen folgen mußte. Mochte es auch noch so verrückt sein, daß sie in einem kleinen, unbekannten Dorf im Sommer vor alten Leuten tanzte.

Ihr Herz hing am Tanz, an diesem kleinen Dorf und an diesen alten Leuten, deren Gesichter sich nur im Sommer aufhellten: wenn Picara kam und tanzte. Sie tanzte dann mit aller Hingabe – bis zur Erschöpfung: den Gewittertanz und den Regenbogentanz. Picara begriff Jeronimo nicht. Aber sie spürte, daß er seinem Herzen folgen mußte.

Die Zeit verging. Die Sonne stand schon nahe am Horizont. Der Tag neigte sich. „Du, Picara ..." Jeronimo druckste etwas herum.

„Ja ..." Picara ermunterte ihn behutsam.
„Picara ...,
ich möchte gerne ... tanzen!
Den Regenbogentanz.
Mit dir!"

Picara sah ihn liebevoll an. Freudig und sanft. Wortlos erhob sie sich. Auch Jeronimo stand auf. Und es war, als hörte man ein vielstimmiges Orchester spielen. In bunten Tönen und voller Kraft. Mit Pauken und Trompeten. Mit Flöten und Harfen. Wunderschön. Picara und Jeronimo tanzten. Jeronimo tanzte mit solch einer Begeisterung, daß Picara selbst ganz aus dem Häuschen geriet. Sie tanzten und tanzten. Mit aller Hingabe. Wie Verrückte. Bis sie völlig erschöpft waren. So entstand eine Pause. Auch das Orchester war kaum mehr zu hören.

„Jeronimo ...,
ich möchte gerne ... still sein!
Ganz still.
Mit dir!"

Jeronimo, der Mönch strahlte. Picara, die Tänzerin, strahlte.

Inzwischen war die Sonne untergegangen. Die Dämmerung legte sich warm über das Dorf. Wie ein großes, schützendes Zelt. Es wurde still.

Am nächsten Tag wußte niemand, was sich auf dem kleinen Platz zugetragen hatte. Außer der großen alten Dorfkastanie. Und die schwieg.

Manfred Langner
so verliert man unterwegs nicht den überblick
– michael ende zugedacht[3] –

Eingespannt
zwischen terminen
sehnsüchten und verlockungen
zwischen leistungsdruck
selbstansprüchen und dem
was wirklich möglich und
nötig
verliert man unterwegs
oft den überblick –
und die lebensfreude
dazu

sieht man nur noch
was nicht geht
wo es hakt und klemmt
wo einem alles mißlingt
wo es noch so viel zu tun gäbe
tagaus
tagein
sieht man nur noch
die schrecklich lange straße vor sich
den lebensberg
das kann man niemals schaffen
denkt man
dann

und dann wird alles nur noch schlimmer
man eilt sich noch mehr
und noch mehr

„jedesmal, wenn man aufblickt, sieht man,
 daß es gar nicht weniger wird,

was noch vor einem liegt,
und man strengt sich noch mehr an,
man kriegt es mit der angst,
und zum schluß ist man ganz außer puste
und kann nicht mehr.
und die straße liegt immer noch vor einem.
so darf man es nicht machen."[4]

so verliert man unterwegs den überblick –
und die lebensfreude dazu
die straße wird lang und länger
unendlich lang
kein ende in sicht
und das ziel aus den augen
aus dem sinn

da kann einem dann
der alte beppo straßenkehrer helfen
mit seiner barmherzigkeit der kleinen schritte
mit seiner alltagsspiritualität
seiner ganz schlichten art
die lange straße anzugehen
sein menschenfreundlicher lebensrhythmus:

„schritt – atemzug – besenstrich.
 schritt – atemzug – besenstrich."[5]

und dazwischen eine kleine schöpferische pause[6]
eine heilsame unterbrechung
ein kleines verweilen
und innehalten
der alte beppo straßenkehrer
ein unterbrechungskünstler –
wie jesus auf **seine** art –
und dann geht es wieder weiter:

„schritt – atemzug – besenstrich.
 schritt – atemzug – besenstrich."[7]

so verliert man nicht den überblick –
die lebensfreude und das ziel aus den augen
so schafft man die lange lebensstraße
schritt für schritt
langsam aber
stetig
das ist beppos lebensgeheimnis:
auf den richtigen lebensrhythmus kommt es an
auf den richtigen blick für den über-blick
und das maßhalten
darauf kommt es letztlich an:

„man darf nie an die ganze straße auf einmal denken,
verstehst du? man muß nur an den nächsten schritt
denken, an den nächsten atemzug, an den nächsten besenstrich.
und immer wieder nur an den nächsten ...
auf einmal merkt man, daß man schritt für schritt
die ganze straße gemacht hat. man hat gar nicht gemerkt
wie, und man ist nicht außer puste ...
das ist wichtig."[8]

das ist beppos lebensgeheimnis
so einfach und doch so schwer

so verliert man unterwegs nicht den überblick –
nicht die lebensfreude
nicht das ziel
nicht den mut
nicht die kraft

so schafft man die lange lebensstraße
schritt für schritt
langsam aber
stetig
so macht es freude
so ist es gut
so kann es gehen
so kann **ich** gehen
und dabei unterwegs nicht den überblick
verlieren

ANMERKUNGEN

[1] Janosch, „Oh, wie schön ist Panama. Die Geschichte, wie der kleine Tiger und der kleine Bär nach Panama reisen", Beltz-Verlag Weinheim und Basel, 28. Aufl. 1991.

[2] Die drei kleinen Geschichten von W. Bruners erinnern in ihrer Erzählweise an die chassidischen Geschichten und Legenden, die Martin Buber gesammelt und überarbeitet hat. Vgl. Martin Buber, „Die Erzählungen der Chassidim", Zürich 1949.

[3] Vom alten Beppo Straßenkehrer und anderen lebenserfahrenen und lebensuntüchtigen Leuten erzählt der Märchen-Roman „Momo oder Die seltsame Geschichte von den Zeit-Dieben und von dem Kind, das den Menschen die gestohlene Zeit zurückbrachte" von Michael Ende (1929-1995), Stuttgart 1973 und ganz oft! Ein wunderbares Buch für Kinder und Erwachsene! Ein Buch der Ermutigung! Heute mehr denn je!

[4] Michael Ende, a.a.O., S. 37.

[5] Michael Ende, a.a.O., S. 36.

[6] Zum Stichwort „kleine schöpferische pause" vgl. das besonders empfehlenswerte Buch von Rudolf Seitz, „Schöpferische Pausen, besinnen – genießen – da sein", München 1993 und öfter.

[7] Michael Ende, a.a.O., S. 36.

[8] Michael Ende, a.a.O., S. 37.

Wenn Leben dicht wird ...

Herbert Arens
Dem Leben auf der Spur

Reisefreude
Beim Einsteigen schauen, welche Lok führt.
Die Fahrt genießen
In vollen Zügen – so gut es geht – allein im Abteil
Die Sonne im Rheintal
Die Bahnanlagen
Aber auch Blindfahrten in Nacht und Nebel
Ankommen wollen

Regelspur auf der Hauptstrecke
Mit stillgelegten Abzweigungen
Orte, zu denen kein Gleis gelegt ist.
Neue Strecken gewagt
Die Signale werden von anderen gestellt: Weiter! Halt!
Ebenso die Weichen
Kein Unglück bislang
Gott sei Dank

Erstaunlich viele Mitreisende kennen sich nicht aus.
Lange nicht im Bahnhof gewesen
In welche Richtung fahren wir denn überhaupt?
Den richtigen Zug zeigen
und den gesuchten Platz
Das Gepäck verstauen
Was manche mit sich herumschleppen!

Meist nach Fahrplan
Bei Betriebsstörung Verspätung
Den Anschluß (nicht) bekommen?
Neuorientierung
Müde werden
„Bitte aussteigen. Der Zug endet hier."
Züge, die weiterfahren ohne mich.

Wie schön, erwartet zu werden.

H. Herbert Busch
Wegzehrung

Brunnen

Ein Brunnen irgendwo draußen
nach einem langen Weg,
mit Zähigkeit in den felsigen Boden getrieben,
entstanden aus Zuversicht, Erfahrung und Notwendigkeit.
In einer Nische der Becher für den Wanderer
und ein Zettel:
„Habt Dank für den Becher."

Boote

Boote – nach getaner Arbeit vertäut,
         hinter sich gelassen auf dem Weg nach Haus.
         Hatte der Tag seinen Lohn?
         Die Mühe ihren Wert?

Boote – kehren leer oder beladen zurück,
         gelassen oder dem Sturm entkommen.
         Was bringe ich mit nach Haus?
         Was blieb in meinem Netz?

Boote – ein Ankerplatz bis zum Morgen,
         heimkehren in den sicheren Hafen,
         das Wagnis getauscht gegen den festen Boden,
         zur Ruhe kommen bis zum neuen Beginn.

Glauben

Ich glaube mir,
weil ich geliebt wurde,
weil andere zu mir stehen,
weil ich lernte zu vertrauen.

Ich glaube an Dich,
wegen Deiner Zuneigung,
wegen Deiner Verläßlichkeit,
wegen Deiner Zuversicht, die Du gibst.

Ich glaube an uns.
Unsere Gespräche tun mir gut.
Unsere Freundschaft ist eine Stütze.
Unser gemeinsames Tun trägt Früchte.

Ich glaube an unsere Verantwortung,
für unsere Kinder,
für unsere Vorhaben,
für unser Leben.

Ich glaube nicht, daß wir ohne Hoffnung sind,
solange es Menschen mit gutem Willen gibt,
solange die Sonne noch aufgeht,
solange es mehr gibt als mich selbst.

I c h   g l a u b e   a n   G o t t !

Jürgen Damen
Advent – Gedanken zum KOMMEN

Ankommen
„Ich will bei Euch gut ankommen", sagt Gott und schickt das Beste, was er hat (?) ... ist (?).

Abkommen
„Wollen wir ein neues Abkommen schließen?" fragt Gott die Menschen im Advent.

Zukommen
„Ich will Euch etwas zukommen lassen", sagt Gott, und die Menschen fragen sich: „Was kommt da auf uns zu?"

Herkommen
„Vielleicht ist das Herkommen meines Sohnes für Euch nicht herkömmlich", sagt Gott.

Hinkommen
„Wo kämen wir denn hin ... da könnte ja jeder kommen", sagen die Menschen, und Gott antwortet: „Damit Ihr mit dem Leben hinkommt!"

Loskommen
„Damit Ihr von den Dingen loskommt und zu Euch selbst und zu mir findet", sagt Gott und sendet seinen Sohn.

Bekommen
„Ihr müßt einen neuen Anstoß bekommen", sagt Gott, und die Menschen fragen sich: „Ist dieser Anstoß bekömmlich?"

Aufkommen
„Es kommt zuviel Angst und zuwenig Liebe auf", denkt Gott.
„... aber ob sich die Menschen auf mein Kommen freuen?"

Verkommen

„Ich will Euch nicht verkommen lassen", sagt Gott und sendet seinen Sohn als Müllmann.

Mitkommen

„Wenn Ihr es nicht alleine schafft, muß wohl einer mitkommen", denkt Gott im Advent.

Mitbekommen

„Habt Ihr mitbekommen, welchen Auftrag mein Sohn von mir mitbekommen hat?" fragt Gott die Menschen.

Zusammenkommen

„Ich will den Menschen das Zusammenkommen mit mir erleichtern", sagt Gott im Advent.

Nachkommen

„Ich möchte, daß meine Nachkommen meinem Willen nachkommen", sagt Gott.

Zuvorkommen

„Ich will dem Tod zuvorkommen", sagt Gott und läßt seinen Sohn mit den Menschen leben.

Vorkommen

„Es kann durchaus vorkommen, daß einige Menschen das riesige Vorkommen an Liebe nicht erkennen", denkt Gott und setzt ein neues Zeichen durch den Advent.

Willkommen

„Zu Euch will ich kommen in meinem Sohn", sagt Gott. „Hoffentlich ist er Euch willkommen?!"

Christoph Henkel
Spuren

Spuren wirkt tödlich.
Wer nicht spurt der lebt
lebendige Spur.

Erinnerungs-Spur

Meine Füße haben Formen
schrittweise gewordenes Bild
meiner selbst.
Doch meilenweit nicht beachtet
meine Füße so weit sie auch
trugen
mich selbst.

Werner Kallen
Nachtrag zu der Frage, was ich so mache

Ich mache nichts

ich bin da
um
was selten gelingt
etwas tiefer zu sehen
etwas besser zu verstehen

hin und wieder
rette ich ein wort
vor dem fallbeil

das wort du
das wort leben
das wort gott

zum beispiel

ich bringe sie ins gedicht
dem asyl für bedrohte worte

manchmal
schweige ich lauthals
die schreie
der wunden
und entleibten
hinaus in die welt

erhoffend ein ohr

auf mehr
kann ich nicht verweisen

Werner Kallen
Bedürftigkeit

Wir bettler

die hände
voll unrat

das herz
leergeschlagen

im hirn
das feuer vergraben

wir betteln
vor gott
um eine milde gabe

die liebe

die zählt
die münzen
nach erbarmen ab

Manfred Langner
petrus
zu johannes 6, 68-69

Mit
deinem wort
noch lange
nicht
über den
berg

noch lange
nicht

aber
auf dem weg
steinig
auf der suche
dauernd

tastend
stolpernd
zweifelnd
oft
und öfter

ob es
trägt
oder trügt
ob es
hält
was es verspricht
ob es
wahr ist
was da geschrieben steht:

„worte unendlichen lebens
 hast du, herr!"[1]

mit
deinem wort
noch lange
nicht
über den
berg

petrus

noch lange
nicht

Manfred Langner
vom rechten richten
zu lukas 13, 13

Nicht
richten sondern
auf
richten

nicht
ab
richten sondern
auf
richten

nicht
zu
richten sondern
auf
richten

nicht
hin
richten sondern
auf
richten

dann erst
wirst du wie
ER zum zeichen
dem widersprochen
wird

zum zeichen
an dem sich die geister
scheiden

zum hoffnungszeichen
auf
richtig

Gabriele Laumen
Zeitaspekte

Erfahrungen mit der Zeit

Heute nehmen wir uns die Zeit!
Wir lassen uns Zeit.
Zeit für uns selbst.
Zeit für den anderen.

Niemand da, der meine Zeit stiehlt.
Kein Zeitdruck, kein Zeitgetriebe.
Sonst läuft mir meine Zeit ja oft davon.
Sonst muß ich meine Zeit immer gut nutzen;
denn Zeit ist Geld.

Aber erkenne ich dann noch die „Zeichen der Zeit"?

Dabei gibt es Zeitpunkte,
wie beim Hochgehen einer Zeitbombe,
da müsse die Zeit eigentlich stehenbleiben.

Aber – Zeit heilt Wunden?
(Heilt Zeit wirklich Wunden?)

Manchmal ist es an der Zeit,
kein Zeitgefühl mehr zu haben,
das Zeitgefühl zu verlieren –
der Zeit enthoben – zeitlos zu sein.

Ehe die Zeit abläuft;
denn die Zeit vergeht,
die Zeit schreitet voran,
und irgendwann geht unsere Zeit zu Ende.

Denn alles hat seine Zeit,
und in wessen Hand steht meine Zeit geschrieben?

Eine Hand voll Zeit

Eine Hand voll Zeit
    um gegen den Wind zu laufen
    den Regen zu fühlen
    die warme Sonne

Eine Hand voll Zeit
    für den Klang der Musik
    der Harmonie des Tanzes
    der Melodie eines Gedichtes

Eine Hand voll Zeit
    für den anderen
    die Freude und das Glück
    die Angst und das Leid

Eine Hand voll Zeit
    für das Schweigen
    der Stille
    im Gebet

Eine Hand voll Zeit
    und bei allem die Zeit vergessen
    wie das Spiel der Kinder
    zeitlos – ohne zu fragen, was es bringt.

Gerhard Ludewig
Transzendenz im Alltag

Immer wieder das gleiche,
ein Mensch kommt und erzählt,
immer wieder die gleichen Themen:

Angst, Liebe, Verzweiflung, Sehnsucht ...

Immer wieder das gleiche Wunder,
ein Mensch ist gleich und einzigartig,
immer wieder auf der Suche nach Sinn.

Wenn wir uns jetzt gut begegnen, macht es Sinn!

Elisabeth Pajonk
Trennung

Müde Traurigkeit brennt in meinem Innern.
Schlängelnde Flammen züngeln unermüdlich hinauf.
Der Versuch,
Mit Tränen dies zu löschen,
Bleibt stecken mir im Hals.

W Was kann ich tun,
U Wenn mir die Freude fehlt?
T Wenn dieser Druck mich fesselt?
Dieser
Mir die Gedanken lähmt.
Mich wühlt, quält, den Blick versperrt.
Mich so tödlich stimmt.

Der Unmut wächst.
Ich nehme ihn.
Trag ihn hinfort – weit weg von mir.
Mit voller Macht greif' ich nun an.
Verletzend – taumelnd – wie im Wahn
Schlag ich um mich.
Und treffen???
Tue ich

DICH

T Nachts, Allein,
Wenn kein Lichtstrahl deinen Körper trifft,
R Wandern meine Gedanken entlang deiner Linien.
A Meine Hände gleiten, spüren.
Durch sie sehe ich
U Ein traumhaft schönes Bild:
E Dich.
Sehr klar, zart, wunderbar.
R Deine Wärme steigt ganz leicht zu mir hinauf.

Sie bringt mir deine weichen Wogen voller Zärtlichkeit.
Es ist schön zu sehen
In dunkler Nacht.
Ich glaub',
Man kann nur Schönes, Wirkliches
Mit den Händen schauen.

H Ganz in Weiß möcht' ich mich kleiden.
Nicht als Brautkleid!!!
O Nein,
Als Anfang.
F

F Schneeweiß will ich mich nehmen
An meine alte Seelenhand.
N Noch zittert sie,
Besudelt von dem Alter,
U Besudelt von der grauen, klebrigen Angst.

N Nun aber schwingt sie leichter.
Weiß.
G Ganz weiß in meiner Hand.

Elisabeth Pajonk

Ursula Pöppinghaus
Ergriffen

Gelockt, berührt hast Du mich.
In eingeschmolzener Gebärde sitze ich da.
Von der Bewegung des Atems begleitet
lausche ich dem Leben, das in mir Gestalt gewinnt.
Du in mir.
Zelle für Zelle
Muskel um Muskel
alle Fasern meines Leibes.
Berührt.
Verwandelt.
Hand in Hand gehen wir unseren Weg.

Anmerkungen

[1] Die Übersetzung von Joh 6, 68 findet sich in: „Das Neue Testament", übersetzt von Fridolin Stier, aus dem Nachlaß herausgegeben von Eleonore Beck, Gabriele Miller und Eugen Sitarz, München-Düsseldorf 1989.

Wo Leben durchsichtig wird ...

Das Leben ist die Spur Gottes
Eine Vermutung

Liebe Leserin, lieber Leser!

Der Titel „Dem Leben auf der Spur" bedeutet (laut Wörterbuch) die Einladung, herauszufinden, was es mit dem Leben auf sich hat. Ich vermute, das Leben ist mehr als das Leben: Das Leben selbst ist eine Spur. Das Leben ist die Spur Gottes. – Ich möchte dieser Vermutung mit Ihnen nachgehen.

Wenn es so um das Leben steht, dann ist es gut, alles zu tun, dem eigenen Leben – also sich selbst –, den Gedanken, den Wünschen, den Gefühlen, allem Erleben und seinen Umständen, also allem, was unser Leben ausmacht und bestimmt, nahe zu kommen und nahe zu bleiben; und die immer wieder zu stellende Frage auszuhalten: wie geht es dir eigentlich wirklich? Was ist wirklich in dir und mit dir los?

Ich glaube: Wer sich selbst nahe ist, ist Gott nahe, Seinem Schmerz und Seiner niemanden ausschließenden Liebe.

Unser Leben nehmen wir als Gottes Spur wahr – Ihn selbst nicht. Aber in diesem Leben, in dieser Gottes-Spur, ist Er selbst nahe und erfahrbar. Deswegen ist von dieser Spur, Seiner Spur, die unser Leben bewahrt und zeigt, anders zu sprechen, als sonst von Spuren die Rede geht. Die Gottes-Lebens-Spur ist anderer Art als die Spuren, die das Leben in ein Gesicht zeichnet; sie ist anderer Art als die Spuren, die ein Mensch in seiner Lebens- und Arbeitswelt hinterlassen hat. Sie darf auch nicht mit einer Tierspur, der Spur eines Hasen oder Dachses im hellen feinen Sand eines Heideweges verglichen werden. Solche Spur ist das für den Kundigen wahrnehmbare Zeichen für etwas, was jetzt nicht mehr da ist. Die Spur zeigt es und erzählt davon, sie erinnert. – Mit Gottes Spur, mit unserem Leben, ist es anders. Darin ist Er selbst (gegenwärtig); doch sichtbar, fühlbar, hörbar, ahnbar ist nur die Spur. Er selbst bleibt in der Verborgenheit. Und deswegen ist die Spur als Spur nur sichtbar für den, der ein Auge dafür hat. (Das meint die Redewendung von den Augen des Glaubens.) Aber trotzdem kann wegen dieser Spur, wenn es überhaupt möglich ist, von Gott gesprochen werden. Und – auf dieser Spur – mitten im Leben – stellt sich der Anlaß ein zu beten, zu stammeln, zu flüstern, zu stöhnen: „Oh Du mein Gott! Oh Gott!"

Ich bin mir gegeben und weiß nicht: warum? – Daß ich lebe, kommt nicht von mir selbst. Ich habe mich – plötzlich bewußt! – vorgefunden: lebendig mit Haut und Haar, mit Leib und Seele, mit Verstand, Wille und Gefühl. Als Kind meiner Eltern, in der Folge der Vorfahren. An meinem Wohnort, mit Verwandten, Freunden und Bekannten. In Freuden und in Sorgen, mit allem, was zum Leben dazugehört. – So zu leben, so da zu sein, war mir selbstverständlich. Bis die Fragen aufkamen: Warum gibt es mich überhaupt? Warum gibt es meine Eltern – und die anderen Menschen alle? Warum diese Welt? Ich erstaune und erschrecke vor dem Geheimnis: Warum gibt es überhaupt etwas und nicht nichts? Und ich rühre an den alten Satz: „Gott ist ohne Warum." – „Nur Gott ist ohne Warum." – Und wann immer die Warum-Fragen kommen; wann immer ich fragen muß in Erstaunen, in tiefer Freude, in unverstehbarem Leid: „Warum nur?" – dann stoßen mich die Fragen auf eine Spur, die endet: „Nur Gott ist ohne Warum."

Ich bin in meinem Leben und vernehme aus ihm heraus des Lebens Stimme. Wie das Leben mich anspricht, wie ich im Leben und durch das Leben angesprochen bin – mit einem mutmachenden Zuruf: Sei! – Lebe! – Lebe richtig! – oder so ähnlich. Das Leben selbst, mein Leben selbst, ist dieser Ruf. Und ich verstehe: mit meinem Leben gebe ich dem Ruf meine Antwort, entspreche ich dem Auftrag, erwidere ich das Zutrauen. Ich ahne: ich gebe dem Antwort, der mich in meinem Leben und durch mein Leben rief. In diesem Lebenswort erspüre ich Ihn. Das so aufgenommene und beantwortete Lebenswort: Gottes Spur.

Wie lebe ich denn? Wie möchte ich leben? Ich habe vieles versucht; ich habe manches ausprobiert; ich habe viel bewirken wollen; ich wollte etwas erreichen – für mich selbst und für andere. – Doch heute weiß ich es anders; heute will ich es anders. Die befreiende Losung, das erlösende Lebenswort heißt heute für mich: „Sei wie du bist; wie du jeweils bist." Und ich versuche, gemäß diesem Wort zu leben: „Ich bin da, wie ich jeweils da bin; mal gut, mal weniger gut! Ich bin da, wie ich da bin." Wenn ich gemäß dieser Formel lebe, werde ich dem ähnlich, nach dessen Bild ich geschaffen bin. Er machte Mose seinen Namen so kund: „Ich bin der Ich-bin-da." (Oder anders: „Ich bin da, wie ich da sein werde.") – In dieser Erlaubnis, da zu sein, wie ich bin, erlebe ich die freilassende Güte Gottes, erlebe ich die Spur göttlicher Freiheit.

Ich lebe mein Leben. Ich bin mein Leben. Wie ich in meinem Leben bin, bestimme ich selbst. (Ich kann nicht die Umstände bestimmen. Denen bin ich vielfach ohnmächtig ausgeliefert.) Ich habe und bin kein anderes Leben als dieses eine, das mein Leben ist. Damit muß und will ich zurechtkommen; auch mit dem, was mir nicht so gefällt; auch mit meiner Schuld und meinem Versagen. Darin liegt die alles entscheidende Lebensaufgabe: sich mit sich selbst einzulassen; sich selbst wahrzunehmen und sich selbst anzunehmen – ohne Abstriche und ohne Bedingung; sich mit sich selbst zu versöhnen. Nicht im Widerstand gegen sich selbst zu verharren; nicht sich an selbstkränkenden Vergleichen festzuhalten. Statt Selbstablehnung: Einverständnis. Solche Selbstannahme wird erleichtert durch die kostbare Erfahrung, von einem anderen bedingungslos angenommen zu sein, sich uneingeschränkten Wohlwollens zu erfreuen. Lieben – heißt Annehmen.

Doch auch die Erfahrung des Angenommenseins kann mir die von mir selbst zu erwirkende Selbstannahme nicht abnehmen. Von mir selbst ist das entschiedene – nie zureichend begründete – „Ja" zu mir selbst zu sprechen. Es ist meine Lebenstat. Doch die spurensichernde Vermutung glaubt: diese Lebenstat geschieht nicht in Einsamkeit, sondern in einer tiefen Verbundenheit mit dem, der mich zuerst bejahte. „Sich bejahen als bejaht, das heißt glauben." – Diesem „Ja" zu mir selbst folgt aus innerer Notwendigkeit das „Ja" zu den anderen; sind sie doch auch zu bejahen als schon bejaht. Ein solches „Ja" – das weiß jeder – muß oft in Mitleiden, Schmerz und Trauer errungen werden. Doch es geht in der Spur des „Großen Ja" Gottes, von dem es heißt, daß Er das „lautere Ja" ist. Er, der „Seine Sonne aufgehen läßt über Gerechte und Ungerechte." – Wer sich selbst annehmen und lieben lernt, wer uneingeschränktes Wohlwollen für sich selbst und jeden anderen wagt, der ahnt, was das vernutzte Wort „Gnade" bedeutet: wie abgründig grundlos sie geschieht und wie sie oft nur im Leiden und Mitleiden werden kann. Hier ist jetzt zu wiederholen: „Gott ist ohne Warum." Und diesem

Satz ist beizufügen: „Die Liebe ist ohne Warum." Die erbarmungsvolle, niemanden ausschließende Liebe – geahnt und ersehnt in unserem Leben – ist die Königsspur Gottes.

Zur Bekräftigung ist von einem Menschen zu erzählen, der von einem Wort Gottes lebt, das er so vernahm: „Sei nicht länger bekümmert, weder um dich selbst noch um andere, ich bin in deinen leeren Händen."

Das führt weiter zu einer mittelalterlichen Legende. Ein Mann suchte verzweifelt nach seinem Gott. In seiner Not kam er zum Bischof Stephen Langton und klagte bitterlich: „Ich suche Gott, ich suche Ihn Tag und Nacht und finde Ihn nicht. Was soll ich nur tun?" Stephen Langton antwortete ganz sanft: „Suche weiter. Aber suche Ihn auf dem Antlitz deines Bruders." – Ich erinnere mich an die biblische Erzählung von dem Brüderpaar Jakob und Esau. Jakob hatte listig seinen Bruder um den Segen und das Recht der Erstgeburt betrogen. Deswegen mußte er aus seiner Heimat fliehen. Nach Jahren kehrte er zurück. In Furcht und Zittern traf er auf seinen Bruder und bat kniefällig um Versöhnung und Wohlwollen. Esau lief ihm entgegen, sie umarmten sich, sie küßten sich und weinten. Und dann sagte Jakob schließlich: „Ich habe dein Angesicht gesehen, wie man Gottes Angesicht sieht." – Ich weiß es aus vielfältiger Erfahrung: In wahrhaftiger Begegnung geschehen Erlösung, Heilung und Heil. Beziehung und Begegnung sind Spuren Gottes in dieser Welt: Sakrament des Bruders, Sakrament der Schwester.

– Von da ist ein kurzer Weg zum Sakrament des Alltags, das die heilige Teresa von Avila ihren Nonnen zu bedenken gibt, „daß euch der Herr, wenn ihr in der Küche beschäftigt seid, inmitten der Kochtöpfe nahe ist." – Arbeiten – wo auch immer – ist gottnah. – Ich gehe zum Einkaufen in ein großes Kaufhaus. Die Öffnungszeit geht zu Ende. Große Hektik überall. Die Schlangen vor den Kassen sind lang, sehr lang. Die Frau, an deren Kasse ich vorbei muß, eine ältere Frau, ist wunderbar. Sie hat für jede und für jeden ein Lächeln, wie es aus dem Herzen kommt und den Angelächelten wirklich meint; sie hat für die eine und den anderen überdies noch ein gutes Wort, einen Scherz. An ihrer Kasse verändert sich die Welt; denn ich und die anderen Kunden, so darf ich vermuten, gehen verändert, verwandelt weiter. Der Abend wird anders. An dieser Kasse, in dieser

Frau, lächelt Gott und segnet die Welt. So geht mir später am Abend auf. – Und die anderen Frauen, die erschöpft und ausgelaugt an ihren Kassen sitzen und das Ende der schweren Arbeitszeit herbeisehnen, die nicht lächeln – sind sie unserem Gott fern und fremd, frage ich mich. Nein, in ihnen leidet Gott. Auch das Leiden der Menschen: eine Gottesspur.

Und dann sind noch zögerlich und scheu Namen zu nennen, und es ist auf Orte zu zeigen: Auschwitz, Hiroshima, Bosnien-Herzegowina, Krajina und so fort. Und Krankenhäuser, Notunterkünfte, auch gewöhnliche Zimmer in unauffälligen Häusern an unauffälligen Straßen. – Und zögerlich ist zu schreiben: In unserer Welt hängt Gott am Kreuz. Von leeren Gräbern noch keine Spur. Nur eine große Hoffnung in unserem Herzen.

Liebe Leserin, lieber Leser, ich wünsche Ihnen und mir, daß sich die Vermutung bewährt: unser Leben in dieser Welt und für diese Welt ist die Spur Gottes. Für alle und für immer ein Grund der Zuversicht.

Ihr

Hans Günter Bender

Anselm Hartmann
Religiöse Spuren in Leben und Werk Anton Bruckners (1824-1896)

Anton Bruckners Religiosität war geprägt von einem strenggläubigen, dogmentreuen Katholizismus; sein Elternhaus, das ländliche Oberösterreich, die Lern- und Lehrjahre im Augustiner Chorherrenstift St. Florian haben dabei wesentlich Einfluß genommen. Bruckner war, im Gegensatz zu der bis heute transportierten Legendenbildung als der Naive[1], zum Beispiel absolut bibelfest, bis hin zur theologischen Gelehrsamkeit. Die Diskussion um „Das Leben Jesu" von D. Fr. Strauß[2] verfolgte er sehr aufmerksam. Seine akribische Buchführung über die Zahl der täglich gebeteten Vaterunser, Ave Maria, Salve Regina etc. mag heute kurios anmuten, stand aber in der alten Tradition der Werkfrömmigkeit.

Nicht zufällig übertrifft die geistliche Chormusik (mit und ohne Instrumenten) zahlenmäßig jeden anderen Schaffensbereich Bruckners deutlich. Und: Keine andere Gattung begleitet ihn einen so langen Teil seines Lebens. Seine erste (überlieferte) Komposition ist ein „Pange lingua" von 1835; 1892 entstehen die letzten geistlichen Chorsätze. Die Absicht enthüllen die Buchstaben „O.A.M.D.G." über den Manuskripten der d-moll-Messe und des Te Deum: Omnia ad maiorem Dei gloriam.

Auch das weltliche Schaffen Bruckners, insbesondere – aber nicht nur – die Symphonien, ist von einer Fülle religiöser Elemente durchwirkt. So gehören choralartige Themen seit der 2. Symphonie zu seinem festen stilistischen Repertoire; zunächst in scheinbar wenig bedeutender, transitorischer Funktion im 1. Satz eingeführt, werden sie in seiner final ausgerichteten Konzeption zur Apotheose des 4. Satzes und damit der ganzen Symphonie.

Ein anderes Beispiel: Anfang und Ende einer Symphonie sowie ihre motivische Substanz beruhen auf dem Intervall der Quinte (und Oktave): Zeichen der zyklischen Einheit und gleichzeitig dynamisches Prinzip; aus der melodischen und harmonischen Unbestimmtheit der Quinte (Oktave) fließen motivisch-thematische Konkretionen aus, die letztlich wieder in die Unbestimmtheit des Anfangs, Urgrundes zurückkehren. Was Bruckner mit der Quinte meint, verdeutlicht er im Te Deum: Symbol der maiestas Domini.

In Briefen und durch die musikalische Themenfindung deutet Bruckner öfter auf programmatische Hintergründe einzelner Werke hin. Den langsamen Satz der 4. Symphonie bezeichnet er als „nächtlichen Pilgermarsch", das 2. Thema daraus als „Gebet". Die letzten drei Symphonien weisen Bezüge zum Zentrum christlichen Glaubens auf: Tod und Auferstehung. Der 2. Satz der 7. Symphonie betrauert den Tod des von Bruckner tief verehrten Richard Wagner. Das 1. Thema daraus ist mit dem „non confundar in aeternum" des etwa zeitgleich entstandenen Te Deum verwandt. Reprise bzw. Coda des 1. Satzes der 8. Symphonie beschreibt Bruckner als „Todesverkündigung" bzw. „Ergebung", „Totenglocke". Constantin Floros wies zuletzt 1993 darauf hin, daß Bruckner das Hauptthema daraus der c-moll-Arie des „Fliegenden Holländers" (1. Aufzug) entlehnt hat; der Arientext spricht von Tod und Auferstehung![3]

Bruckner stirbt über den Skizzen zu Durchführung und Reprise im Finalsatz der 9. Symphonie. Erkennbar bleibt, daß er thematisch auf sein „Te Deum laudamus" zurückgreifen wollte: apotheotischer Abschluß eines Grenzen sprengenden Schaffens und zugleich klarer Ausdruck seines religiösen Bekenntnisses.

Im Hinblick auf Bruckners Religiosität sind Leben und Werk eine unauflösliche Verbindung eingegangen, die in ihrer Eindeutigkeit so von keinem anderen möglichen Aspekt ausgesagt werden kann.

Erich Johannes Heck
Der Berufene

In der Heilig-Geist-Kirche zu Aachen begegnet dem Eintretenden ein eigenwillig gestalteter Chorraum. Rings um den Altar, geschmückt mit vier Reliefszenen, sind der Taufbrunnen und die Eucharistiestele, begleitet je von einer Figurengruppe sowie einem Ambo. Vor diesem steht eine Einzelskulptur „Der Hörende". Sein Kopf ist nach oben geworfen. Das Antlitz schaut mit weit offenen Augen, doch geschlossenen Mundes in die Höhe. Die Hände sind an die Ohrmuscheln angelegt, um sowohl das zu Hörende sicherer aufzunehmen als auch das Gehörte unmittelbarer in sich einzulassen.

Der Kölner Bildhauer Toni Zenz[4], dem die Gesamtgestaltung des Chorraumes zu danken ist, hat dem Thema des Hörens wiederholt seine künstlerische Kraft gewidmet. Ihm steht das Thema des Berufen-Werdens nahe, das in einer kleineren Skulptur im folgenden vorgestellt werden soll.

Überschlank rankt sich eine Gestalt empor. Mit beiden Füßen steht sie fest auf dem Boden. Das Haupt ist ein wenig erhoben und leicht zu ihrer linken Seite geneigt. Ein eng anliegendes Gewand umhüllt Beine und Arme und gibt nur die Hände in ihrem Aufeinanderliegen zu einem kurzen Blick frei. Alles, was sich aufrichtend nach oben

Toni Zenz, „Der Berufene"

streckt oder was lotrecht nach unten fällt, ist in dieser Senkrechten eingefangen und gibt der Gestalt ein beständiges Gleichgewicht, das selbst den Betrachter einzubeziehen weiß und ihm Stand zu verleihen scheint.

Eine solche äußere Geschlossenheit birgt in sich alle Ausdruckskraft, die sich letztlich im Antlitz widerspiegelt. Es hat sein eigenes „architektonisches Gepräge" (Ph. Lersch) in seinem Ebenmaß des Einzelnen wie in der Ausgewogenheit des Ganzen: die scharfkantig geschnittene Nase in ihrer Höhe und Breite; die Augen in ihrer Gewölbtheit offenen Schauens oder sich schließenden Versenkens; und schließlich der Mund im schlichten Aufeinanderliegen der Lippen, bereit, sich zur Rede zu öffnen wie auch im Schweigen zu verstummen. Dieses Antlitz ist durchzogen von Ruhe und Gelassenheit und füllt sich zugleich auf in gespannter Aufmerksamkeit.

Ihm hat sich nämlich ein zweites Gesicht genähert, in dem die sonst betonten Gesichtszüge eigentümlich verflachen. Die leicht gewellte Nase gabelt sich aus in zwei starken Bögen nach links und nach rechts, unter denen ein abgeflachtes Augenpaar angedeutet ist. Der Mund erscheint lippenlos. Die Ohren sind überlang im Vergleich zu denen des Menschen. Dieses zweite Gesicht entspringt einem Flügelpaar und deutet sich darin aus, daß ein Bote von oben, ein Engel, sich an den Menschen anlehnt und ihm eine Botschaft zuspricht.

Eben dieses bringt die Plastik „Der Berufene" zum Ausdruck. Nicht ein Gespräch findet statt, daß sich die Lippen bewegen und die Augen sich entgegenleuchten in Wort und Ant-Wort. Vielmehr kommt eine Botschaft, die selbst dem Boten eingegeben worden ist, wie im Fluge von ferne her und senkt sich dem ein, der berufen wird. Mag das Ohr das äußere Einfallstor für die einzelnen Wörter sein, so ist in Wirklichkeit hier der ganze Mensch offen in der Empfängnis des Wortes schlechthin. Denn dieses erweckt ihn zu einem ursprünglicheren Leben, das zu heilsmächtigem Tun geboren wird. Dieses Geschehen ergreift den Berufenen in der Einheit von Gesagtem und Gehörtem und entfaltet in ihm ein neues Sehen. Was dem Ohr entscheidend erläutert wird, erhellt sich dem Auge in einer inneren Schau. Von nun an weiß er sich erfaßt von dem, der ihn berufen hat. Im Hören gehört er nunmehr dem Rufenden, im Horchen, dem aufmerksamen und eindringlichen Hinhören, gehorcht er schon dem Ruf. „Gott, der Herr, hat mir das Ohr geöffnet. Ich aber wehrte mich nicht und wich nicht zurück." (Jes 50, 5)

In einem solchen Erlebnis, daß ein Spruch Gottes ergangen war, ist ihm jählings Hören und Sehen vergangen, und diese haben zu einer neuen Wirklichkeit ihre bisher gewohnten Dienste vertauscht. Das zu hörende Wort lautet sich aus in geschautem Licht. Daher kann der Psalmist wie in einem Paradox von aufhorchen lassender Hellsichtigkeit künden: „Dein Wort ist meinem Fuß eine Leuchte, ein Licht für meine Pfade." (Ps 119,105) In solcher Berufung ist der Mensch ein anderer als der, der er vorher war oder sein wollte.

Im Alten Testament sind Abraham und Mose, Samuel und David, insonderheit die Propheten, von Gott Berufene: ein jeder in seiner Art der Aufgabe, aber in einer letzten Verpflichtung, der der einzelne nicht ausweichen kann.

Im Neuen Testament ist es Joseph, der daraufhin lebt, was der Bote Gottes zu ihm sagt: Maria zu sich zu nehmen als seine Frau (vgl. Mt 1, 20.24), mit der Mutter und dem Kinde nach Ägypten zu fliehen (vgl. Mt 2, 13 f.), mit beiden wieder ins Land Israel zurückzukehren und im Gebiet von Galiläa Wohnung zu nehmen (vgl. Mt 2, 20-22). Seine Berufung verdichtet sich im schweigenden Tun des ihm Aufgetragenen.

Toni Zenz hat diese Plastik erstmals einem lieben Freund geschaffen, der den Vornamen Joseph trug. Er ließ bei einem zweiten Abguß für einen Theologen die Bezeichnung „Der Prophet" gelten. In der hier genannten Weise „Der Berufene" will sie zu einem längeren schauenden Verweilen einladen. Sie vermag den Betrachter zum Erlauschen des in ihr Innewohnenden zu führen. In ihrer Schweigsamkeit spricht sie sich aus: „Im Stillsein und im Vertrauen liegt ... Kraft." (Jes 30, 15)[5]

Friedhelm Hofmann
Herbert Falken – Gitterköpfe

Action steht heute für eine ganze Generation. Spannung, Reiz, Nervenkitzel, Abenteuer. Nur weg aus dem nervenden Alltag mit seinen langweiligen Pflichten. Hinein in ein Vergnügen, das aber nicht Kopf und Kragen kosten darf. Der Versuch, der drückenden Enge von Lasten und Verpflichtungen zu entgehen, geht oft genug auf Kosten der eigenen Standortbestimmung und gleicht einer Flucht ins Banale.

Wie ein Fausthieb müssen die GITTERKÖPFE auf den Menschen treffen, der der Spannung von Geburt und Tod, von Endlichkeit und Ewigkeit, von Freiheit und Gnade zu entfliehen versucht.

Herbert Falken[6] hat diesen zwischen 1991 und 1993 entstandenen Zyklus[7] im Bannkreis der spanischen Mystik eines hl. Johannes vom Kreuz geschaffen. Nicht stumpfe Schwarz-Weiß Kontraste, sondern äußerst sensible Farbstufungen führen über Lavierungen und Schichtungen in eine Erfahrungsdimension, die Grenzsituationen des Menschen durch farblich geronnene Bildzeichen materialisieren.

In diesen Arbeiten wird der Rezipient an eine Grenze der eigenen Lebenserfahrung geführt, die spannender nicht sein könnte – nicht im Sinne von Action, wohl aber im Sinne von Lebensspannung, die den Menschen bis zum Zerreißen fordert. Die uralte menschliche Sinnfrage nach dem Woher und Wohin gerinnt in Bildzeichen von atemberaubender Sogwirkung.

„Woher kommen wir, wer sind wir und wohin gehen wir?" schrieb Paul Gauguin auf den Rand eines seiner berühmten Tahiti-Bilder. Herbert Falken visualisiert diese Fragestellung in der Sichtbarmachung eigener existentieller Lebenssuche. Wir erkennen behutsam aufgesetzte Pinselstriche, die sich über kreisende Bewegung und gitterartige Schraffuren in aufsaugende schwarze Löcher zu verlieren drohen, um dennoch in schädelartige bandagierte Neuschöpfungen verwandelt zu werden.

Zarte, gesprenkelte, von verhaltenem Licht durchsättigte Farblasuren weichen Kreis und Kreuzen. Menschliches Leben – Kopf voran – bahnt sich Weg in die endliche Schöpfung, um sich durch Fragen,

Herbert Falken, Gitterkopf

Verwundungen, Grenzen und Anstrengungen durch den Todestunnel zum unerschaffenen Lichte vorzutasten.

Herbert Falken hat in seinen Arbeiten wie „Gehirn", Zyklus „Geburtstod", „Kreuz und Engel", „Jakobskampf" und Zyklus „Todestod" schon immer die doppelte Grenze menschlicher Lebens- und damit Leiderfahrung mit der des Geborenwerdens und Sterbens in die verheißene bleibende Geborgenheit Gottes hinein verknüpft.

Die Dimension des ineinander verzahnten Ewigen und Endlichen, das im Werden und Vergehen nur einen Teilaspekt menschlichen Lebens erkennen läßt, hat einen entsprechenden Erfahrungsgrund, den Herbert Falken aufzuspüren versucht.
Wenn auch die alte Binsenweisheit „Bilde Künstler, rede nicht!" auch heute noch Gültigkeit besitzt, so fällt doch dem Maler Herbert Falken als homiletisch geschultem Priester auch die Gabe des Wortes zu. Verblüffend unmittelbar läßt er uns an seinem Schöpfungsprozeß durch folgende Erklärungen teilhaben, die er zu den GITTERKÖPFEN am 7.5.1995 zu Papier brachte: „In der Abgeschiedenheit schrieb ich abends Gedichte des Johannes vom Kreuz ab in der Hoffnung auf besseres Verständnis und das Erfassen ihres geistlichen Klimas. Und während ich nächtens ein ganzes Buch mit meinem Geschreibsel füllte, veränderten sich tagsüber meine Bilder. Ich hatte mich in Selbstbeschränkung auf Schwarzaquarelle mit breiten Pinsellasuren festgelegt, wobei ich Stellen des Papiers jeweils unbemalt ließ. Die schwarzen Flächen wurden über längere Zeit des Einfärbens, Trocknens und Abwartens schwärzer und schwärzer. Und ich war erst dann mit meiner Arbeit zufrieden, wenn die weißen, unbemalten Zonen kontrastierend zum sie umgebenden Schwarz eine Sogwirkung ausübten. Ich hatte und habe den Eindruck, daß ich so zu einer Ahnung von Transzendenz gelangte, die sich im Bilde selbst ereignet."[8]

Falkens jahrelange Körper- und dabei speziell Kopfstudien brechen sich unbewußt Bahn in einen Visualisierungsprozeß der Einwohnung des Ewigen im Endlichen, des Schöpfers im Geschöpf, wobei die Lichtmetaphysik, die in der christlich-abendländischen Tradition einen nicht wegzudenkenden Raum einnimmt, auch bei ihm zum Vehikel eines immateriellen Vorganges wird. Das, was auch Theologen nur schwer zu verbalisieren vermögen, wird im kreativen bildnerischen Prozeß dieses Künstler-Priesters zu einem ganzheitlichen Vorgang von existentieller Erfahrbarkeit. Während das Wort nämlich als abstrahierte intellektuelle Vermittlung gleichsam linear einen Gedanken transportiert, erschließt das Bild ganzheitlich einen nicht abstrakt erfaßbaren Vorgang sinnenhaft. Wie schon der künstlerische

Schaffungsprozeß in sich die Vielschichtigkeit menschlicher Wirklichkeitserfahrung evoziert, wird dem Rezipienten die Möglichkeit einer Sinne und Verstand umfassenden Seinserschließung eröffnet.

In seinem Zyklus GITTERKÖPFE hat Herbert Falken eine Weise der Gotteserfahrung aufgedeckt, die dem zeitgenössischen Mitmenschen eine Tür in das Inkarnationsgeheimnis Gottes aufstößt, das nicht in einer blutleeren abstrakten theoretischen Abhandlung verkümmert, sondern als existentielle subjektive Anfrage an den einzelnen Leib gewinnt.

Die sich im Geburtstunnel herausbildende Kopfform wird zum Sitz und Träger eines Lebens, das nicht aus sich selbst und nicht aus chaotischem Wirrwarr, sondern aus sinnstiftendem Schöpfungstum entsteht. Sind auch mit den Bandagen Beschränkungen und Einengungen kreatürlicher – sprich endlicher – Geschöpflichkeit angedeutet, so führt und transzendiert das Sterben im Geburtskanal zu einer die irdische Wirklichkeit aufbrechenden Dimension des göttlichen – sprich ewigen – Lebens.

Es ist ein Geschenk an alle Menschen, daß der Priester Herbert Falken in seinem Aachener Bistum die Freiheit zugesprochen bekam, das besondere Charisma des Künstlerdaseins leben zu dürfen. Der Aachener Priester Karl Schein, der derzeit auch stellvertretender Vorsitzender des Vereins für christliche Kunst im Erzbistum Köln und Bistum Aachen e. V. ist, hat daran ein nicht unwesentliches Verdienst.

Karl-Heinz Kurze
Neu sehen lernen

Wer durchs Fenster ins Freie blickt, kann ganz unterschiedliche Erfahrungen machen. Ist es draußen heller als drinnen, treten die Gegenstände im Zimmer zurück, das Fenster wirkt wie ein Rahmen, bündelt unseren Blick und läßt die Umgebung draußen besonders intensiv an uns heran. Dieses „Bild" spricht uns dadurch stärker an, gewinnt eine eigene Aussagekraft. Das Bild hat eine Mittlerstellung zwischen der äußeren und inneren Erfahrung des Menschen. Die Maler der mittelalterlichen Goldgrundbilder und ostkirchlichen Ikonen haben es verstanden, das optisch sichtbare Bild für eine neue Dimension, die Bedeutsamkeit im Glauben, zu erschließen. Der Goldgrund mit seinem Widerschein steht für die innere Schau der gläubigen Seele, die der äußeren Welt eine neue, tiefere Dimension abgewonnen hat.

Unsere Abbildung, der Lebensbaum im Kreuzesrahmen, ziert seit 1986 die Aachener Diözesanausgabe des GOTTESLOB. In ihr verschmelzen zwei uns Christen vertraute Symbole miteinander: Kreuz und Lebensbaum. Das Kreuz ist ausgefüllt mit den Elementen der Schöpfung, beide in der gleichen Goldprägung. Lassen wir den Blick meditierend auf diesem Bild verweilen, tritt einmal das Kreuz plastischer hervor, wie in Bronze gegossen, dann wieder öffnet es sich wie eine Fensterlaibung, um den Blick freizugeben auf die „Ikone der Schöpfung". Der Goldgrund leitet unseren Blick durch das kreuzförmige Fenster auf die Zeichen, in denen sich die Schöpfung Gottes symbolhaft darstellt.

Im Zentrum steht eine stilisierte Pflanze, ein Baum. Massig ruht er auf der Erdwölbung, die Kraft andeutend, mit der er in ihr wurzelt. Vor der Erdkugel sehen wir bewegte Linien, die wie das Spiel der Wellen wirken und uns auf das Element Wasser hinweisen. Der Baum reckt seine Blätter den belebenden Strahlen der Sonne entgegen. Nicht zu sehen, aber zwischen Astwerk und Blättern des Baumes zu erahnen ist die Lufthülle, die allen Lebewesen das Atmen ermöglicht. Bei den Elementen, die den Baum umgeben, erinnern wir uns unwillkürlich an die klassische Lehre von den vier Elementen, die schon im Altertum als Vorbedingungen für alles Leben auf der Erde betrachtet wurden. Sie sind Naturgegebenheiten, von Gott gesetzte Rahmenbedingungen, deren der Schöpfungsbaum zu seinem Gedeihen bedarf.

Den Leser der Bibel erinnern diese Symbole an das Sechstagewerk, das Schöpfungswerk Gottes: Erde, Wasser, Wölbung des Himmels, Licht sind die Voraussetzungen dafür, daß mit den Pflanzen die Entwicklung des Lebens auf der Erde beginnt. In mittelalterlicher Farbsymbolik charakterisiert Hildegard von Bingen das „milde Grün der Schöpfung" als Hoffnungsträger, als Keim der fruchtbringenden Weiterentwicklung der Schöpfung. Das Grün, die Pflanzenwelt, ist Trägerin von Gottes Segen und Heil. Diese Hochschätzung entspricht auch den Erfahrungen der Menschen in biblischer Zeit. Gott hat den Tieren und den Menschen die Früchte der Bäume zur Nahrung zugewiesen. Im Orient hatten besonders Ölbaum, Feigenbaum und Dattelpalme für die Menschen eine schöpferische, mütterliche Funktion: sie erfuhren sie als Nahrungslieferanten, Baumaterial und Schattenspender zugleich. Der Baum steht als Symbol für Nahrung und Schutz und bedeutet somit Wohlfahrt für alle höheren Lebewesen. Wegen seiner großen Bedeutung für den Menschen bedarf der Baum der besonderen Pflege und des Schutzes, damit er nicht verdirbt. In der Thora wird der Schutz der Fruchtbäume besonders anbefohlen, weil sie schlechthin existenzerhaltend waren. Sie dürfen auch im Krieg nicht gefällt werden (Dtn 20). In unseren Tagen ist der Baum erneut zum Symbol der bedrohten, vom Menschen gefährdeten Schöpfung geworden, Warnsignal und Hoffnungszeichen zugleich.

Ursprünglich Ausdruck der Lebenskraft, die Gott in die Natur eingepflanzt hat, konnte der Baum auch eine übertragene Bedeutung als Symbol für das Wachsen des Gottesreiches annehmen. Der alttestamentliche Psalmsänger veranschaulichte am Baum die Verwurzelung des Frommen in der Weisung des Herrn, die für ihn lebensspendendes Fundament bedeutete:

„Wohl dem Mann ..., der Freude hat an der Weisung des Herrn,
über seine Weisung nachsinnt bei Tag und bei Nacht.
Er ist wie ein Baum, der an Wasserbächen gepflanzt ist,
der zur rechten Zeit seine Frucht bringt und dessen Blätter
nicht welken.
Alles, was er tut, wird ihm gut gelingen." (Psalm 1, 1-3)

Der Prophet Jesaja benutzt die Lebenskraft des Wurzelstockes als Bild, um die Hoffnung auf eine Erneuerung Israels auszudrücken. (Jes 11) Für die christliche Gemeinde ist Jesus der Sproß aus dem morschen Stamm, der allen, die an ihn glauben, eine neue Zukunft eröffnet. Jesus selbst drückt das Wachsen des Gottesreiches im Gleichnis vom Senfkorn (Lk 13, 18 f.) aus, das, zu einem großen Baum geworden, den Mitgeschöpfen ein Zuhause bietet. Der Baum, dieser gestaltgewordene Schöpfungswille, wird zugleich zum Symbol des ursprünglichen Planes Gottes, des Paradieses und damit des Heiles. So besteht zu Recht eine innere Nähe dieses Symbols zu einem Buch, das dem Wachsen des Reiches Gottes dienen soll.

Wie ein Fenster öffnet sich das Kreuz hin auf die Schöpfung. Es wird gleichsam durchsichtig auf eine ihm innewohnende Bestimmung. Erinnerungen an Formulierungen aus dem Neuen Testament werden wach, die das Christusgeschehen im Zusammenhang mit dem Schöpfungsplan deuten. So heißt es im Kolosserhymnus im Blick auf die erlösende Rolle des Herrn: „Alles ist durch ihn und auf ihn hin geschaffen ... Denn Gott wollte mit seiner ganzen Fülle in ihm wohnen, um durch ihn alles zu versöhnen." (Kol 1, 16.19-20) Der Epheserhymnus drückt diese Überzeugung mit ähnlichen Worten aus: „Er (Gott) hat beschlossen, in Christus alles zu vereinen, alles, was im Himmel und auf Erden ist." (Eph 1, 10) Christus hat den Weg eröffnet, der alle Feindschaft zwischen den Geschöpfen überwinden kann. Deshalb richtet sich die Verkündigung des Evangeliums nicht allein an den Menschen: „In der ganzen Schöpfung unter dem Himmel wurde das Evangelium verkündet." (Kol 1, 23)

„Auch die Schöpfung soll von der Sklaverei und Verlorenheit befreit werden zur Freiheit und Herrlichkeit der Kinder Gottes."
(Röm 8, 21)

Das Kreuz, Inbegriff von Tod und Auferstehung unseres Herrn, offenbart so seine die ganze Schöpfungswirklichkeit umgreifende Heilsbedeutung. Es gewinnt seinen vollen Sinn erst im Blick auf das Ganze. Zugleich ordnet es die Wirklichkeit dem Heilsplan Gottes unter. Unser Blick erfaßt die Vielgestaltigkeit der Schöpfung nur dann in der richtigen Weise, wenn wir im Glauben die von Gott geoffenbarte Bestimmung der Schöpfung zum Heil wahrnehmen. Gott will ihr Zukunft und Hoffnung geben. An uns liegt es, diese theologische Qualität von Schöpfung zu erspüren und dankbar zu bekennen.

Karl-Heinz Kurze
Wähle das Leben

Während des 91. Deutschen Katholikentages 1992 in Karlsruhe hing im „Umweltzentrum" in Ettlingen ein großes Wandbild, das Gerold Rapp, ein Künstler aus dem Erzbistum Freiburg, eigens für diesen Katholikentag gemalt hatte. Der Künstler hat in diesem Bild den Versuch gemacht, das Leitwort des Katholikentages „Eine Neue Stadt ersteht" zur Umweltproblematik unserer Tage in Beziehung zu setzen.

Die Gegensätzlichkeit der Bildinhalte springt schon beim ersten Blick in die Augen. Wie eine Fernsehkamera, die eben noch auf Vorstadtslums gerichtet ist und mit einem Schwenk tropische Blütenpracht einfängt, nimmt der Betrachter auf dieser Großleinwand zwei sehr unterschiedliche „Bilder" unserer Welt wahr. In der Mitte erhebt sich ein starker Baum, der die beiden Bildhälften trennt und zugleich an jeder von ihnen Anteil hat.

Gerold Rapp, Baum des Lebens – Baum des Todes

Der Baum fällt uns sofort besonders auf, weil uns aus seinem Stamm ein finsterer Totenkopf entgegenblickt. Er schaut nach rechts auf die „Zone des Todes". In dieser Richtung ist der Baum kahl, zeigt nur dürre, abgestorbene Äste. Lassen wir das Chaos des rechten Bildteils auf uns wirken, so erkennen wir eine Fülle an Details, die uns vertraut sind: Fabrikhallen und Schlote, Hochhäuser, Autos, Berge von Müll mit allen Attributen unserer Zivilisation, Abgase, die den Baum, die Natur ersticken. Beton und Wohlstandsmüll verdrängen und verschmutzen die kümmerlichen Reste von Natur, die noch zu sehen sind. Wer möchte hier wohnen, in dieser Zone, die vom Tod bestimmt ist, in der sich unsere Zivilisation in ihrer Maßlosigkeit selbst den Untergang bereitet?

Von dieser kritisch betrachteten Realität hebt sich die linke Bildhälfte als „Zone des Lebens", der Hoffnung, deutlich ab. Nicht nur die linke Seite des Baumes ist hier dicht belaubt. Die Landschaft wirkt wie ein Park, ein Paradiesesgarten. Üppiges Grün, Blumen und Wasser zeigen uns an, daß die Natur hier Raum zum Leben hat. Zwei Bildelemente geben uns deutliche Hinweise zur Interpretation: die mächtige, goldglänzende Kuppel und der Regenbogen. Der Regenbogen ist das Friedenszeichen Gottes mit seiner Schöpfung. In ihm garantiert er den Fortbestand der Schöpfung auch angesichts der Sünde. Der Maler wählt hier ein prophetisches Bild, um diesen Frieden, der Mensch und Natur umfassen soll, zu veranschaulichen: oberhalb des Regenbogens steht ein Kind neben einem „erleuchteten" friedvollen Löwen. Der Maler hat offenbar an die Früchte des Gottesgeistes gedacht, die von Jesaja so beschrieben werden: "Dann wohnt der Wolf beim Lamm, der Panther liegt beim Böcklein. Kalb und Löwe weiden zusammen, ein kleiner Knabe kann sie hüten." (Jes 11, 6)

Der Künstler versucht zu zeigen, daß diese friedliche Alternative nicht eine bloße Utopie, sondern eine realistische, erreichbare Vision ist. Durch das dichte Laubdach hindurch erkennt man vor dem Blau des Himmels eine weiß gewandete Gestalt mit einer Gloriole, den auferstandenen Herrn, der mit der Hand nach unten zur Erde deutet. Von ihm her, gleichsam als Geschenk, senkt sich wie eine überirdische Erscheinung die goldene Kuppel, die „Neue Stadt" aus dem Himmel auf die Erde nieder. Der Maler greift hier eine Vorstellung aus dem letzten Buch des Neuen Testaments, der Apokalypse, auf seine Weise wieder auf. Dort wird die endgültige Herrschaft Gottes über die Schöpfung als ein völliger Neuanfang beschrieben, der alle vertrauten Maßstäbe menschlicher Art hinter sich läßt: "Dann sah ich einen neuen Himmel und eine neue Erde; denn der erste Himmel und die erste Erde sind vergangen, auch das Meer ist nicht mehr. Ich sah die heilige Stadt, das neue Jerusalem, von Gott her aus dem Himmel herabkommen ... erfüllt von der Herrlichkeit Gottes." (Offb 21, 1-2.11) Schönheit, Ordnung, Einklang mit der Natur: die Harmonie zwischen Gott, Mensch und den Mitgeschöpfen, die die Propheten ersehnten, steht in einem solchen Gegensatz zu unserer Erfahrung, ja zu unseren menschlichen Denkmöglichkeiten, daß sie nur durch den Geist des Herrn Wirklichkeit werden kann.

Zwischen dem Heute und Morgen, zwischen der Realität unserer Welt und der Vision des Glaubens steht der Baum, der an der Zone des Todes wie an der Zone des Lebens Anteil hat. Hier denkt man unwillkürlich an den Text der Präfation vom Fest Kreuzerhöhung: „Von einem Baume kam der Tod, von einem Baume sollte das Leben erstehen." Die Ambivalenz unserer Existenz, die Möglichkeit, Schuld auf sich zu laden, wird vom Künstler in diesem Bild vor Augen gestellt, genau so wie die Möglichkeit, am Reich Gottes mitzubauen, in Frieden und Harmonie mit den Geschöpfen. Im Römerbrief schreibt Paulus:

„Das Trachten des Fleisches führt zum Tod,
 das Trachten des Geistes aber zu Leben und Frieden."
 (Röm 8, 6)

Diese Erfahrung können auch wir ständig machen. Die Zerstörung der Umwelt ist kein naturhaftes Schicksal, sondern Folge der Habgier, der Rücksichtslosigkeit von Menschen. Wir tragen Verantwortung für das Ergehen der Schöpfung. Im Buch Deuteronomium wird dies in einer Aufforderung zum Handeln angesprochen, die zum Motto für die „Woche für das Leben" geworden ist: „Leben und Tod lege ich dir vor, Segen und Fluch. Wähle also das Leben! ..." (Dtn 30,19) Erklärend heißt es dazu: „Wenn du auf die Gebote des Herrn ... hörst ..., wirst du leben ... Wenn du aber dein Herz abwendest ... und dich verführen läßt ..., dann werdet ihr ausgetilgt werden ..." (Dtn 30, 16-18)

Vor diesem Hintergrund ist der Baum, der das Zeichen der Vergänglichkeit trägt und Anteil an den Zonen des Todes und des Lebens hat, ein Sinnbild für den Menschen. Die Bibel zeigt uns überdeutlich, was wir auch im Leben immer wieder erfahren müssen. Der Mensch erkennt zwar das Gute, neigt aber gewohnheitsmäßig mehr zu den Werken des Fleisches, zu Egoismus und Habsucht. Deswegen nimmt die Sünde stets überhand, der Mensch kommt aus eigener Kraft kaum aus der Haltung des Haben-Wollens und Gelten-Wollens heraus. Und doch hat Gott ihm den Weg zu einem friedvolleren, besseren Dasein gewiesen, in dem das Gesetz des Geistes Gottes herrschen soll. „Wenn ihr dem Fleisch nach lebt, müßt ihr sterben; wenn ihr aber durch den Geist die sündigen Taten des Leibes tötet, werdet ihr leben." (Röm 8, 13) Wer den Geist Christi besitzt, erkennt die wahre Bestimmung der Schöpfung: „Denn aus ihm und durch ihn und auf ihn hin ist die ganze Schöpfung." (Röm 11, 36) Sein Geist befähigt uns, als neue Menschen an einer neuen, besseren Schöpfung mitzubauen.

„Eine Neue Stadt ersteht": Der Akzent dieses Mottos liegt auf der Neuartigkeit, die der Herrschaftsbereich Gottes als Gegenentwurf zu unserer gewohnten Welt hat. Nicht eine noch großartigere, noch nie dagewesene, aber von Menschen erdachte Architektur schafft diese bessere Zukunft, sondern das demütige Vertrauen auf Gottes Verheißung und den Beistand seines Geistes. Wenn wir diesem Geist in unserer Welt Raum geben, schaffen wir eine bessere Zukunft und treffen die Wahl für das Leben.

Anja Künzel
„... Jetzt schauen wir in einen Spiegel ..."

Wenn ich in den Sprachen der Menschen und der Engel redete, hätte aber die Liebe nicht, wäre ich dröhnendes Erz oder eine lärmende Pauke.
Und wenn ich prophetisch reden könnte und alle Geheimnisse wüßte und alle Erkenntnis hätte; wenn ich alle Glaubenskraft besäße und Berge damit versetzen könnte, hätte aber die Liebe nicht, wäre ich nichts.
Und wenn ich meine ganze Habe verschenkte, und wenn ich meinen Leib dem Feuer übergäbe, hätte aber die Liebe nicht, nützte es mir nichts.
Die Liebe ist langmütig, die Liebe ist gütig. Sie ereifert sich nicht, sie prahlt nicht, sie bläht sich nicht auf.
Sie handelt nicht ungehörig, sucht nicht ihren Vorteil, läßt sich nicht zum Zorn reizen, trägt das Böse nicht nach.
Sie freut sich nicht über das Unrecht,
sondern freut sich an der Wahrheit.
Sie erträgt alles, glaubt alles, hofft alles, hält allem stand.
Die Liebe hört niemals auf. Prophetisches Reden hat ein Ende, Zungenrede verstummt, Erkenntnis vergeht.
Denn Stückwerk ist unser Erkennen,
Stückwerk unser prophetisches Reden,
wenn aber das Vollendete kommt,
 vergeht alles Stückwerk ...
Jetzt schauen wir in einen Spiegel und sehen nur rätselhafte Umrisse, dann aber schauen wir
von Angesicht zu Angesicht.
Jetzt erkenne ich unvollkommen, dann aber werde ich durch und durch erkennen, so wie ich durch und durch erkannt worden bin.
Für jetzt bleiben Glaube, Hoffnung, Liebe, diese drei;
doch am größten unter ihnen ist die Liebe.

1 Kor 13, 1-10.12-13

Menschliche Existenz entfaltet sich in der Spannung von Werden und Vergehen, Leben und Tod, Vergangenheit und Zukunft, Bestand und Wandel. Keiner der verschiedensten Lebensräume des Menschen bleibt von dieser Spannung unberührt. Insbesondere die christlichen Kirchenräume bezeugen in Vergangenheit wie Gegenwart die Spanne des in ihnen stattfindenden Lebens auf dichteste Weise als einen unabschließbaren Prozeß, in dem sich die Kirche als ganze und eine Gemeinde im einzelnen befindet.
Die Architektur und die Ausstattung eines Kirchenraumes drücken dies in der ihnen eigenen Sprache anschaulich aus. Sie zeugen gleich einem untrüglichen Spiegel von der Geschichte, Identität und Kompetenz einer Gemeinde. Künstlerische Formen und Objekte eines Kirchenraumes deuten in ihrer jeweiligen Einzigartigkeit die sich hier Versammelnden aber auch als das *eigentliche*, erste Kunstwerk. In deren Dynamik und Gestaltungskraft ereignet sich die Gegenwart Christi je neu. Künstlerische Gestaltformen, die ebenso errungen wie „erspielt" wurden, können den Glauben einer Gemeinde so auf neue Weise ins „Wort" bringen.

Kirchenräume laden ein, diesem Anspruch gerecht zu werden. Wo in einer Gemeinde authentischer Glaube, der Mut, „durch"zuhoffen, und etwas von dem Wagnis, allein auf die Liebe, die bleibt, im wahrsten Sinne des Wortes zu *bauen* – wo dies im Miteinander gelebt, gefeiert und erfahren wird, da sollten auch Kirchenräume in ihrer Gestaltung diesen Glauben, diese Hoffnung und diese Liebe als etwas Bleibendes erfahrbar machen.
Aus der Liebe als der „Gnade des Nullpunktes" (Bischof Klaus Hemmerle) erwächst die Gestalt(ung) der Gegenwart Christi inmitten der Gemeinde.

Die Personalgemeinde widmet sich seit ihrer Gründung insbesondere der Auseinandersetzung mit moderner Kunst und beherbergt heute eine Vielzahl an zeitgenössischen Kunstwerken im Kirchenraum.
Der Altarraum (und die feiernde Gemeinde) spiegelt sich im „Tor" wider, das wie ein schwarzes Loch anmutet, aber als ein großer Spiegel den Betrachter und den Innenraum auf sich selbst zurückwirft und „reflektiert". Die Frage nach Wirklichkeit und Illusion wird gleichermaßen aufgeworfen.

„Das war ein Schock für mich, als ich das erste Mal alleine vor dem 'Tor zur Ewigkeit' stand. Keiner sagte zu mir ein Wort. Ich war total alleine, sah mich, so wie ich aussah, komplett mal, nur mich – weil ich dachte: Du bist total auf dich zurückgeworfen ...
Im Grunde genommen ist die Situation so: So, wie ich mich da sehe." (Ein Gemeindemitglied)

„Tor zur Ewigkeit" von Klaus Rinke, 1990, afrikanischer Granit, schwarz, hochglanzpoliert. Pax-Christi-Gemeindezentrum, Krefeld. Erbaut: 1979.

Doris Lintzen
Leben

Ist armselig, hilflos, verletzlich – ist Zuneigung – ist Zärtlichkeit und Liebe
ist Alleinsein, Tränen, Trauer – ist Wut und Enttäuschung
ist Verzeihung und Versöhnung
ist Lernen und Ausprobieren – ist Hilfe und Rat
ist Mut und Ausdauer – ist Können – ist Scheitern – ist Neuanfang
ist Alltag – ist Fest – ist Arbeit und Mühe – ist eintönig – ist Zwang – ist Beruf
ist Freizeit und Urlaub – ist heiter und beschwingt
ist Musik, Farbe, Licht – ist Duft – ist Fülle
ist Einsamkeit – ist Nähe – ist Geborgensein
ist Heimkehr

Leben

ist Werden, Wachsen, Reifen – ist winzig, groß, mächtig
ist häßlich und kümmerlich – ist schön und strahlend
ist mütterlich, helfend – ist schützend, verteidigend
ist beschenkt werden – ist geehrt werden – ist verletzt und klein gemacht werden
ist Lachen und Weinen – ist Verzeihen – ist Neuanfang
ist Vertrauen und Anvertrauen – ist Liebe und Hoffnung – ist Nähe
ist Ferne, Entfremdung – ist Streit, Verachtung, Verzweiflung
ist Arbeit und Mühsal – ist Arbeitslosigkeit
ist Gott suchen – ist Gott finden – ist Glaube – ist Trauen
ist wie eine Blume
ist Sterben – ist Auferstehen

Doris Lintzen
Leben ist ein Weg

Mal schmal, mal breit – eng wie ein Trampelpfad – breit wie eine Straße
düster und ausweglos, ohne Ziel – steinig, voll Geröll
hell und frohmachend – eben und leicht begehbar
den ich alleine oder mit vielen Menschen gehe
durch Wüste – grau in grau
mit Licht und Schatten – voller Farben und Musik
mühsam – bergauf und bergab
den ich gestreßt oder geruhsam gehe – auf dem ich mich verirre
der vorgezeichnet ist
den ich stur gehe, ohne abzuweichen – aus dem ich ausbreche
ins Unglück – ins Glück
der zum Ziel führt:
zu IHM

Doris Lintzen, Weg

Doris Lintzen
Leben ist

Ein Samenkorn – ein zartes Pflänzchen – eine Knospe
eine erblühte Rose – prall vor Fülle und Leben
sich vermehren
Farbe und Duft – Sehnen nach Licht und Sonne
Trockenheit und Dürre – Schatten
Ausharren in Regen und Sturm – gebeutelt werden – Kälte
welken – kraftlos sein – Sterben und Heimkehr
neuer Sproß

Doris Lintzen

Du bist eine Blume – eingewurzelt in Erde
bist klein und schmächtig – ringst um Leben – hungerst nach Nahrung und Pflege
sehnst dich nach Licht, Wärme und Zuneigung
wirst geliebt, gehegt, beschützt – oder als lästig empfunden
wächst heran – wirst zur zarten Knospe
trotzt Sturm und Gefahren – willst werden
erblühst prachtvoll und schön – bist kostbar – schenkst Freude
wirst gebrochen – vergessen – welkst
bist Erinnerung

Michael Zielonka

Dem Leben auf der Spur – die Spur der Farben in unserem Leben

Den Modefarben auf der Spur

Die Modezaren der Welt sagen uns in einem Rhythmus, der sich mehr und mehr beschleunigt, wo's lang geht bei den Farben unserer Blusen oder Hemden. Und wir gehorchen ihnen, wie man halt Zaren zu gehorchen hat. Geht man den Farben der Mode nach, erkennt man, welche Spur das Leben durch die Zeit zieht. (An alten Hüten würde man es natürlich auch erkennen.)

Den Autofarben auf der Spur

Obwohl Autos eine hohe Beschleunigungskraft haben, ist der Farbwechsel bei ihnen langsamer, und noch einmal unterschiedlich bei den einzelnen Nationen. Japaner mögen blaue und gelbe Autos, aber keine grünen. Auch die Briten mögen keine grünen Autos. Man hat darüber sinniert, warum. Es ist wohl das Licht in England, das grüne Autos dort in keinem guten Licht erscheinen läßt. Dagegen läßt das stärkere Licht in Italien und Spanien das Grau, dem ein Schuß Rot beigegeben wurde, pinkfarben erscheinen. Für das Licht in Deutschland scheinen grau, rot und weiß vorteilhaft zu sein, jedenfalls wählen Deutsche diese Farben am häufigsten. Seit Ende der 80er Jahre ist Rot der Spitzenreiter, gerade auch dank der Frauen. Aber rot ist nicht gleich rot: Flashrot ist gefragt. Die Farben haben ihre modischen Namen. Mintgrün, Speedgelb, Sternrubin sind noch die langweiligsten davon. Klingt Secret Sand, Perlmaron, Dragongreen und eben Flashrot nicht aparter? Gerade die Käufer von Kleinwagen entscheiden sich für freche Farben. Verkehrspsychologen meinen, daß die damit halt auffallen wollen. Und die Verkehrssicherheitsexperten sind's zufrieden.
Hat schon mal jemand nachgeguckt, welche Autofarben die Mitarbeiter der Hauptabteilung Gemeindearbeit bevorzugen und welche Farbe der Wagen ihres Hauptabteilungsleiters hat? Kann man daraus etwas auf ihren Gemütszustand schließen? Die Bischofs-

limousinen sind in Deutschland doch immer in gedecktem Blau oder dezentem Schwarz. Oder hat man schon mal einen Bischof in Dragongreen die Visitation abnehmen sehen?

Den liturgischen Farben auf der Spur

Und die gewöhnlichen Pfarrer? Nach welcher Stimmung wählen die ihre Farben aus? Wenn sie die liturgische Kleidung anlegen, werden sie ja nicht zu depressiv-schwarz greifen, sondern die typisch katholische Buntheit aus dem Sakristeischrank holen.

Papst Pius V. hat 1570 festgelegt, zu welcher Zeit welche Farbe zu nehmen ist, auf daß das Kirchenjahr eine Spur bunter Lebensfarben hinterlasse. Im Advent, zu Beginn des Kirchenjahres, ist es das Violett und im Weihnachtsfestkreis das festliche Weiß-Gold. Für die Sonntage im Jahreskreis wird Grün genommen, in der österlichen Bußzeit wieder Violett. Am Gründonnerstag, dem Tag der Einsetzung des Abendmahls, ist wieder das festliche Weiß-Gold angesagt. Am Karfreitag erinnern rote Gewänder an das Blut, das Christus am Kreuz vergossen hat. Ostern gibt es keine Zweifel, welche Farbe zu nehmen ist. Pfingsten erinnert das Rot an die Flammenzungen, mit denen der Heilige Geist auf die Apostel herabgekommen ist. Und wieder kommt das grasgewöhnliche Grün für die Sonntage im Jahreskreis bis zum Advent.

Das Schwarz, als Nichtfarbe Zeichen der Trauer und Buße, ist zugunsten des Violett fast gänzlich verschwunden. Wir sind ja auch dem Leben und nicht dem Tod auf der Spur! Beerdigungsmessen werden darum in violett zelebriert, weil in dieser Farbe etwas von der Würde und Herrlichkeit des Todesüberwinders Christus durchschimmert.

Einer theologischen Farbenblindheit auf der Spur

Ein theologischer Unfug dürfte es sein, einfach das Weiß zu nehmen, um ein sogenanntes Auferstehungs- oder Engelamt zu feiern. Über die Auferstehung verfügt der Mensch nicht. Nicht einmal Jesus hat darüber verfügt. Gott, und nur Gott, hat ihn auferweckt am dritten Tage. Darum sollten wir nicht nach drei Tagen Leichenstarre unbedacht, Gott vorgreifend, triumphalistisch jubeln. Kurzum: die violette Farbe ist angezeigt. Weiß sollte man nur bei Kleinkindern nehmen und nur bei jenen seltenen Exemplaren von Mensch, die auch exemplarisch Christ waren. Doch wer weiß das schon? Früher sprach man von ihnen als jenen, die in der „fama sanctitatis" gestorben sind. Die nicht schöne deutsche Übersetzung sagt: „im Geruch der Heiligkeit". Doch auch Gerüche setzen uns dem Leben auf die Spur.

Manchmal malt sich die Spur des Lebens in schwarz-weiß

Weil die Dinge um Sterben und Tod ein undurchdringbares Geheimnis in sich tragen, muß deswegen doch niemand wieder zum undurchdringlichen Schwarz der Trauer greifen. Schon gar nicht wie in archaischen Zeiten, wo das Trauergewand aus dem Haar schwarzer Ziegen gefertigt war. Verweilen wir ein wenig bei den Ursprüngen, um der Spur des Lebens noch besser auf die Spur zu kommen.

Welche Symbolträchtigkeit muß das strahlend weiße Gewand des Papstes in Zeiten gehabt haben, in denen es noch keine Bleichmittel gab! Und im Mittelalter sollte das Weiß ja Reformbereitschaft ausdrücken. Die Zisterzienser, von Hause aus Benediktiner, änderten den am Körper getragenen Grundrock in Weiß. Nur das Skapulier, die Schürze sozusagen, beließen sie in der Benediktinerfarbe Schwarz.

Als der Papst für sein Gewand das Weiß wählte, stellte er sich unausgesprochen auf die Seite der Erneuerung, der Reform. Was die Farben des Vatikans betrifft, war er allerdings weniger bescheiden. Weiß und Gelb sind seine Farben, und dahinter verbergen sich Silber und Gold. Es gab also eine Zeit, in der für den Stellvertreter Christi auf Erden nur das Beste gut genug war. Auch ein Spurenelement des Lebens in der Kirchengeschichte.

Zum Purpur, der Farbe der Kardinäle, soll hier gesagt werden, daß es seit der Antike bekannt ist. Aus Purpurschnecken gewann man diese edle, teure Farbe, von der schließlich das hellere Violett als Rangfarbe der Bischöfe abgeleitet wurde. Je mehr Sekret der Purpurschnecke genommen wurde, um so dunkler wurde der Stoff und um so höher gestellt war in der Antike damit die Persönlichkeit, die ihn trug.

Künstler bekennen Farbe, den Farben der Künstler auf der Spur

„Wer hat Angst vor Rot, Gelb und Blau?", so betitelte der New Yorker Maler Barnett Newman eine 1970 vollendete Gemäldefolge. Nicht zu Unrecht, denn die Betrachter fühlten sich derart schockiert, daß zwei ausgestellte Werke beschädigt wurden. Seit der Frühzeit der abstrakten Kunst haben die Primärfarben, die in unserer Lebenswelt ausgiebig ihre Spuren hinterlassen, auf die Künstler eine immer größere Faszination ausgeübt. Durch sie löste sich die Malerei vom Gegenstand.

Keine Rolle spielt das Grün. Kandinsky bezeichnete es als „nur langweilend". Grau war von dem Romantiker Philipp Otto Runge 1806 in einem Brief an Goethe, der bekanntlich auch eine Farbenlehre konzipiert hat, als „der Tod oder Indifferenzpunkt" bezeichnet worden. Interessanterweise steht Grau bei den Künstlern, welche die Primärfarben bevorzugen, zusammen mit den anderen Nichtfarben Schwarz und Weiß wieder hoch im Kurs. Damit sind sie allerdings weniger dem Leben als vielmehr dem Sterben auf der Spur. Wenn es heißt: „Dem Leben auf der Spur", dann bedeutet das natürlich auch, daß das Sterben seine Spuren zieht.

Wenn Farben Farbe bekennen – den Assoziationen auf der Spur

Nun wollen wir den Farben selbst kurz das Wort erteilen. Kurz deswegen, weil viele kluge Bücher das ausführlich getan haben.

Mit Rot wird Feuer und Blut assoziiert. Darum drückt es Leidenschaft und Rebellion aus. Die christliche Kultur hat das Rot als Farbe von Götzenopferblut und blinder Leidenschaftlichkeit allerdings zurückgedrängt.

Blau ist die Farbe des Himmels, des Wassers und der Luft, bei den Juden das Sinnbild Gottes. Treue vermag das Blau auszudrücken, aber auch Phantasie. Religiös gesehen das Unendliche und Ewige.

Der englische Dichter G. M. Hopkins (1844-1889) schrieb einen Lobgesang auf Maria mit dem Titel: „Die heilige Jungfrau, verglichen mit der Luft, die wir atmen." Poetisch darf die blaue Blume des Novalis nicht vergessen werden. Kandinsky spricht von der „Neigung des Blau zur Vertiefung" und vergleicht das Blau mit dem Klang eines tiefen Orgeltons. Aber es gibt ja auch die „Rhapsody in Blue". Ironisch sei vermerkt, daß man Tobsüchtige in sogenannte Blauzimmer steckt.

Gelb läßt ebenso natürlich wie unwillkürlich an Gold denken und Sonnenlicht. Viele Frühlingsblumen sind gelb. Kandinsky vergleicht es mit einem Trompetenton. Es steht für Antrieb, aber auch Erregbarkeit, oder gar für Neid, Falschheit, Vergiftung. Für grell, stolz und aufdringlich wird es gehalten. Dabei drängt es nach vorne, auf etwas Neues hin. Typisch ist es für die Bilder von Vincent van Gogh. In der Liturgie der katholischen Kirche wurde es nicht berücksichtigt, weil es als Signalfarbe im Mittelalter dazu diente, ausgegrenzte Menschen wie Bettler, Schuldner, Dirnen, Pestkranke oder Aussätzige zu kennzeichnen.

Den Farben in den Fahnen der Nationen auf der Spur

Wenn noch Raum bliebe, könnte man über die Bedeutung der Farben in den Flaggen der einzelnen Nationen sinnieren. Beliebt ist die Trikolore, das vertikal oder horizontal geteilte Dreifarbenband, wie Schwarz-Rot-Gold bei uns Deutschen. Schwarz und Gold waren die Farben des Kaisers, Rot die Farbe dessen, der Recht sprechen durfte. Eine Legende sagt, das Gold stehe für Freiheit, wofür man das Blut (rot) oder sogar den Tod (schwarz) riskieren müsse. Wenn das Rot in den Fahnen der Länder Lateinamerikas auftaucht, steht es immer für das Blut, das beim Befreiungskampf gegen die europäischen Kolonisatoren vergossen wurde.

Den Farben Gottes auf der Spur

Über Gottes Farben muß man nicht gesondert reden, weil seine Farben die Farben des Lebens sind.
Doch wenn eine Fahne Gott verkörperte, welche Farbe würde sie dann haben? Die Juden, sagten wir, sahen im Blau ein Sinnbild

Gottes. Ist es für Christen Weiß? Für Goethe in seiner Farbenlehre ja, denn für ihn war Gott reines Licht. Daraus folgt das Schwarz der Mystik, des undurchdringlichen Geheimnisses, denn in Gottes ungebrochenem Licht müßte der Mensch erblinden.

Weiß und Schwarz sind Nichtfarben und symbolisieren Gott, weil man immer mehr sagen kann, wer Gott nicht ist, als wer Gott ist. Sie sind Zeichen der Absolutheit. Weiß die Farbe, die noch alles in sich enthält, Schwarz die Farbe der absoluten Grenze. Doch sieben Farben hat das Licht. Vielleicht ist Gottes Flagge darum der Regenbogen. Gerade mit ihm kommt man dem Leben auf die Spur, weil er ein Zeichen ist für das versöhnte, wiederentstehende Leben nach Konflikt und Todesbedrohung.

Franz Reidt
Das Haus am Himmel

Wenn man die zahlreichen Zeichnungen und Aquarelle von Bischof Klaus Hemmerle[9] durchsieht, findet man ein Motiv, das sich, wie übrigens auch viele andere, häufig wiederholt, immer aber in deutlichen Abwandlungen. Ein breiter Weg endet vor einem Tor, flankiert von Mauerresten. Dahinter führt ein Weg zu einem entfernt liegenden Haus.

In dieser Variante fällt auf, daß der Verbindungsweg zwischen Tor und Haus nicht sichtbar, eher nur angedeutet ist. Er ist in der präzisen geometrischen Bildmitte zu suchen, und Tor und Haus setzen

Klaus Hemmerle

ihn zwischen sich voraus. Die übrigen Bildelemente sind meisterhaft komponiert: das beherrschende Tor im Vordergrund rechts aus der Mitte und das Haus im Mittelgrund entsprechend links aus der Mitte, beide verbunden durch den „gedachten" Weg in der Bildmitte; und schließlich der Himmel als Hintergrund, ruhig gelagert als Farbfläche, zugleich aber dynamisch in den Abstufungen der Wolkenschichten; er macht die Bildfläche zum Raum. Die beiden voluminösen Bäume links und rechts im Vordergrund unterstützen diese Tiefen- und Raumwirkung. So sicher, wie die Konturen des Tores und des Hügels kulissenartig hintereinander komponiert sind, so elegant schwingen deren ovale Bögen und korrespondieren mit dem Oval der Baumkrone und dem gebogenen Baumstamm. Helle Erdfarben im Vordergrund und das lichte Grün des Wiesenhügels vermitteln Heiterkeit. Das Haus auf der Kuppe des Hügels, obgleich entferntester Punkt, drängt sich in dem kräftigen Englischrot nach vorne, es ist der eigentliche Bildgegenstand.

Es ist ein rätselhaftes Haus; in der realistischen Umgebung wirkt es eher schemenhaft, mehr geschrieben als gemalt, eine Metapher, vielleicht auch für den Maler geheimnisvoll, weil schwer erreichbar; denn der Weg dorthin ist nicht erkennbar, deshalb auch nicht mit Sicherheit vorhanden, und das Tor, das den Weg eröffnen soll, geschlossen. Vor dem Tor aber sind im Sand des Weges Spuren zu erkennen, die Gewißheit geben, daß sich das Tor von Zeit zu Zeit auch öffnen wird und auch dahinter der Weg und das Leben weitergehen – Spuren des Lebens.

Sinn des Malens ist, etwas sichtbar zu machen. Ist das Bild aber gemalt, ist vieles davon auch wieder rätselhaft, unsichtbar. Erkenntnis und Geheimnis lösen immer wieder einander ab. Man kann es sich kaum anders denken, als daß sich diese Polarität unendlich oft in dem universellen Geist eines Klaus Hemmerle vollzogen hat.

Gemalt ist da ein Bild mit einem pittoresken Motiv, mit sicherem Auge aufgebaut; Freude und Heiterkeit sprechen aus den Linien und Farben. Erst der zweite Blick macht nachdenklich, sobald man die Bilder im Bild entdeckt; Bilder, die Klaus Hemmerle gewiß etwas bedeuteten, Spuren im Weg, ein Tor, das Bedeutendes erahnen läßt, ein Weg, der noch gefunden werden muß – ein Haus am Himmel, das er nun vielleicht bewohnt.

Karl Schein
Das Labyrinth – Das große Spiel des Lebens

Ein Ausflug zum Dreiländerpunkt bei Aachen ist bei Jung und Alt beliebt. Dort stoßen nicht nur die drei Länder Belgien, Niederlande und Deutschland zusammen, sondern auch die drei Bistümer Lüttich, Roermond und Aachen. Seit einigen Jahren hat die Attraktivität dieses Ausflugszieles auf der niederländischen Seite bei Vaals zugenommen, und zwar durch eine Attraktion, die sich in der Eigenwerbung „das modernste und größte Labyrinth Europas" nennt. Es gilt, durch ein System von Pfaden, die von 17.000 Hainbuchen eingezäunt sind, den Weg zu finden zu einer Aussichtsplattform. Manch einer, der voll Selbstbewußtsein meinte, daß der Weg zum Ziel ganz schnell zu finden sei, kommt frühestens nach 45 Minuten oder gar noch viel später an; denn man kann sich ganz schön verlaufen. Dazu gibt es noch unangenehme Überraschungen in Form von Wasserspeiern. Aber trotz allem: dieses Spiel macht Spaß!

Aus den USA kommt die Nachricht, daß im Bundesstaat Pennsylvania ein noch größerer Irrgarten angelegt worden ist, der als der größte Irrgarten der Welt gilt. Das Gelände dieses Labyrinths umfaßt ein Areal von 12.000 Quadratmetern. Das Ziel kann gefunden werden auch durch das Auffinden versteckter Wegekarten. Wer sich aber absolut gar nicht mehr zurechtfindet, für den gibt es die Möglichkeit, sich durch Fernsprecher nach dem richtigen Weg zu erkundigen. Wer jedoch ohne solche Hilfe das Ziel erreicht, erhält ein kostenloses Abendessen.

Diese und ähnliche Attraktionen erfreuen sich großer Beliebtheit, denn bewußt oder unbewußt erfährt man spielerisch, daß alle Lebenswege zu einem Ende führen. Auch ich gehöre zu denjenigen, die an diesem Spiel ihre Freude haben. Für mich ist aber ein Labyrinth auch ein Anstoß zum besinnlichen Nachdenken.

Labyrinthe sind nicht nur Ausdruck einer modernen Freizeitgesellschaft, die immer nach neuen Sensationen ruft, sondern sie haben natürliche Vorbilder in der Vergangenheit. Gärtnerisch gestaltete Labyrinthe gehören zur höfischen Epoche und fanden sich früher in vielen Schloßgärten. Barocke Gärten waren bekanntlich Erlebnisräume im Freien, und zu den Parks und Wäldern, in denen man lustwandelte, gehörten fast immer auch Labyrinthe, mit etlichen Wegen, die in die Irre führten. Sie waren schneckenartig oder völlig verwirrend, wie dies beim berühmtesten aller barocken Labyrinthe, nämlich in Versailles, der Fall war.

Waren diese im Spielerischen zum Ziel führenden Gärten auch nicht ohne symbolische Bedeutung, so muß man doch sagen, daß der eigentliche Symbolwert weit zurückreicht in die Zeit des Mittelalters. In vielen gotischen Kathedralen, besonders in Frankreich, finden sich, in den Fußboden eingelassen, Labyrinthe aus hellen und dunklen Steinplatten. Zumeist sind sie im Boden des Mittelschiffs zu finden. Die heute noch erhaltenen Labyrinthe sind durch die Bestuhlung weitgehend verdeckt, und sie fallen nicht mehr so sehr ins Auge, da beim Betreten eines gotischen Domes unser Blick automatisch nach oben gelenkt wird, wie es dem zu Stein gewordenen „sursum corda – erhebet die Herzen" entspricht. Aber auch diesen in den Boden der Kathedralen eingelassenen Labyrinthen haftet etwas Spielerisches an. So wird uns berichtet, daß spielende Kinder 1779 in Reims das Domkapitel veranlaßt hatten, das Labyrinth entfernen zu lassen, weil der Lärm der Kinder das Chorgebet der Kanoniker störte. Offensichtlich wußte man bereits am Ende des 18. Jahrhunderts nichts mehr von der tiefen religiösen Bedeutung eines Labyrinths.

Um dieser Bedeutung in der mittelalterlichen Symbolik auf die Spur zu kommen, müssen wir bis in die Antike zurückgehen. In der griechischen Mythologie wird überliefert, daß ein Baumeister namens Dädalus ein gefährliches Untier in einem Labyrinth eingeschlossen hatte, und zwar auf Kreta. Das Ungeheuer Minotaurus war ein Doppelwesen, das von Kopf bis an die Schultern die Gestalt eines Stieres hatte, im übrigen aber einem Menschen glich. Der erfinderische Geist des genialen Dädalus ersann zu diesem Zweck ein Labyrinth, ein Gebäude voll gewundener Krümmungen. Unzählige Gänge schlangen sich ineinander. Augen und Füße eines eventuellen Besuchers wurden so in die Irre geführt. Dieses großartige Bauwerk zeigt etwas von dem Können des Baumeisters Dädalus.

In den mittelalterlichen Kathedralen finden wir im Mittelpunkt der Labyrinthe die Zeichen des Architekten und das Wappen des Bischofs. Der Bischof und ein Domkapitel zeigten dadurch, daß sie Auftraggeber waren. Der Baumeister machte dadurch deutlich, daß er sich als Erbe des Dädalus sah, dieses legendären und größten Architekten der Antike. Die mittelalterlichen Architekten hatten also ein großes und sicherlich auch oft berechtigtes Selbstbewußtsein. Die Zeichen des Bauherrn und des Planers standen also nebeneinander. Offensichtlich kann ein großes Werk nur gelingen in einem guten Miteinander.

Die Sage vom Minotaurus geht aber noch weiter; denn man konnte sich nicht damit abfinden, daß der in seinem Labyrinth gefangene Minotaurus eine beständige Bedrohung für Menschen darstellte. Daher unternahm es Theseus, der große Held und spätere König von Athen, den Minotaurus zu töten. Das gelang ihm, und er fand den Weg zurück aus dem Labyrinth mit Hilfe eines Zwirnfadens, den er am Eingang des Labyrinths befestigt hatte und den er in den verwirrenden Irrgängen in der Hand ablaufen ließ. Die Idee dazu hatte die schöne Ariadne, und Theseus stand es gut an, auf diese Frau zu hören. Der Faden der Ariadne ist sprichwörtlich geworden und zeigt, wie man mit Ideenreichtum zu guten Lösungen kommt.

In der mittelalterlichen Deutung wurde Theseus mit Christus in Verbindung gebracht, und Minotaurus galt als die Inkarnation des Bösen. Die Parallele ist naheliegend: der Sieg Christi (Theseus) über Tod und Teufel (Minotaurus). So wird das Labyrinth in der Frömmigkeit zu einem österlichen Symbol der Hoffnung auf die Auferstehung. Und wiederum kommt ein spielerisches Element hinzu: am Ostersonntag wurde in vielen französischen Kathedralen das Labyrinth von den Klerikern singend und ballspielend durchtanzt. Dieser Labyrinth-Tanz lebte weiter in einigen Gebieten bis ins 19. Jahrhundert. Er findet eine profane Fortsetzung in dem früher so beliebten Hüpfspiel der Kinder.

Im Gegensatz zu den gärtnerisch gestalteten, dem Zeitvertreib dienenden Labyrinthen, die Irrwege, Sackgassen und Kreuzungen aufweisen, gibt es solche, immer wieder zur Umkehr zwingende Situationen in den im Fußboden der Kathedralen eingelassenen Labyrinthen meist nicht. Mit anderen Worten: die mittelalterlichen Labyrinthe hatten keine Verirrungsmöglichkeit. Die zwar mühevollen, aber immer ins Ziel führenden Wege der Labyrinthe in den Kirchen legen eine andere, natürlich auch spielerische Nutzung nahe.

Für den mittelalterlichen Menschen war eine Pilgerfahrt zu den heiligen Stätten der Christenheit Höhe- und Angelpunkt des Lebens. Aber nicht jeder konnte nach Jerusalem, Rom, Santiago de Compostela oder Aachen wallfahren. Gesundheit und ökonomische Verhältnisse führten zu einer natürlichen Auslese. Aber denjenigen, die nicht so weit reisen konnten, bot sich ein Ausweg. Das Zentrum der

Labyrinthe wurde gedeutet als „Jerusalem", und der Christ, der nicht auf Pilgerfahrt gehen konnte, hatte hier Gelegenheit, im Geiste oder auch praktisch auf den Knien die Pilgerfahrt nachzuvollziehen. Das war schon eine beachtliche Leistung! Kniend waren beispielsweise in Chartres 250 Meter zurückzulegen, bei 12,87 Metern Durchmesser. Es gab natürlich noch größere Labyrinthe; das größte hatte einen Durchmesser von 14 Metern. Aber auf diese Weise konnte man Jerusalem erreichen. Auch dieser Gedanke lebt in dem beliebten Spiel „Die Reise nach Jerusalem" fort, bei dem die Beschwerlichkeit dadurch deutlich wird, daß immer wieder einer ausscheidet und nur einer als Sieger ans Ziel kommt.

Immer wieder kommt mir in den Sinn, wie uns Labyrinthe an das Spiel erinnern. Ich habe mehrmals Meditationen über das Labyrinth von Chartres gehalten und dabei eine Fotokopie verteilt. Da konnte ich die Erfahrung machen, daß im Laufe einer sich anschließenden Konferenz oder einer Sitzung, je nach dem Grad der Unattraktivität der Tagesordnung, mehrere Konferenzteilnehmer zum Kugelschreiber griffen, um spielerisch die Linien bis zum Mittelpunkt zu markieren. Ich gestehe gerne, daß auch ich auf diese Weise im Bild die Labyrinthe von Amiens und Reims nachgezeichnet habe.

Wenn ich das Spielerische bis jetzt so betont habe, dann weiß ich auch um die vielen Möglichkeiten der Deutung, in denen andere Elemente überwiegen: Irrwege erinnern an die vielen Situationen der Unbeständigkeit, des Versagens, der Schuld und der Sünde. Irrwege erinnern an die Wege der Menschen mit allem Auf und Ab, mit den Prüfungen, Verzögerungen, Komplikationen und Irritationen.

Auch der Weg unseres Glaubens ist ein Weg, der nicht gradlinig verläuft. Da ist die Begeisterung, die oftmals der Gleichgültigkeit Platz macht bis zur Finsternis und zum Austrocknen der Seele, bis zum Hilfeschrei „Ich glaube, Herr, hilf meinem Unglauben." Aber immer erinnert uns ein Labyrinth auch an das Ziel, und das Wissen um das Ziel gibt Mut, Hoffnung und Zuversicht.

So verstehe ich auch die gegenwärtige schwierige Situation der Kirche in unserem Land: der Schwund der Gläubigen, der Verlust des Glaubens, die immer mehr zutage tretende Entchristlichung des öffentlichen Lebens. Für mich sind das gegenwärtige Irr- und

Umwege, aber ich glaube an die Verheißung, daß das Reich Gottes einst Wirklichkeit wird.

All das fällt mir immer ein, wenn ich das Labyrinth in der Nähe meiner Heimatstadt Aachen durchwandere, oftmals umgeben von Menschen, die fröhlich sind, weil ihnen das Labyrinth Spaß macht, und dabei fallen mir besonders die Kinder auf, die völlig durchnäßt sind, weil sie den Trick der Fontänen noch nicht durchschaut haben, aber die voll Eifer weiter suchen. Mir fallen aber auch Menschen auf, die wütend geworden sind, weil sie das Ziel nicht finden, und die sich mit hochrotem Kopf durch die Hecken zwängen oder sie übersteigen. Mogelnderweise bringen sie sich selbst um den Erfolg.

Immer aber erfahre ich, was der Text zu der bekannten schottischen Weise aussagt: „Das Leben ist ein Spiel – und wer es recht zu spielen weiß, gelangt ans große Ziel."

Noch zwei Erfahrungen aus dem Labyrinth am Aachener Dreiländereck möchte ich anfügen: Ich bin mehrmals mit Freunden und bekannten Familien zu diesem Irrgarten gegangen. Nachdem die Regeln klar waren, machte ich die Erfahrung, daß zumeist jeder für sich drauflos rannte, überzeugt, er könne schon bald als einzelner das Ziel erreicht haben. Nach einer längeren Zeit des vergeblichen Herumirrens traf man sich zumeist dann wieder in der Nähe des Ausgangspunktes, um es dann gemeinsam zu versuchen und die Erfahrungen auszutauschen. Gemeinsam geht es besser – die erste Erkenntnis!

Um kein Spielverderber zu sein, habe ich mich immer, wenn ich Freunde begleitete, zurückgehalten und den Weg nicht gewiesen. Ich bin einfach mitgelaufen. Aber das ist schon ein eigenartiges Gefühl, wenn man sieht, wie Freunde den richtigen Weg verpassen und die „Schlüsselstelle" übersehen. Wir müssen aber damit leben, daß Menschen Irrwege und Umwege gehen – die zweite Erfahrung.

Teamgeist und Toleranz brauchen wir auch gerade in der Kirche. Und wir brauchen ein Herz für die, die auf der Schattenseite des Lebens stehen. Mit Jacques Gaillot möchte ich sagen: „Ich meine nicht nur Menschen, die unter großen materiellen Schwierigkeiten zu leiden haben, wie z. B. die Armen und die Arbeitslosen, ich denke auch an diejenigen, die mit dem Leben nicht so ganz zurecht kommen, die in den Labyrinthgängen der Gesellschaft herumirren: Häftlinge, Homosexuelle, Drogensüchtige etc."

Jedes Labyrinth ist also eine Einladung, sich immer wieder neu aufzumachen, andere mitzunehmen in der Hoffnung, einmal das Ziel des Lebens zu erreichen, früher oder später!

Mario Schleypen
– „Nur eine alte Frau?" –

Nur eine alte Frau

Gleich wird der Möbelwagen kommen,
Kartons und Koffer warten schon.
Den Schrank hat die Nachbarin genommen,
den Tisch, das Pferd vom ersten Sohn.

Sie sitzt und wartet tränenschwer
im Haus der Erinnerung an ihr Leben.
Sie fühlt sich hilflos, einsam, leer.
Wer kann Ersatz für Heimat geben?

Hier lebte sie als junge Frau,
fünf Kinder wurden hier geboren.
Gartenarbeit im Morgentau,
im Krieg – alle haben verloren.

Harte Arbeit für Frau, Kinder, Mann,
das Haus zerschossen, Fenster zerschlagen.
Ganz von vorne fingen sie an,
bauten auf, ohne lang zu fragen.

Dem Mann hat der Stein die Lunge zerfressen.
Früh legte er sich zum Sterben hin.
Nun hat sie oft am Fenster gesessen,
mit Kindern geplaudert und der Nachbarin.

Ihre Kinder haben eigene Sorgen.
Die Tochter packt grad das Bettzeug ein.
Vom Sohn kam ein Brief, heute morgen:
„Gut wird's dir geh'n, im Altenheim."

Ihr Haus, der Garten wurden verplant
für den neuen Wohnungsbau.
Es heißt geh'n. Sie hat's geahnt,
denn sie ist nur „eine alte Frau".

Waltraud Schröter[10]

Die Lebenswelt einer alten Frau
vor dem Umzug ins Altenheim.
Wer kann erahnen, was dies ihr bedeutet,
welche Abschiede, welche Gefühle?

Eine alte Frau,
scheinbar so nah und doch so unendlich weit weg.
In ihrer Gestalt verborgen eine ganze Geschichte.

Wie eine spannende Reise das Leben,
wer will sie erforschen?
Wer will sie hören, eine Geschichte voll
Gefühle und Kampf, voll Freude und Leid?

Wißt Ihr denn nicht, wie spannend das Leben sein kann?
Heute sitze ich noch auf gepackten Koffern,
bald ist es zu spät?

Verborgene Schätze gelebten Lebens –
bleiben sie versteckt hinter Türen und Gardinen,
passen nicht mehr in unsere Welt,
in unsere geschäftigen Häuser und Straßen?

Wir schaffen eigene Orte,
Orte für unsere Alten und Kranken.
Orte, die keiner wirklich mag,
weder die Alten noch die Jungen.

Was ist mit uns,
daß wir das abnehmende Leben schwer ertragen,
den Tod aus unserem Blickfeld bannen
und die Trauer verstecken wollen?
Sind es nicht oft die Alten,
die unsere versteckten Sehnsüchte leben,
mit Sinn für Muße und Spiel,
eine fünf mal gerade sein lassen können?

Ich sehe eine geheime Verschwörung,
eine Verbindung der Enkel und Großeltern,
der Alten und Kinder,
eine geheime Verschwörung für eine menschlichere Welt.

Eine Verschwörung gegen Tempo und Nützlichkeit,
gegen Profit und Sich-Wichtig-Tun,
einfach nur da sein können
und irgendwann sagen können: „Es ist genug!"

Brauchen wir nicht diesen Spiegel der Alten und Kinder?
Braucht diese Verschwörung nicht Unterstützung
für ein besseres Leben
und für ein besseres Sterben?

Nur eine alte Frau?
Gerade deshalb:
ein Mensch, ein ganzes Leben
und sagen können: „Es ist gut!"

Und ein Gott,
der wohnen will
bei den Kleinen und Schwachen.
Muß auch Er ausziehen?

Herbert Steinbusch
Nun leb mal schön!

Ja, wenn das so schön ginge! Ich schaue mir gerne die Gesichter der Menschen an, wie sie mir in der Stadt entgegenkommen. Was ist in ihnen nicht alles zu lesen, zu sehen, zu vermuten. Etliche Gesichter sagen viel, da sie überhaupt nichts sagen. Hat das Leben sie so gemacht? Oder was hat sie so geprägt? Leben wollen doch alle Menschen – oder wollten einmal alle; manchen ist anzumerken, daß ihnen die Freude am Leben vergangen ist. Was ist da geschehen?

Ich gehe über den Wanderweg um den Aachener Lousberg herum. An vielen Stellen sehe ich, wie Baumwurzeln von Menschenhand angelegte Begrenzungsmauern beiseiteschieben oder Teerdecken aufsprengen; dem Leben in der Natur wurde Gewalt angetan, es wurde eingegrenzt, der Freiheit beraubt, und es wehrt sich. Wohl dem Leben, das die Kraft hat, sich zu wehren. Zahllosen Menschen ist die Kraft zur Gegenwehr genommen; es gibt für sie keine Perspektive, keine Hoffnung, keinen Sinn, also keine Zukunft mehr. Seneca jun. hat festgestellt: „Leben heißt kämpfen". Aber wenn kein Ziel gesehen wird, lohnt sich das Kämpfen nicht – und die Kraft ist dahin.

Analog zur Erbsünde gibt es die Erbfrage: „Was ist der Sinn des Lebens?" Wenn ich mich ungefragt mit dem Leben „beschenkt" vorfinde, was hat es dann damit auf sich? Wozu ist es mir gegeben? Ich fühle, was mir gut tut, was mich glücklich macht und mir Freude am Leben bringt. Aber mit dem „Nun leb mal schön" ist es schön anstrengend. Ich erfahre, daß nichts selbstverständlich ist. Ich muß kämpfen, sonst leide ich an dem, was mir an Lebensfreude fehlt. Ich habe nicht alles, wenn ich mich habe, mich allein. Das Leben in mir drängt mich mit Sehnsüchten nach mehr Leben, nach Teil-Haben an anderem Leben, nach Leben-Teilen. Ich spüre, daß die Berührung mit anderem Leben mich beschäftigt, mich in Bewegung bringt und schöpferisch macht; denn ich gewinne daraus mehr Leben. Beziehungen erweitern meinen Horizont. Eine größere Welt tut sich mir auf; das macht mir Freude und gibt Sinn. Es macht mich jedoch auch neugierig; neu-gierig. Ich gehe weiter, suche weiter; der Durst nach mehr Leben läßt mich lieben – und leiden. Und eines Tages mache ich eine neue Erfahrung: Meinem Hunger nach dem Mehr werden Grenzen gesetzt. Ich habe nicht bedacht, daß Menschen unterschiedlich fühlen, unterschiedlich ihren Durst nach Leben stillen. Meine Interessen decken sich nicht automatisch mit den Interessen anderer. Ich habe nicht bedacht, daß meine Freiheit nicht grenzenlos ist, ja daß falsch verstandene Freiheit Unfreiheit gebiert und den Frieden und Beziehungen zerstört. Jetzt stehe ich an dem Punkt, an dem mir bewußt wird: Das Leben hat's in sich, es will gelernt sein. Es ist so mächtig und doch so verletzlich, es ist so kraftvoll und doch so zärtlich, es ist mir für immer gegeben und doch verlierbar. Die Lebensgabe ist eine ungeheure Aufgabe – offensichtlich ein Leben lang. Mir selbst überlassen, bin ich überfordert. Ich mache meine Erfahrungen und zahle Lehrgeld.

Der evangelische Theologe Helmut Gollwitzer formuliert: „Die Welt ist herrlich – Die Welt ist schrecklich. Es kann mir nichts geschehen – Ich bin in größter Gefahr."[11] Die erfahrbaren Begleiterscheinungen sind entsprechend. Eingebettet in die Rahmenbedingung von Geburt und Sterben gibt es Tag und Nacht, Licht und Schatten, Lachen und Weinen, Wahrheit und Lüge, Recht und Unrecht, Menschlichkeit und Grausamkeit, Sattheit und Hunger, Zärtlichkeit und Gewalt, Sicherheit und Irrtum, Hoffnung und Resignation ...

Und Gott? Er scheint mir dieses Feld zur Bewährung zu überlassen. Im Buch Deuteronomium macht sich Mose zu seinem Sprecher: „Hiermit lege ich dir heute das Leben und das Glück, den Tod und das Unglück vor ... Wähle also das Leben, damit du lebst, du und deine Nachkommen. Liebe den Herrn, deinen Gott, hör auf seine Stimme, und halte dich an ihm fest; denn er ist dein Leben." (Dtn 30)

Wenn das so einfach wäre! Die Bibel erzählt uns viel Wunderbares vom Leben, vom Sinn des Daseins und vom Schöpfer. Aber da sie auch von Menschen erzählt, kennt sie Sinnkrisen (Psalmen, Hiob, Golgota), und es ist, als ob jede und jeder von uns in die ganze Bandbreite dieser Erfahrungen von Himmel und Erde hineingeboren ist. „Nun leb mal schön" ist also der Anstoß, das Leben zu wählen; es ist Ausdruck des Wunsches nach Erfüllung und Sinn, nach glücklichem Leben schlechthin, gerade auch inmitten der vielen Möglichkeiten, das Leben zu verpassen.

Unterdessen zeigt die Erfahrung, daß es realistisch ist, eher von Lebensfragmenten zu sprechen, die wir finden und von denen wir zehren. Dietrich Bonhoeffer schreibt am 23.02.1944 aus dem Gestapo-Gefängnis:
„Es kommt wohl nur darauf an, ob man dem Fragment unseres Lebens noch ansieht, wie das Ganze eigentlich ausgelegt und gedacht war, und aus welchem Material es besteht."[12]

Ich glaube, daß es eine der wichtigsten Botschaften ist, die Jesus Christus uns gebracht hat: die Befreiung zum Fragment. Bei aller Erfahrung des Fragmentarischen in unserem Dasein dürfen wir im Blick auf Gott Gelassenheit und Vertrauen haben. Dieses Wissen macht frei; nicht im Sinne des Alles-Laufen-Lassens, sondern in der Gewißheit, daß der, der mir das Leben anvertraut hat, mein Suchen und Mühen gerade auch in der Bruchhaftigkeit annimmt und zusammen damit auch mich selbst. Das ist Evangelium – Frohe Botschaft –, es läßt mich frei atmen, gibt in verfahrenen Situationen dem Umkehren Sinn und schenkt mir Freude an dem, was mir gelingt – und sei es noch so gering. Ich ahne, daß mein Leben eine Dimension hat, der nicht einmal das Scheitern oder gar der Tod etwas anhaben können.

Wenn ich zu der mir von Gott gegebenen inneren Freiheit gefunden habe, ist die Mühe des Alltags nicht wie weggeblasen, aber sie hat für mich eine andere Farbe. Ich bin den seelischen Streß los, weil ich nicht mehr fixiert bin auf das Ganze, für dessen Bilanz ich glaubte geradestehen zu müssen, sondern ich darf mich dem Detail widmen, den nächsten Dingen und den kleinen Schritten.

Wenn dem Detail mein Herz gehört, wird mir die Größe und Schönheit des Lebens aufgehen, und mein Gesicht wird davon erzählen.

Maria Kübel
Lebenswege

Ein Mensch malt ein Bild von sich.
Ich staune über die Farben und werde
nachdenklich beim Betrachten der Formen:
In mir entsteht ein anderes Bild.
War im Gespräch nicht alles so klar?

Lebenswege sind oft verschlungener, als wir es ahnen.
Es ist sicherlich schon viel,
Begleiterin für ein Stück Weg zu sein.
Wegweisen wollen, wäre vermessen.
Wegbegleiterin auf oft beschwerlichen Pfaden –
da bleiben auch eigene Zweifel nicht aus.
Doch auch viele Wegabschnitte werden zum Weg.

Wie sieht dein Bild aus?
Welche Bilder mag Gott malen,
wenn er an dich denkt?

Andreas Wittrahm

Spuren Gottes – auf dem Grund einer Teetasse gelesen

Fast alles lasse ich stehen oder liegen für eine gute Tasse Tee. Mit weichem Wasser kenntnisreich zubereitet und in passendem Gefäß serviert, unterbricht sie mißmutige Anschauungen und beflügelt die Gedanken, hebt die Stimmung, läßt mich bei mir einkehren, stiftet oder intensiviert Beziehungen, verbindet Anregung und Genuß. Eine schlechte, bittere, abgestandene, lieblos servierte Tasse Tee dagegen gehört zu den wenigen Dingen, die mich nachhaltig ärgern können.

Für mich gehört die Tasse Tee zu den persönlichen „Lebensheiligtümern". Ich möchte – und dazu gieße ich mir erst einmal eine Tasse ein – der Frage nachgehen, ob meine Erfahrungen mit einer Tasse Tee eine Deutung in einer über den Augenblick des Genusses hinausweisenden Weise zulassen – so, wie die Tasse Tee immer den Blick auf ihren Grund freigibt. Doch will ich diese Reise auf den Grund der Teetasse nicht allein unternehmen. Ich lade Sie ein, eine Tasse Tee mit mir zu trinken.

Tee und Gastfreundschaft

„Einladung zu einer Tasse Jasmin-Tee" überschreibt Reiner Kunze ein schönes kleines Gedicht, das die Gastfreundschaft in ihrer ureigenen Bedeutung umschreibt. Mit einer Tasse Tee kann ich Ihnen etwas Gutes tun, auch wenn ich selbst nicht viel habe. Ich brauche einige Maß Teeblätter, frisches kochendes Wasser, stilvolles Geschirr und ein wenig Zeit und Ruhe für die Zubereitung. Doch das ist nur die Grundlage. Die Begegnung wird uns unwillkürlich über den gemeinsamen Genuß hinausführen. Denn eines hat mich der Tee gelehrt: er drängt sich in seinem Geschmack nicht auf, er verlangt und ermöglicht zugleich die Öffnung aller Sinne, ohne zu berauschen. Er löst weniger die Zunge, als daß er die Ohren öffnet.

Lassen Sie sich also zu einer Tasse Tee einladen. Sie wird Sie stärken, wenn Sie ermattet sind; doch vor allem schafft sie uns Raum zur Begegnung und Aufmerksamkeit, wenn Sie etwas loswerden möchten. Und zwischen uns kann entstehen, was Martin Buber das Wesentliche einer Beziehung nennt.

Unterdessen erzähle ich Ihnen ein wenig über den Weg durch die Geschichte des Getränkes, das Ihre Tasse füllt.

Tee und Transzendenz

Nicht erst in der japanischen Teezeremonie rückt der Tee in einen religiösen Kontext. Aus China, dem Ursprungsland dieses Getränkes, stammt die Erkenntnis, daß wir Menschen den Tee nur göttlichem Wohlwollen verdanken können. Einem Gott-Kaiser habe der Wind, so geht die Sage, einige Blätter von einem Strauch des Palastgartens in sein abgekochtes Wasser geweht – und es habe köstlich geschmeckt und erhebend gewirkt. Woher der Strauch seinen Ursprung nimmt, erzählt ein indisches Märchen: Ein Königssohn, der sich in der Einsamkeit der Meditation hingab, schnitt sich aus Ärger darüber, daß er bei seinen frommen Übungen einzuschlafen drohte, die Augenlider ab. Sie schlugen Wurzeln und trieben grüne Blätter. Der königliche Mönch kostete und spürte eine Frische, die ihn mit Heiterkeit und Kraft erfüllte.
Tee, so sagen die Geschichten von seiner Entdeckung, verbindet sich mit Erfahrungen, die über ihn selbst hinausweisen. Das gilt schon für die Zubereitung, welche Sorgfalt und eine gewisse Passion erfordert; für den Genuß, der sich erst einem feinen Geschmack und einer ein wenig geübten Zunge erschließt, und erst recht für die Wirkung, die eine Erweiterung der sinnlichen Erfahrung und zugleich höchste Konzentration ermöglicht – ohne zu berauschen, ohne die Verbindung zur Wirklichkeit zu unterbrechen, und schließlich ohne Kater. Ein solches Getränk kann nur eine gute Gabe der Schöpfung sein, uns gegeben, um ihren Reichtum und in ihr den Schöpfer wahrzunehmen. Es vermag unser Bemühen um gleichzeitige Wurzelung in dieser Welt und unsere Sehnsucht, ihre Grenzen in Erkenntnis und Glaube zu übersteigen, in reeller Weise anzuregen. Darf ich noch einmal nachgießen?

Tee und Kultur

Die Pflege des Teestrauchs, die Behandlung seiner Blüten und Blätter, die Auswahl und Mischung – diese Arbeitsgänge zur Pflege dieser guten Frucht der Schöpfung kenne ich leider nicht aus eigener Anschauung. So kann ich Ihnen darüber nur aus zweiter Hand erzählen. Die Kenner der Herstellung berichten von der Notwendigkeit großer Sorgfalt, Kunstfertigkeit und Erfahrung, ja sogar einem hohen Ethos in der Behandlung des Rohstoffes, um uns das Teekistchen aus Indien, Sri Lanka oder China zu füllen. Wenn ich die Augen nicht verschließe, erfahre ich allerdings auch von Leid und Elend der Plantagenarbeiterinnen, der Pflückerinnen und Packerinnen, das so manchem Blatt anhaftet. Die Mehrdeutigkeit der Schöpfungsgaben, die immer auch in unsere Schuldgeschichte von Macht und Übervorteilung, von Ausbeutung und Vernachlässigung eingewoben sind, will ich nicht verschweigen. Wenn ich ganz genau schmekke, erkenne ich in der Tasse nicht nur die Süße des Garten Eden. Auch ein Hauch von Bitterkeit und Leiden haftet ihr an.

Die Schritte der Zubereitung liegen dagegen in meiner Hand. Blätter, Wasser, Wärme, ein Gefäß und möglicherweise einige Zusätze kommen zusammen, und die Bereitschaft zur Sorgfalt beim Aufguß tritt hinzu. Teegeschichte ist Kulturgeschichte, ob in Indien oder Japan, in der Türkei oder Rußland, England oder Ostfriesland. Überall finden wir die Bedeutung der Überlieferung, bei der Mischung, der Zubereitung, bei den Formen des gemeinsamen Genusses; es haben sich für die jeweilige Kultur typische Geschirre herausgebildet, aus dem besten Material und mit höchster Kunstfertigkeit geschaffen. Teegeschirre und -bräuche aus aller Welt zeugen von höchsten Anstrengungen, der hochgeschätzten Wirkung des Tees angemessene Gebräuche und Gefäße zu schaffen.

Was uns etwas bedeutet, darum bemühen wir uns – ob Schatz im Acker oder Tee in der Tasse. Warum nur, so frage ich mich – und Sie – mit dem letzten Schluck eines guten Nachmittagstees, fällt es mir beim Tee so verhältnismäßig leicht, einzusehen und zu realisieren, daß ein gutes Resultat die vorherige Mühe fordert und lohnt?

Tee trinken und handeln

Hat es Ihnen gut getan? Haben Sie sich eine Unterbrechung gönnen können? Haben Sie sich etwas von der Seele reden, einen Gedanken einfangen und klären können?
Der Teetrinker weiß, daß es sich nicht lohnt, etwas zu erzwingen, daß das Gelingen seiner großen und kleinen Vorhaben nicht nur an ihm liegt. „Abwarten und Teetrinken" heißt das Sprichwort. Doch könnte es mißverstanden werden. So wenig, wie Hast und Aktionismus zum Hören und Schauen passen, so wenig kann ich mich andererseits allein auf das Teetrinken beschränken. Ich habe wenig über die Verbindung von Teestunde und energischer Tat gelesen, und es drängt mich auch nicht vom Stuhl, um zu handeln, wenn ich Klarheit aus der Teekanne gewann. Doch möchte ich beides miteinander verbinden: die Aufforderung, innezuhalten, zu bedenken, zu meditieren, wo ich stehe, was anliegt und worum es eigentlich hier und jetzt und darüber hinaus in meinem Leben geht – mit einer Tasse Tee. Und die Entschlossenheit, mich auf den Weg zu machen – nur in vielleicht vermessenen Augenblicken vermag ich ihn wirklich „Nachfolge" zu nennen. Den Ruf zum Aufbruch – nicht nur in die eigene Innerlichkeit, sondern dorthin, wo ich gebraucht werde – möchte ich hören und über dem guten Geschmack und dem guten Gespräch nicht überhören. Hier begegnen sich für mich östliche und westliche Erkenntnis Gottes. Brechen wir also auf, wenn die Kanne geleert ist, und versuchen wir, zu verwirklichen, was wir mit der Tasse in der Hand als richtig oder vielleicht sogar als wahr erkannt haben.

Und wenn Sie sich wieder einmal eine „Teestunde" gönnen möchten? Sie wissen ja, wo Sie mich finden – und eine gute Tasse Tee steht bereit, serviert zu werden, um die Fortsetzung unserer Gedanken und den Fortgang der Begegnung anzuregen.

Dem Leben auf der Spur

Zwei Menschen begegnen sich
ein Mann und eine Frau
eine flüchtige Begegnung
– oder mehr
ein tiefes Gefühl
– Liebe
neues Leben entsteht
Zukunft beginnt
ein Hoffnungsschimmer.

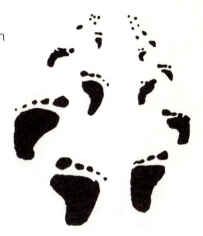

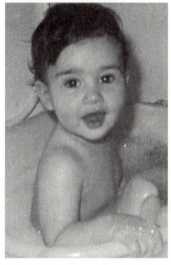

Ein Kind
– in die Welt hineingeboren
– ein Leben geschenkt
– ein Leben beginnt
– eine neue „Spur" entsteht
– ein neuer Lebensweg.

Ihn gilt es zu gehen.

Du, Kind, gehe ihn!
Du, Kind, entdecke das Leben!
Du, Kind, spüre es auf, dieses Dein Leben!

Dein erster Atemzug
Dein erster Schrei
Dein erstes Lächeln
Dein erster Zahn
Deine ersten Tränen
Dein erstes Wort
Dein erster Schritt
Dein erster Trotz
Dein erstes Kranksein
Dein erster Streit
Dein erster Schultag
Deine erste Arbeit
Deine erste Freundschaft
Dein erstes Verliebtsein
Dein erster Verlust

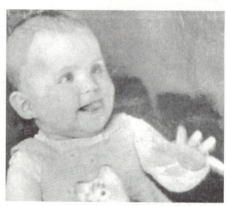

Du, Kind, wie erfährst Du das Leben?
Du, Kind, wie „erspürst" Du das Leben?
Ich, Kind, wie „erspüre",
wie „erspürte" ich das Leben?

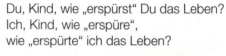

– versorgt/umsorgt

– beschützt

– behütet

– mit Vertrauen

– mit Unbeschwertheit

– mit Phantasie

– mit Unternehmungslust

– mit Kreativität

– mit Fröhlichkeit

– mit Aufgeschlossenheit

– mit Offenheit

– in Freiheit

– in Geborgenheit

– in Zärtlichkeit

– in Zuneigung

– in Herzlichkeit

– in Liebe

Aber auch:

– mit Streß

– mit Angst

– mit Schmerzen

– mit Hunger

– mit Krieg

– in Einsamkeit

– in Trostlosigkeit

– in Verzweiflung

– in Kälte

– unter Zwang

D u Kind – Du lebst – Du lernst – Du entwickelst Dich – Du wirst erwachsen –

Was nimmst Du mit auf den weiteren Lebensweg, auf den Weg des Erwachsenseins?
Was rettest Du aus der Unbeschwertheit, was legst Du ab von (was lernst Du aus) den Kümmernissen der Kindheit?

Was bleibt Dir im Blick auf
„Wenn Ihr nicht werdet wie die Kinder",
denen nach biblischem Zeugnis das Heil in ganz besonderer Weise versprochen und verheißen ist? (Mt 19, 14; Lk 18, 16 ff.)

Was ist das „erwachsene" Leben für Dich?

Bedeutet das „erwachsene" Leben für Dich, für mich:
Anonymität – Leistungsdruck – Stress – Mobbing –
Psychoterror – Neid – Mißgunst – Konkurrenzkampf –
Einsamkeit – Isolation – Uniformität – Klassendenken –
Eifersucht – Haß – Rücksichtslosigkeit – Unmenschlichkeit –
Unfreiheit – Intrigen – Enttäuschung – Belastung –
Anspannung – Anpassung – Überforderung – Überbelastung–
Pharisäertum – Selbstgerechtigkeit – Egoismus –
Selbstherrlichkeit – Zwang – Abhängigkeit – Klüngel –
Cliquenwirtschaft – Mißerfolge – Fehlschläge – Frust –
Rückschläge ...

Anerkennung – Vertrauen – Rücksicht – Rücksichtnahme –
Beachtung – Achtung – Freude – neue Erfahrungen –
Menschenwürde – Gemeinsamkeit – Partnerschaftlichkeit –
Freundschaft – Teamgeist – Hilfe – Unterstützung –
Zuwendung – Liebe – Treue – Solidarität – Loyalität –
Menschlichkeit – Individualität – Respekt –
Verantwortungsbewußtsein ...

Weggemeinschaft

Weggemeinschaft – Ein Traum?

Wie kannst Du
wie kann ich
diesen Traum der Weggemeinschaft verwirklichen?

Wie kann Dein
wie kann mein
Baum der Hoffnung
Baum des Lebens
Blüten, Früchte tragen?

Wie kannst Du
wie kann ich
erspüren
was das Leben ist:
ein Geschenk
– ein kostbares
– ein wunderschönes
– ein individuelles Geschenk
– ein Geschenk von Gott
– nur für Dich
– nur für mich

Erspüre und entdecke, daß Dein Leben einzig – einzigartig ist.
Erspüre und entdecke, daß Du einzig – einzigartig bist
mit Höhen und Tiefen, mit Mißerfolgen und Erfolgen,
mit Freuden und Leiden, mit Enttäuschungen und Verheißungen.

Erspüre und entdecke, daß Dein Leben in Dir ist – im Herzen.
Erspüre und entdecke, daß Dein Leben sichtbar wird – im Kleinen –
im Ehrlichen.

Erspüre Dein Leben
mache Dich mit ihm vertraut –
dann kannst Du Dich auch mit dem Nächsten
vertraut machen.

Dann wird Dein Leben Teil der Weggemeinschaft.

Denn:
„Du bist zeitlebens für das verantwortlich, was Du Dir vertraut gemacht hast", sprach der Fuchs zum Kleinen Prinzen. (Antoine de Saint-Exupéry)

Eva-Marie Beckers	Dorothee Schmidt
Gisela Bücken	Doris Schmitz
Veronika Bünger	Elvira Storms
Anni Decker	Lieselore Wald
Elisabeth Jansen	Marie-Theres Hansen-Weitz

Michael Zielonka

Dem Leben auf der Spur – Zur Exegese eines Satzes

Was mag der Satz „Dem Leben auf der Spur" wohl bedeuten? Ist das Leben ein Großwild oder gar ein Freiwild, welches wir Menschen erlegen sollen? Zeigt es sich nicht selbst? Ist es so scheu, daß wir auf die Spuren angewiesen sind, die es hinterläßt? Sind wir also wie ein Jägersmann dem Leben auf der Spur? Schön eingepackt gegen Kälte und Nässe, und mit Proviant und einem Flachmann beruhigend ausgerüstet? Und natürlich mit einer Flinte bewaffnet?

An den Spuren erkennt der erfahrene Jägersmann, was für eine Art von Leben da entlanggelaufen ist. Ob da das schlaue Füchslein seine Tapfen hinterlassen hat oder ein derb-dummes Rindvieh seine Trampeltritte.

Was also ist der Sitz im Leben des Satzes: „Dem Leben auf der Spur"? Das Leben selbst wird doch wohl in seinem eigenen Leben einen Sitz haben. Genau da aber liegt eine Schlinge, eine Falle, in die der spurenziehende Mensch allzuleicht hineintappen könnte. Das Leben nimmt auf sich selbst nicht Platz. Es sitzt nicht, sondern bewegt sich, geht und läuft. Denn nur im Sich-Bewegen ist es lebendig, nur dann hinterläßt es Spuren. Quod erat demonstrandum!

Josef Schneider
Musikalische Spuren für unser Leben

„Was an Gott unsichtbar ist, wird in seinen Schöpfungswerken deutlich wahrgenommen."[13] Diese Aussage des hl. Augustinus kann man trefflich durch einen seiner anderen Aussprüche ergänzen: „weil die Maße der Musik dem Schöpfer aller Dinge bereits dienten, als ER die Welt erschuf."[14]
Wen wundert es, wenn der Augustinermönch Martin Luther bei der Suche nach der Herkunft der Musik zu der Erkenntnis kommt:

„Wer sich die Musik erkiest,
hat himmlisch Gut gewonnen,
denn ihr erster Ursprung ist
von dem Himmel hergekommen,
weil die lieben Engelein
selber Musikanten sein."[15]

Ja, Musik ist Begegnung mit Engeln, wenn wir als Realität begreifen, was wir im Sanctus jeder hl. Messe singen: „Himmel und Erde sind erfüllt von deiner Herrlichkeit." Was dem Propheten Jesaja so in einer Vision offenbart wurde, machten die Engel von Betlehem aller Welt bekannt: „Ehre sei Gott in der Höhe und Friede den Menschen auf Erden."
Aber nicht nur Engel und Menschen besingen Gottes Größe; der ganze Kosmos klingt, wie uns die Radioteleskope heute bestätigen. Goethe wollte dies wohl zum Ausdruck bringen, als er in seinem „Faust" schrieb:

„Die Sonne tönt nach alter Weise
in Brudersphären Wettgesang."[16]

Schon lange vor Goethe bewies Kepler, was Pythagoras nur ahnen konnte: Zwischen den Umlaufbahnen der Planeten und der physikalischen Gesetzmäßigkeit, die in den ganzzahligen Proportionen unseres Tonsystems vorhanden ist, bestehen enge Beziehungen. Einfacher ausgedrückt: Unser musikalisches Obertonsystem entspricht den Verhältnissen der Umlaufbahnen unserer Planeten.

J. E. Berendt schreibt in seinem Buch „Nada Brahma – Die Welt ist Klang": „Jede organische Form – eines Fisches, einer Blume, eines Blattes, einer Frucht, eines Käfers, überhaupt jedes Lebewesens –, ja auch die 'schönsten' Formen der anorganischen Welt, etwa die der Kristalle, sind Klang, das heißt, in ihrem Aufbau kommen vorzugsweise Zahlen vor, aus denen Konsonanzen gebildet werden."[17]

An anderer Stelle desselben Buches gibt er zu bedenken: „Wenn schon Planetenbahnen, Blatt- und Körperformen, Kirchen und Kreuzgänge harmonikalen Gesetzen gehorchen, dann muß das auch für die Erde selbst gelten."[18] Demnach müßte der schalenförmige Aufbau des Erdinnern ebenfalls widerspiegeln, was das Buch der Weisheit schon feststellte: „Du aber hast alles geordnet nach Maß, Zahl und Gewicht."[19]

Martin Luther sagte es auf seine Art: „Wenn man die Sache selbst ansieht, stellt sich heraus, daß die Musik seit Weltbeginn allen und jeden Kreaturen eingegeben, eingeschaffen ist. Denn es gibt nichts, was nicht seinen Klang, seine klingende Zahl besitzt, so daß auch die Luft, die doch als solche nicht sichtbar und fühlbar und den Sinnen nicht zugänglich ist, die von allen Dingen am wenigsten (musikalisch) ist, sondern im Gegenteil lautlos und nicht vorfindbar, trotz allem klingende und hörbare Bewegung ist."[20]

Die Philosophie des Mittelalters ging von der Komplexität einer dreidimensionalen Musik aus, bei der sich die kosmische Harmonie auch auf die Beziehungen zwischen Menschen auswirkte und durch Instrumente klingend offenbar wurde.

Agrippa von Nettesheim schien das im 16. Jahrhundert zum Ausdruck bringen zu wollen: „Wer krank ist, stimmt nicht mehr mit dem Universum überein."[21] Daraus mag man den Schluß ziehen: Gesundwerden heißt, mit dem Universum in Einklang zu kommen. Heilmittel dafür hat Gott uns durch seine „musikalischen Propheten" in Fülle geschenkt; Komponisten wie Palestrina, Schütz, Bach oder Bruckner – um nur ein paar zu nennen – eröffnen uns bei jedem Hören ihrer Werke einen Weg zu Gott. „Musik ist höhere Offenbarung als alle Weisheit und Philosophie", schrieb Beethoven wohl nach solchen Erfahrungen in sein Tagebuch.

Schon das Kleinkind ist vermutlich auf der Suche nach Harmonie mit dem Kosmos, wenn es vor sich hin lallt; unbewußt bemüht es sich, eine Spur der Geborgenheit zu finden, in der es sich wohlfühlt. Sängerinnen und Sänger kirchlicher Chöre, die ihr Leben lang zur Ehre Gottes singen, müssen von etwas Unsichtbarem in der Spur gehalten werden; meist sind sie weder in der Lage noch bereit abzuspringen.

Musiker und die große Schar von Musikfreunden, die täglich intensiven Umgang mit Musik pflegen, erfahren offenbar, daß der Urgrund der Musik weit über die klingenden Erfahrungen hinausreicht. (Immerhin möchten lt. Umfrage zur Zeit ca. 90 % der Menschen auf Musik nicht verzichten.)

Die sprachliche Verständigung nahm Gott den Menschen in Babel; das gegenseitige musikalische Verstehen ließ er ihnen. Diesen Vorteil spüren wir noch heute z. B. bei der europäischen Vereinigung, aber auch bei Begegnungen von Menschen in aller Welt. „Spüren" muß man in diesem Zusammenhang als die sensible Seite des Spurenlesens ansehen, über die Menschen zueinanderfinden können. Hektik und Lautheit unserer Zeit verdecken oft die erforderliche Sensibilität; frühere Generationen erfuhren deshalb ohne Radioteleskope vermutlich mehr als wir.

Sogar in der Liturgie sind Muße und Besinnlichkeit weitgehend einem rastlosen Funktionalismus gewichen. Wunder können wir so allerdings immer weniger erwarten, weil es selten „funkt", wo etwas lediglich funktioniert. Immer kleiner werden die Gemeinden, die sich zum Gottesdienst versammeln. Soll daran nur der Zeitgeist schuld sein, oder suchen die Menschen im Gottesdienst manchmal vergebens die Nähe Gottes, weil das Medium zu sehr beschnitten wurde, in dem Gott sich erfahrbar mitteilen kann? Vielleicht sollten wir mehr auf E. T. A. Hoffmann hören: „Wo die Sprache aufhört, fängt die Musik an."

Musik nennt man gelegentlich „Kunst der Zeit". Sie kann natürlich keine Konjunktur haben, wo Menschen die Zeit fehlt. Damit geht aber auch eine der wichtigsten Spuren ins wahre Leben verloren; wir geraten auf einen Holzweg.

Georg Picht hat sich vor einigen Jahren darum bemüht, uns davor zu bewahren: „Da das Unsichtbare der Raum der Gottheit ist, bleibt die Musik immer noch die Sphäre der unmittelbarsten Begegnung mit dem Göttlichen."[22]

Richard von Weizsäcker formulierte 1985 schlicht: „Musik kommt der Erkenntnis dessen, was die Seele ist, am nächsten."[23]

Verläßliche Wegweiser können alle aufgeführten Zitate und Erkenntnisse sein. Augustinus führte die Reihe an, und er ist wahrhaftig nicht alleingeblieben; eine lange Spur ähnlicher Gedanken durchzieht die verschiedenen Epochen der Geschichte. Verhängnisvoll wäre es, wenn die Kirchen nicht erkennen würden, daß Kunst ein wichtiger Partner der Religionen ist und Musik ein unverzichtbares Mittel der Verkündigung. Die Erfahrungen der letzten Jahre lassen leider nicht viel erhoffen; unsere Zeit setzt sich in einem verblendeten Fortschrittsglauben sogar über Erkenntnisse hinweg, die längst als gesichert gelten müßten. Eine ähnliche Tragik bedauert schon die Bibel im Zusammenhang mit der Geschichte vom armen Lazarus; Menschen wollen eben ihre eigenen Erfahrungen machen.

Martin Luther hatte mit Musik große Erfolge bei seiner Reformation, weil er das Wesen der Musik erkannte und es durch sein feines Gespür den Menschen zu erschließen verstand: „Wo musiziert wird, da wird die bei der Erschaffung der Welt angelegte Ordnung wirklich ... Denn die Musik ist ein Geschenk Gottes und nicht der Menschen."[24]

ANMERKUNGEN

[1] Vgl. hierzu die aus heutiger Sicht unsäglichen, früheren Standardwerke von: A. Göllerich/M. Auer: „Anton Bruckner. Ein Lebens- und Schaffensbild", vier Bände, Regensburg 1922 bis 1936. M. Auer: „Anton Bruckner. Mystiker und Musikant", 6. Auflage, München 1982 (nach der Biographie von 1923).

[2] Der evangelische Theologe David Friedrich Strauß veröffentlichte 1835/36 „Das Leben Jesu". In radikaler Rationalität versucht Strauß aufzuzeigen, daß die Evangelien die Gestalt Jesu historisch nicht greifbar werden lassen, ja nur Fiktives entfalten. Strauß gehört mit zu den frühen Vertretern der historisch-kritischen Methode.

[3] Constantin Floros: Anton Bruckner, in: „Geschichte der Musik", hg. von Michael Raeburn und Alan Kendall, Band 3, München-Mainz 1993, S. 222. Ausführlicher noch zu den gewichtigen programmatischen Hintergründen der Symphonien: Ders., „Brahms und Bruckner. Studien zur musikalischen Exegetik", Wiesbaden 1980. Gerade diese Studien haben das überlieferte Bruckner-Bild der Musikwissenschaft weiter ins Wanken gebracht.

[4] Toni Zenz, geb. 1915 in Köln, seit 1937 freischaffender Künstler, Bildhauer, hat viele bekannte Werke geschaffen, u. a. in Aachen (1977-78-79) in der Heilig-Geist-Kirche: Altar, Cruzifixus, Ambo mit Plastik „Der Hörende", Sakramentenstele mit Plastik „Begegnung", Taufbrunnen mit Plastik „Christus und die Samariterin". Vgl. zum Werk des Künstlers: „Und wenn ich falle ...", Begegnung mit Werken des Bildhauers Toni Zenz, hg. von Fridolin Hemmes, Freiburg 1986.

[5] Übersetzung von Jes 30, 15: „Die Heilige Schrift des Alten und Neuen Bundes", vollständige Ausgabe nach den Grundtexten übersetzt und herausgegeben von Prof. Dr. Vinzenz Hamp, Prof. Dr. Meinrad Stenzel †, Prof. Dr. Josef Kürzinger, Aschaffenburg 1966.

[6] Vgl. zum Werk des Künstler-Priesters Herbert Falken, geb. 1932 in Aachen: Frank Günter Zehnder, „Herbert Falken, Aus der Dunkelheit für das Licht", Köln 1993.

[7] Vgl. zu den „Gitterköpfen": Frank Günter Zehnder, a.a.O., S. 229-247. Die „Gitterköpfe" hat Herbert Falken posthum Bischof Hemmerle gewidmet – in großer Dankbarkeit darüber, wie sehr ihn sein Bischof zu Lebzeiten in seinem künstlerisch-priesterlichen Charisma gefördert und ermutigt hat. Vgl. dazu den Beitrag von H. Falken über Klaus Hemmerle „Einer, der 'sehen' konnte" in: „das prisma", ..., S. 51-54; die genaue Literaturangabe findet sich unter Anmerkung 9.

[8] Das Zitat ist einem von H. Falken hektographierten Blatt entnommen. Diese Äußerungen sind weiter nicht dokumentiert.

[9] In dem Teil des Nachlasses von Bischof Dr. Klaus Hemmerle (1929-1994), der auf das Bistum Aachen übergegangen ist, befinden sich etwas über 500 Blätter mit Zeichnungen in Bleistift, Tinte oder Kugelschreiber, die meisten aber Aquarelle oder Aquarell-Skizzen. Eine systematische Werkordnung ist nicht zu erkennen. Bis auf wenige Ausnahmen sind die Einzelblätter weder datiert noch signiert, einige wenige mit Ortsangaben versehen. Bekannt ist jedoch, daß so gut wie alle bei Ferienaufenthalten entstanden sind. Die Tatsache, daß Bischof Hemmerle zeichnete und malte, war kaum bekannt, und nur ganz wenige hatten zu seinen Lebzeiten etwas davon gesehen. Etwa ein Jahr nach seinem Tod am 23.01.1994 hat sich die Bistumsleitung entschlossen, eine kleine Ausstellung seiner Arbeiten, ca. 40 Blätter, öffentlich zu zeigen. Die Bischöfliche Akademie hat diese Ausstellung bisher je einmal in Mönchengladbach und Aachen gezeigt. Der Einführungsvortrag hierzu ist in „SCHWARZ AUF WEISS", Informationen und Berichte der Künstler-Union-Köln, Ausgabe 1995/2, abgedruckt. (Hg.: Künstlerseelsorge im Erzbistum Köln, Marzellenstraße 32, 50668 Köln.) Vgl. dazu auch: „das prisma", Beiträge zu Pastoral, Katechese und Theologie, Klaus Hemmerle, Sonderheft 1994/ 6. Jg., Beiträge von Michael Albus, Achim Besgen u. a., Verlag Neue Stadt, 85667 Oberpframmern, Münchener Str. 2.

[10] Aushang im Büro des Stadtteilprojektes Alsdorf-Busch. Was sich dahinter verbirgt: Das Stadtteilprojekt Alsdorf-Busch ist 1989 auf dem Hintergrund des Strukturwandels in der Aachener Region, verbunden mit der Schließung der letzten EBV-Zeche im Jahre 1992, entstanden. Es orientiert sich an den Prinzipien stadtteilbezogener Arbeit. Sie zielt auf die Aktivierung und Weiterentwicklung der Eigeninitiative, Kompetenzen und Selbsthilfekräfte der Bewohner und Bewohnerinnen im Stadtteil. Der Alltag der Menschen mit den daraus erwachsenden Ideen, Konflikten, Wünschen und Ärgernissen ist Ausgangspunkt dieser Arbeit. Kontakt: Wolfgang Huber, Sozialarbeiter, Alte Aachener Str. 22, 52477 Alsdorf.

[11] Helmut Gollwitzer, „Krummes Holz – aufrechter Gang, Zur Frage nach dem Sinn des Lebens", München 1970, S. 382.

[12] Dietrich Bonhoeffer, „Widerstand und Ergebung", hg. von Eberhard Bethge, München, 3. Auflage 1985 (Neuausgabe), S. 246. Vgl. dazu auch folgende kleine Geschichte aus dem Buch von Klaus Hemmerle, „Dein Herz an Gottes Ohr – Einübung ins Gebet", Freiburg, 2. Auflage 1987, S. 24: „Ein Jünger kommt aus dem Chor der Mönche. Der Meister sagt zu ihm: 'War das nicht eine herrliche Liturgie?' Der Jünger antwortet: 'Gewiß, Meister. Aber ich selbst konnte mich einfach nicht sammeln, ich versuchte, jedes Wort wach mitzuvollziehen; und da war ich am Schluß erschöpft, wie jemand, der hinter einem fahrenden Wagen einherkeucht und ihn doch nicht erreicht.' Der Meister sagt: 'Die Texte und Gesänge, die Psalmen und Lesungen sind nicht ein fahrender Wagen, sondern ein Garten voller Blüten. Sei du der Schmetterling, der in diesem Garten einherfliegt und sich einmal auf diese, einmal auf jene Blüte setzt und verweilt. Das ist genug. Nur wer den Mut hat, nicht alles zu haben, hat das Ganze.'"

[13] W. Kurzschenkel, „Die theologische Bestimmung der Musik", Paulinus-Verlag, Trier 1971, S. 146.

[14] W. Kurzschenkel, a.a.O., S. 147.

[15] Überliefert in diversen Liederbüchern.

[16] J. W. Goethe, „Faust. Der Tragödie 1. Teil", Reclam-Verlag, Stuttgart 1971, Vers 243/4.

[17] J. E. Berendt, „Nada Brahma, Die Welt ist Klang", Hamburg 1988 (überarb. Neuausgabe), S. 104.

[18] J. E. Berendt, a.a.O., S. 110.

[19] Weish 11, 20.

[20] W. Kurzschenkel, a.a.O., S. 164.

[21] J. E. Berendt, a.a.O., S. 106.

[22] Das Zitat von G. Picht ist entnommen aus der Ansprache Richard von Weizsäckers bei der Eröffnung des Europäischen Jahres der Musik 1985.

[23] ebd.

[24] W. Kurzschenkel, a.a.O., S. 171.

Lebenswegen auf der Spur ...

Günter Bartczek

Sucht Jahwe, wo er sich doch aufspüren läßt! Ruft nach ihm, wo er doch nahe ist!

(Deutero-Jesaja 55, 6)[1]

Gedanken über den gemeinsamen Boden für verschiedene Wege

Deutero-Jesaja, der uns mit Namen unbekannte Prophet, schrieb und verkündete in einer Zeit, in der man sich Gedanken über die Grundlagen machen mußte, auf denen man sich sein Leben eingerichtet hatte. Aber diese Grundlagen waren gar nicht so leicht zu finden, weil zu viele Trümmer darauf lagen, und niemand hatte sie aufgeräumt.

Seit zwei, vielleicht seit drei Jahrzehnten schon war Israel im babylonischen Exil. Zerbrochen war das judäische Königtum, zerstört war der Tempel und verloren war das Land, in das Jahwe einst geführt hatte. Zurück blieben die Trümmer gescheiterter Hoffnungen und Sicherheiten. So manches Fragment wirklich schöner Verheißungen ließ sich noch darin finden. Die eine oder andere Befreiungsgeschichte, die noch etwas von ihrem alten Glanz erkennen ließ, wenn man ihre Ränder zurechtbog und den Schutt auf ihr entfernte, konnte man noch hervorkramen. Aber viel zu viele unechte, nur abgeleitete Glaubensvorstellungen, die getrimmt waren aufs jeweils politisch Opportune oder auch individuell Nützliche, lagen nun als abgetragener, ausgedienter und zum Teil lächerlicher Müll herum.

Wer wollte sich das schon anschauen, geschweige denn einen Schrottwert daraus taxieren? Welchen Sinn konnte es machen, nach dem Boden zu fragen, auf dem sich das alles angehäuft hatte? Schwankte darunter am Ende der aus Babylon so bekannte Morast mit seinem Schmutz und seinen Gefahren? Welche Mühe war es wert, daraus die gediegenen von den blechernen Glanzstücken zu sondern? War nicht schließlich alles unbrauchbar geworden? Und wo war Jahwe? War er zu Hause geblieben in Juda, wo der Tempel gestanden hatte als Ort der Gottesbegegnung? War die Schutthalde von falschen Sicherheiten, zurechtgeschneiderten Glaubensvorstellungen, hochbeinig aufgestellten Bedeutsamkeitsallüren derart aufgetürmt, daß er dahinter geradezu verschwand?

Es gibt unterschiedliche Möglichkeiten, sich in einer solchen Situation zu verhalten. Die einen ekeln sich vor dem bunten Unrat und wenden sich angewidert ab. Sie schauen weg, wollen ihn gar nicht sehen, ja leugnen schließlich, daß es ihn überhaupt gibt. Andere betrachten alles, was kaputt gegangen ist, und distanzieren sich davon. Es hat sich eben nicht bewährt und hat wohl von Anfang an nichts getaugt. Eine Auseinandersetzung damit lohnt sich nicht. Wieder andere schließlich werden sich arrangieren. Sie leben einfach obenauf auf dem Abfall, gestalten sich ihr Umfeld dabei so attraktiv, daß ihre Basis im Müll gar nicht ohne weiteres erkennbar ist, und der Erfolg scheint ihnen recht zu geben. Viele schauen zu ihnen auf, weil sie ja hoch sitzen oder manchmal auch beneidenswert mittendrin stehen. Daß sie es geschafft haben, in einer neuen Zeit und Situation zurechtzukommen, scheint außer Frage zu stehen und gilt oftmals als beispielhaft. Die Frage nach Jahwe stellt sich nun in dieser Dringlichkeit gar nicht mehr oder nur in Angleichung an das Bezwingende der neuen Zeit. Wer gräbt bei soviel offensichtlichem Glanz schon nach den Kostbarkeiten im Schmutz?

„Sucht Jahwe", sagt Deutero-Jesaja in seiner Zeit scheinbar völlig gegen jede vernünftige Lebensführung, die ihren Frieden machen will mit dem Gegebenen. Und er bekräftigt, daß er sich doch aufspüren läßt. Es wird zu nichts Unmöglichem aufgefordert, sondern zu einer realistischen Haltung, die aber vor lauter verdrängender Gegenwartseuphorie und naiv-bewunderndem angepaßtem Erfolgsrausch vergessen hat oder vergessen machen will, auf welchem Boden sie sich bewegt: nämlich auf demselben, auf dem die verschiedenen Wege des Wegschauens, des Distanzierens, des Ekelns und des Arrangierens gegangen werden. Es wird dort auch der Weg des ehrlichen und vor allem authentischen Suchens gewählt. Er ist keine breite Straße. Er stellt sich eher dar als eine Ansammlung vieler Pfade, die stimmig sein müssen für jeden, der sie benutzt. Verschlungen wirken sie oft, aber sie haben Ausrichtung und Ziel. Sie trampeln weder das Zerstörte glatt noch reden sie es schön; sie wenden ihm weder den Rücken zu in der Hoffnung, es sei dann auch nicht mehr da, noch leugnen sie die Kraft der eigenen Herkunft auch in veränderter Situation.

Parallel formuliert unser Dichter-Prophet: „Ruft nach ihm", und er argumentiert mit der Nähe Jahwes, die das Rufen nicht vergeblich macht. Wer sich so auf den Weg macht, kann bei sich bleiben und nicht abhängig werden vom grellen Licht für den obenauf liegenden Glanz. Er kann auch schattige und dunkle Phasen durchschreiten, wenn er ruft und horcht. Er weiß, daß nicht die weit ausladende Wirkung der Glänzenden das Maßgebliche ist, sondern die Nähe für sich und bei Jahwe. So ist er nahe bei Jahwe, weil er seinen Weg nahe bei sich selbst sucht.

Dieser Weg muß allerdings freigeräumt werden. Eine Menge Kleinarbeit ist dazu nötig, und man macht sich die Hände dabei schmutzig, weil die Auseinandersetzung mit den Trümmern unverzichtbar ist. Deutero-Jesaja versucht gegen Ende der Exilszeit, dazu anzuregen und die eigene Basis dabei als Ort der Nähe Gottes zu begreifen. Manches weist darauf hin, daß Deutero-Jesaja das Ende des Exils selbst nicht mehr erlebt hat. In seinen Reden von dem Gott, der sich auf dem Hintergrund der gemeinsamen Glaubenstradition aufspüren läßt, wenn er nur in ehrlichem Engagement gesucht wird, und der auf Rufweite nahe ist auch in unübersichtlicher Lage, hat er Perspektiven geschaffen für Israels Geschichte mit Jahwe. Sie hat Mut gemacht, die Treue Gottes in der Treue zum eigenen Weg, in der ehrlichen Auseinandersetzung mit der eigenen Glaubensherkunft zu erfahren.

Daß Gott in der Aufgabe einer Bischöflichen Hauptabteilung Gemeindearbeit auffindbar und ihr nahe ist, scheint selbstverständlich und gar nicht besonders erwähnenswert zu sein. Daß sich die Mitarbeiterinnen und Mitarbeiter auf demselben Glaubensboden bewegen, mag als Feststellung überflüssig sein. Daß jedes Referat und jede Abteilung mit den ihr anvertrauten Aufgaben ihre je eigenen und verschiedenartigen Wege geht, läßt etwas ahnen von der Vielgestaltigkeit von Lebensbezügen, in denen die Pastoralarbeit steht und denen sie entspricht. Aber es ist schon eine kritische Besinnung wert, wie denn mit dem Boden umgegangen wird, auf dem diese verschiedenen Wege gestaltet werden. Wenn jeder kongruent seinen Weg mit Gott im Dienst an der Gemeinde sucht, fordert das nicht den Respekt vor anderen Suchern ihres Weges und nicht deren Abwertung zur Herausstellung der eigenen Bedeutung?

„Sucht Jahwe", sagt Deutero-Jesaja, und nicht euch selbst. Er läßt sich nur dann aufspüren. „Ruft nach ihm", fügt er hinzu, und nach niemandes Beachtung sonst. Er ist nur dann nahe auf dem gemeinsamen Boden für verschiedene Wege – auch in unserer Pastoralarbeit.

Franz-Josef Breuer
Lebensraum – Ort der Frohen Botschaft

Selig, die die Bewohner und ihre Lebensbedingungen in den Blick nehmen – denn sie werden einander verstehen und lieben lernen.

Selig, die die Armen in den Mittelpunkt stellen – denn sie befinden sich auf dem Weg des Evangeliums.

Selig, die die Interessen und Ziele der Menschen ernst nehmen – denn so wird eine neue Weggemeinschaft glaubender Menschen ihren Anfang finden.

Selig, die Eigeninitiative fördern und erst hören und dann reden – denn sie werden entdecken, daß der andere vielfältige Fähigkeiten hat, sich einzumischen und zu beteiligen.[2]

Selig, die das Gebot der Nächstenliebe in gemeinsames Handeln umsetzen – denn sie werden entdecken, wie wertvoll und wichtig der andere ist.

Selig, die Mißstände und ihre Ursachen beim Namen nennen – denn sie sind auf dem Weg zu einer immer gerechteren, friedvolleren Welt.

Selig, die sich mit anderen für bessere Lebensverhältnisse einsetzen – denn sie werden angefragt und geachtet werden.

Selig, die trotz aller Rückschläge und Enttäuschungen weiterhin den ersten Schritt tun – denn im solidarischen Handeln werden sie einen neuen Anfang finden.

Ulrich Deller

Ich bin der „Ich-bin-da" – Bilder und Namen von Gott

Was ist so wichtig für den Menschen, daß er es „heilig" nennt? Gott?
Auf diese Frage werden viele Menschen schon wegen des Begriffs „heilig" keine Antwort geben (können/wollen). „Heilig" ist zu entrückt, etwas Heiliges hat nichts mehr mit unserer alltäglichen Welt zu tun. Die genügt sich selbst. Und dennoch ist das Heilige auch das Alltägliche. „Wir wissen: das Wort ist Fleisch geworden; das Wort ist eingestiegen in die Alltäglichkeit. Es macht sich berührbar gerade im Alltäglichen; das Alltägliche wird christlich und so gerade heilig." (Bischof Dr. Klaus Hemmerle)[3] Dies spiegelt sich in den scheinbar so weit vom Christlichen entfernten, fremden Bildern und Zeugnissen wider. Als die 13-jährige Mareike im Rahmen einer Jugendaktion gefragt wurde, was ihr denn „heilig" sei, holte sie ihren Teddy hervor und sagte:[4]

> „Mein Kuschelbär: Mein Kuschelbär ist mein Liebstes und Wichtigstes in meinem Leben. Er hat mich überall hin begleitet. Selbst als ich geboren wurde, saß er brav auf dem Tisch, wo meine Sachen lagen, die ich bekommen sollte. Und als ich da war und im Zimmer neben meiner Mutter lag, bekam ich ihn. Und so entstand eine Freundschaft, obwohl er nicht sprechen kann oder sonst ein Lebenszeichen gibt. Doch in meinen Gedanken lebt er. Mein Bär ist schon mit mir durch dick und dünn gegangen. Wir reisten in Länder, und er war da; ich lag im Krankenhaus, und er war da, ich war traurig und weinte, und er hörte mir zu. Dies ist der liebste und treueste Freund meines Lebens. Ich kann ihn nicht abgeben, weil ich so an ihm hänge."

Wahrscheinlich kann sich jeder von uns an solche Gegenstände erinnern, ohne sie Heiligtümer zu nennen, und vielleicht sogar, ohne zu erkennen, daß in ihnen ein kleines Teil des großen Mosaiks stecken könnte, das wir Gott nennen.

Heilig, Gott, Herr aller Mächte und Gewalten:

Ich komme nicht aus dem Nichts. Ich habe Boden unter den Füßen. Ich erinnere mich. Da begleitet mich etwas auf meinem Weg in die Zukunft.

Heilig, Gott, Herr aller Mächte und Gewalten:

Mir ist etwas ganz wichtig. Ich stehe in Beziehung zu ihm/IHM. Ich lebe diese Beziehung.

Heilig, Gott, Herr aller Mächte und Gewalten:

Das hier ist mir nicht egal. Etwas ragt heraus aus dem Alltag. Etwas ist mir Maßstab.

> „Der Herr sprach: 'Ich habe das Elend meines Volkes in Ägypten gesehen ... Ich kenne ihr Leid. Ich bin herabgestiegen, um sie der Hand der Ägypter zu entreißen und aus jenem Land hinaufzuführen in ein schönes, weites Land, in ein Land, in dem Milch und Honig fließen ...' ... Da sagte Mose zu Gott: 'Gut, ich werde also zu den Israeliten kommen und ihnen sagen: Der Gott eurer Väter hat mich zu euch gesandt. Da werden sie mich fragen: Wie heißt er? Was soll ich ihnen darauf sagen?' Da antwortete Gott dem Mose: 'Ich bin der „Ich-bin-da".' Und er fuhr fort: 'So sollst du zu den Israeliten sagen: Der „Ich-bin-da" hat mich zu euch gesandt.' Weiter sprach Gott zu Mose: 'So sag zu den Israeliten: Jahwe, der Gott eurer Väter, der Gott Abrahams, der Gott Isaaks und der Gott Jakobs, hat mich zu euch gesandt. Das ist mein Name für immer, und so wird man mich nennen in allen Generationen'."
> (Ex 3, 7-8; 13-15)

Herr, Du schaffst es sogar, uns in einem kleinen Teddybären zu begegnen. Dich können wir spüren, wenn wir die anderen spüren, uns zu ihnen hinziehen lassen. Du gibst jedem Augenblick etwas Besonderes.
Gib uns Kraft, Herr. Wir wollen uns daran erinnern, was wir brauchen, um Dich und Deine Gegenwart zu erkennen. Trotz der bombastischen Effekte überall um uns herum brauchen wir nicht das sich in der Sensation verzehrende Schauspiel. Du steckst im Alltag und bist immer schon da. Gib uns Feingefühl, innere Ruhe und Aufmerksamkeit, Dich in uns aufzunehmen.

Hans Albert Höntges
„Ein Mann hatte zwei Söhne ..."[5]
Meditation zu einem Holzschnitt von Paul Reding[6]

Drei Menschen.
Einer nackt – kauert auf der Erde. Der andere steht hinter ihm, nähert sich ihm mit seinen ausgestreckten Armen. Seine Hände berühren die Schultern, vorsichtig – wie um nicht weh zu tun. Der Kauernde verbirgt mit einer Hand sein Gesicht, während die andere Hand wie ein Zeichen nach oben gerichtet ist.
Abseits der dritte – unbeteiligt – und doch starken Anteil nehmend, aber ablehnend. Der Mund ist ein harter Strich, der Nein sagt. Der Mund ist verdrossen. Die Augen sind wie zugenäht. Keine Arme! Die Haare und die eine Schulter gehen schon in der Struktur des Holzschnittes auf, als sei diese Figur besonders verhaftet und des Eigenlebens nicht recht fähig.

Drei Menschen.
Der am Boden schaut nach unten, der hinter ihm steht, schaut mit einem schmerzvollen Gesicht nach oben. Der dritte schaut an beiden vorbei ins Leere.
Drei Menschen – drei Geschichten.
Die Geschichte dessen, der am Boden kauert, kennen wir als die „Geschichte vom verlorenen Sohn".
Diese Geschichte begann so selbstbewußt, begann in der Fülle aller Möglichkeiten: „Gib mir meinen Anteil – ich gehe!" Sie begann als Flucht: „Ich kann hier nicht mehr leben." Begann als eine Verurteilung: „Du wirst mir nicht gerecht." Als Flucht endet auch die Geschichte, als Flucht zum Vater. Innen und außen arm, rettet er seine nackte Haut. Durstig an all den Brunnen, zu denen er gelaufen war, hungrig noch neben dem Fraß der Schweine, stumpf bei allen Sensationen, müde von so vielen vergeblichen Wegen – tritt er die Flucht nach Hause an: „Ich will zu meinem Vater gehen."
Was als Verurteilung begann, endet mit dem Urteil der Güte. Das Urteil, das über ihn gesprochen wird, lautet: „Laßt uns ein frohes Mahl halten, denn nun bist du wieder da." Und er, der mit dem Urteil der Gerechtigkeit gerechnet hatte, er schämt sich nun noch mehr über das Urteil der Güte. „Du wirst mir nicht gerecht!" Und nun ist

ihm die Liebe gerecht geworden. Das beschämt ihn tief. So verbirgt er sein Gesicht. Wie kann er das annehmen! Aber die erhobene Hand bittet: „Nimm mich an!"

Und was als Fülle der Möglichkeiten begann, das endet auch in der Fülle der Möglichkeiten. Der Selbstbewußte, der am Anfang der Geschichte nur sich selber suchte, findet sich am Ende als das Größte, was er ist: „Mein Kind!"

Die Geschichte des Daheimgebliebenen ist nicht weniger eine Geschichte vom verlorenen Sohn.

Was hilft es, daß er immer zur Stelle war, daß er seine Pflicht tat, daß er nie ungehorsam, niemals verschwenderisch, immer fleißig und vernünftig war. Nein – er ging nie weg. Aber wann war er je da? Jahrelang hat er geschwiegen. Was ihn am meisten kränkte: so weit sich auch der Jüngere vom Vaterhaus entfernte, so wenig hatte er sich aus dem Herzen des Vaters entfernen können. Was muß denn noch alles passieren, damit diesem törichten und senilen Alten die Augen aufgehen!

Und so ist schließlich auch er geflohen: die Flucht der inneren Emigration. Und da er sieht, wie der Vater den Jüngeren annimmt, da bricht sein gekränktes Selbstbewußtsein auf: „Und ich?" Hart ist seine Verurteilung: „Wie willst du dann mir gerecht werden?" Und so ist aufs neue einer auf der Flucht vor diesem Vater, in der Fülle der Möglichkeiten: „Er aber wollte nicht hineingehen!"

Er, dem doch schon alles gehört, ist der Ärmste. Er versteht die Welt des Vaters nicht mehr: Wenn das Vergeben so schnell geht ... Er ist der Ärmste: Er kann nicht lieben! „Dieser dein Sohn da ..." Lieber läßt er sich die Augen zunähen, als sowas mit ansehen.

Das Antlitz des Vaters!
Als ob sich darin die beiden Geschichten noch einmal abspielen.
Die Geschichte des Vaters ist ja die Geschichte seiner Söhne!
Das Antlitz des Vaters!
Kaum ist der eine Sohn heimgekehrt, da bleibt der andere fort. So wird er an diesem Tag noch einmal hinausgehen, zu seinem Ältesten, der vor lauter Verbitterung wie versteinert ist.
Noch einmal wird er seine Arme ausstrecken.
Das Antlitz des Vaters!
Keiner fragt, was die Liebe ihn kostet.
Seine Geschichte ist die Geschichte der Geduld, welche aufbleibt

Paul Reding, Rückkehr

und wartet, bis sich keiner seiner Söhne und Töchter mehr gegen seine Liebe wehrt.

Und wenn wir dem Bild einen Titel geben sollten, könnte er vielleicht lauten:
„Ich strecke meine Hände nach dir aus!"

Paul Jansen
„Da wird Weinen und Zähneklappern seyn"
Ein Jesuit predigt im Jahr 1780

Im Jahre 1994 kaufte ich aus dem Antiquariat einer Buchhandlung das Buch „Josephs Anton Bordoni, aus der Gesellschaft Jesu, Predigten über Sonntägliche und Feyertägliche Evangelien." Es erschien 1780 in Augsburg.

Das Predigtbuch liegt vor mir auf dem Tisch. Sein Format gleicht dem eines heutigen, dickeren Taschenbuches. Den Umschlagdeckel hat ein Wurm (Bücherwurm?) bearbeitet. Er hinterließ Spuren und Löcher. An den Inhalt ist er jedoch nicht herangekommen. Immerhin hat der blaugraue Deckumschlag bereits 215 Jahre überstanden. Alles an dem Buch ist solide, nach alter Buchdruckerkunst hergestellt. Ich kann mir denken, daß das Predigtbuch bei guter Behandlung noch viele Jahre hält. Wer wird in ferner Zeit nach mir darin lesen und sich dazu Gedanken machen? Diese Frage wird mir nie beantwortet werden.

Ich möchte dem Inhalt des Buches, den Predigten, nachgehen. Ich halte da an, wo ein oder mehrere Predigtsätze zum Nachdenken anregen.
So fällt mir die Predigt zum ersten Adventsonntag auf. Der fiel damals mit

dem Fest des heiligen Franz Xaver (1506-1552) zusammen. Über den großen Missionar sagt Pater Bordoni in seiner Predigt, die ich in der alten Schreibweise zitieren darf: „Wisset, daß seine unüberwindliche Geduld, seine tiefeste Demuth, seine unerschöpfliche Dienstbeflissenheit gegen den Nächsten, seine inbrünstige Liebe gegen Gott, und alle seine übrigen Tugenden, von gleichem Werthe gewesen sind; lauter Beweisthümer, daß Xaver, ob er schon nicht reif an Jahren, jedoch reif an Verdiensten gestorben ist ... Dort ist ein vollkommenes Alter, wo die Tugend vollkommen ist."[7]

Hängen bleibe ich an dem Wort „Tugend". Es hat heute einen säuerlichen Geschmack. Merkwürdigerweise sprechen die Leute eher von „bürgerlichen Tugenden", wie Fleiß, Pünktlichkeit, Korrektheit, Durchsetzungswillen u. a. So kommt das Wort von den Tugenden dennoch durch die Hintertür wieder herein. Wahrscheinlich aber geht ohne „christliche" oder „bürgerliche" Tugenden beim Zusammenleben der Menschen gar nichts, sowenig man über Tugend auch sprechen mag.

Ich glaube, um zur Predigt zurückzukommen, daß Geduld, Liebe – vor allem die praktizierte – für alle Menschen gültig sind. Liebe zu Gott ist für religiöse Menschen eine Selbstverständlichkeit. Aber mit dem Wort „Demut" kann ich wenig anfangen. Es hört sich an nach Unterwürfigkeit, „Radfahren" bei anderen, vor jedem vermeintlich Höhergestellten eine Verneigung machen oder „katzbuckeln". Demut ist „out", für die moderne Zeit nicht mehr gut nachvollziehbar.

Ich höre dem Pater Bordoni weiter zu, wenn er in seiner Predigt fortfährt: „Ey! merket es doch einmal, meine Zuhörer! Der Trost im Tode muß nicht von der Zahl der Jahre herkommen, die man gelebet, sondern von der Zahl der Tugenden, die man sich erworben hat: das lange Leben wird uns in jener letzten Stunde nicht im geringsten helfen; das gute Leben allein wird uns alsdann ersprießlich seyn. Es ist nichts anderes, meine Zuhörer!"[8]

Ganz eins mit dem Prediger bin ich auch nicht. Auf der einen Seite hat er ja recht. War es nämlich ein schlechtes Leben, das jemand führte, so nutzen ihm lange Lebensjahre nichts, wenn das Ende naht. War es ein gutes und im Sinne des Predigers tugendhaftes Leben, dann ist es am Ende doch noch „ersprießlich".

Auf der anderen Seite weiß ich heute nicht mehr, wie man sich Tugenden erwerben soll oder kann, wie Pater Bordoni sagt. Sind sie angeboren oder angeeignet oder beides? Werden Tugenden gelehrt, lernt man sie ein langes Leben lang und kann sie auch wieder verlieren? Ich sehe, daß ich noch viel über die Gedanken des Paters zum Thema Tugend nachsinnen muß!

Da der vorgegebene Platz für das Schreiben langsam zu Ende geht, kann ich es mir leichter machen. Ich zitiere aus einer sog. Höllenpredigt von Pater Bordoni. Die wurde gehalten „Auf den dritten Sonntag nach des Herrn Erscheinung". Sie basiert auf dem Satz Mt 8, 12: „Da wird Weinen und Zähneklappern seyn." Die Überschrift der Predigt: „Die Ewigkeit der Peinen."[9]

Diese Predigt hat mich sehr nachdenklich gemacht, und ich hoffe auch diejenigen, die diese Zitate lesen. Ich mildere jedoch die Texte etwas ab und setze sie unter die Überschrift „Bange machen gilt nicht, Pater Joseph Anton Bordoni SJ!" Also:

„Indem ich heute über die aus dem Evangelium angezogene Stelle zu predigen gesonnen, so wünschete ich mir weit andere Zuhörer, als die gegenwärtigen, zu haben; denn wo ich immer einen Blick hinwerfe, da sehe ich nichts als fromme Seelen, gottesfürchtige Seelen, der Andacht gegen den sterbenden Jesus, und dessen schmerzhafte Mutter ergebene Seelen; und ich soll mich erkühnen, diesen nicht weniger das Ohr, als das Gemüth, mit traurigen Vorstellungen zu beunruhigen? O Sünder! wo seyd ihr? warum seyd ihr nicht wenigsten diesen Tag, als an welchem ihr der Schaubühne nicht beywohnen könnet, Anhörer des Evangeliums? Zu euch, um euretwegen redet heute der Erlöser, und verkündiget euch, als ungerathenen Kindern, daß ihr dermaleinst Thränen auf Lustbarkeiten, Peinen auf Wohllüste, Strafen auf Sünden werdet folgen sehen; und was für Thränen! was für Peinen! was für Strafen! Unaufhörliche Thränen, unaufhörliche Peinen, unaufhörliche Strafen: Da wird Weinen und Zähneklappern seyn."[10]

Wenig später fährt der Prediger fort: „Ich zeige euch demnach die Ewigkeit der höllischen Peinen in dem ersten Predigttheile als ein großes Mittel, die Sünde zu erkennen; in dem zweyten einen großen Antrieb, die Sünde abzubüßen, in dem dritten, als eine große Bewegursache, die Sünde zu vermeiden. Ich bitte um Geduld und Aufmerksamkeit."[11] –

Da *ich* keine Geduld und Aufmerksamkeit mehr habe, kehre ich schnell ins Jahr 1996 zurück, schlage das Buch zu und stelle es ins Bücherregal mit dem Vorsatz, doch gelegentlich wieder hineinzuschauen.

Christa Matenaar
Ehrfurcht vor dem Leben
Eine Predigt[12]

> Wir hören aus 1. Mose 6, wie Gott das gefährdete Leben vor der Zerstörung schützt:
> „Gott sprach zu Noah: Mit dir will ich einen Bund aufrichten: Du sollst in die Arche gehen, und von allen Tieren und Lebewesen sollst du je ein Paar in die Arche führen, um sie bei dir am Leben zu erhalten."
>
> Wir hören Worte aus 1. Mose 8 und 9:
> „Nach der großen Flut redete Gott mit Noah und sprach: gehe aus der Arche und all die Tiere, die bei dir sind, alle Geschöpfe. Ich will hinfort nicht mehr die Erde um der Menschen willen verfluchen. Solange die Erde steht, soll nicht aufhören Saat und Ernte, Frost und Hitze, Sommer und Winter, Tag und Nacht. Ich will einen Bund mit euch aufrichten, daß nie mehr alles Leben soll ausgerottet werden. Und dies ist das Zeichen des Bundes: meinen Regenbogen stelle ich in die Wolken, der soll ein Zeichen sein zwischen mir und der Erde."[13]

Es ist rund 3000 Jahre her. Im Lande Kanaan herrschten chaotische Zustände. Die Hybris des Menschen – seine Überheblichkeit gegenüber Gott, seine krankhafte Gier nach Macht und Besitz, seine unerschöpfliche Genußsucht – überschritt alle Grenzen.

Heute, 3000 Jahre später, sind wir von vergleichbaren Zuständen bedroht – allerdings mit einem wesentlichen Unterschied:
Es geht nicht nur um *ein* Land, nicht nur um *ein* Volk – es geht um die *ganze* Erde, die *ganze* Menschheit.

Graphik nach Erna de Vries

Damals wie heute stellt sich die Frage, ob sich der Mensch wie ein natürliches Wesen entwickelt, oder ob er seine Freiheit mißbraucht und die Ehrfurcht vor der Schöpfung, die Achtung vor dem Leben und der Natur und die Liebe zu den Mitmenschen verloren hat.

Vor diesem Hintergrund verstehe ich den Vergleich mit dem biblischen Bild der Arche Noah.

„Ehrfurcht vor dem Leben" – das ist das Zentrum der Theologie und Ethik Albert Schweitzers und gleichzeitig der Titel einer Predigt, die er im Februar 1919 – also nach den Massakern des 1. Weltkriegs – in Straßburg gehalten hat.

Ehrfurcht vor dem Leben – das ist für ihn die Fähigkeit des Mitfühlens und Mitleidens, *die* Fähigkeit, die den Unterschied des Menschen zu den anderen Lebewesen ausmacht.
Albert Schweitzer wörtlich: „Sittlich sind wir, wenn wir ... die Fremdheit gegenüber anderen Wesen ablegen ..."

In einer indischen Geschichte fragt ein Mann einen Weisen, wie er Buddha begegnen könne, obwohl der ja schon längst tot sei. Der Weise sagte: „Geh auf den Markt, da triffst du ihn!" „Aber", sagte da unser Mann, „wie soll ich ihn denn erkennen?" „Sehr einfach", sagte der Weise, „du begegnest ihm in jedem Bettler, jeder Frau, jedem Tier. Der erste Hund, der dir über den Weg läuft, das ist er."

Zwei Gefahren sieht Albert Schweitzer, die unsere Fähigkeit zur Identifikation mit anderen Lebewesen bedrohen:
Die *erste* Gefahr heißt: „Es nützt ja doch alles nichts, was ich tue!" – Angesichts dessen, was auf der Erde geschieht, eine verführerische Stimme – sie meint ja eigentlich: warum alles so ernst nehmen? Nimm's leicht – wie die anderen! Gib auf, es nützt ja doch nichts, werde gedanken- und gefühllos! – Womit ist dieser Gefahr zu begegnen? Mit dem Wissen, daß das, was wir tun können, zwar wirklich wenig ist, aber daß es unser Leben sinnvoll und wertvoll macht. Und das wenige ist viel, wenn es nur von *einem* Wesen Schmerz oder Angst nimmt – sei es ein Mensch oder irgendeine andere Kreatur!

Die *zweite* Gefahr heißt: „So kann doch keiner leben!" Mitfühlen, Mitleiden heißt ja Leiden. Und wer einmal – wie Paulus im Römerbrief sagt – „das Seufzen der Kreatur" erlebt und gehört hat, ist nicht mehr unbefangen. – „Sei doch nicht so empfindlich! Leg dir endlich ein dickeres Fell zu! Amüsiere dich und denk' an nichts!" – Die Antwort auf *diese* Stimmen könnte lauten: Na ja, da ist ja was dran, aber: mit dem Mitleiden ginge ja auch das Mitfreuen verloren! Mit dem Abstumpfen gegen das Leid gibt's keine Freude mehr! Und wer will schon darauf verzichten, sich restlos und von Herzen freuen zu können?

Noah lernt von seinem Gott auf eine sehr drastische Art, daß er *nur* eine Chance hat, wenn er in Respekt vor der Schöpfung *alle* mitnimmt. Heute sind *wir* Noah und beauftragt, das Leben zu schützen – ob es unter Federn, Schuppen, Fell oder unserer glatten Haut klopft!

Ob eine Telefonseelsorge-Gemeinschaft so ein Schiff sein könnte, das wie die Arche Noah dazu beiträgt, in der Überflutung *unserer* Zeit Leben zu schätzen und zu schützen? Ich wäre stolz, mitsegeln zu dürfen! Und drängen sich nicht geradezu Zeichen dafür auf, daß eine Telefonseelsorge eine modernisierte Arche sein könnte?

Denn: – Ist es nicht ganz „arche-typisch", daß wir eine verschwiegene, aufeinander angewiesene Gesellschaft sind, allen Wettern des Lebens ausgesetzt, auf der Suche nach Hoffnungszeichen?

Und ist es nicht ganz einfach, das Symbol der Taube auf uns zu übertragen? Was für Noah die Taube, ist für uns das Telefon! Auch wir senden Signale an ein unbekanntes, nicht zu lokalisierendes Gegenüber aus!

Und – ein weiterer Hinweis – bekommen nicht auch wir Ölzweige zurückgebracht? Lebenszeichen, manchmal eingewickelt in Klagen, Vorwürfe, Manipulationen, oft in Tränen? Und uns treibt's ja auch in manchen Lebenssituationen die Tränen in die Augen – vor Lachen, vor Schmerz, vor Trauer, vor Zorn, vor Rührung. – Überhaupt: Tränen – gerade sie weisen ebenfalls auf die Geschichte von Noah und vom Regenbogen hin: ohne Tränen in den Augen gibt es nämlich keinen Regenbogen in der Seele! Den Regenbogen am Himmel könnten wir dann als Projektion, als Spiegelung dieses seelischen Regenbogens in uns verstehen – damit wir immer wieder daran erinnert werden, daß alle Lebewesen, ob Steine, ob Pflanzen, Tiere oder Menschen so wie wir das göttliche JA in sich tragen.

Marianne Willemsen
Die schöne Judit und Holofernes der Starke

Wer kennt sie schon – Judit, die reiche Witwe, und Holofernes, den mächtigen Feldherrn? Versteckt zwischen den (Heils-)Geschichten der Bücher Tobit und Ester, fristen sie im Alten Testament ein weitgehend unbekanntes Dasein. Auch mir war das Buch Judit weitgehend unbekannt, bis ich zusammen mit einem Kollegen auf die schillernde und „kopflose" Geschichte der Judit stieß, die diesem Buch des AT den Namen gab.

„Verlustgewinne" – Wachstumsprozesse in Beziehungen, so nannten wir die gemeinsame Projektreihe der Referate Frauen- und Familienarbeit, die sich mit der Bedeutung biblischer Paarkonstellationen für Frauen bzw. Männer in Beziehungen heute auseinandersetzen sollte. **Verlust–Gewinne** schien es auch in der Geschichte des Buches Judit reichlich zu geben: Gewann sie doch für ihr Volk die Freiheit, während Holofernes den Kopf verlor.

Die recht grausame Rolle, die der Witwe Judit in dieser Geschichte zufällt, wurde dabei von vielen Workshop-TeilnehmerInnen schon beim ersten Lesen als „unweiblich, gewalttätig und schlimm" erlebt. Und damit befanden sie sich in guter Gesellschaft wesentlich älterer Zeitgenossen wie beispielsweise Gustav Klimt, der zu Beginn des 20. Jahrhunderts schreibt: „Das sinnliche Hingegebensein der Dargestellten – wie betäubt nach dem Liebesakt – zeigt ausdrücklich ihre bestialische, mörderische Lust ..."[14]

Dennoch wendet Judit hier keine andere Strategie an als Jahwe selbst beim Exodus des Volkes Israel aus Ägypten oder als König David gegenüber dem Riesen Goliath. Die von vielen Frauen und Männern vollzogene Verurteilung dieser Strategie folgert aus ihrem absolut unkonventionellen Rollenverhalten: „Eine Frau tut so etwas nicht" – während Männer bis heute Kriege führen, bei denen die Anzahl der Köpfe, die dort rollen, längst nicht mehr mit dem Kopf des Holofernes aufzuwiegen sind. Aber: „Das ist etwas anderes", oder besser: Es entspricht eher dem Wertesystem, in dem Männer und Frauen erzogen sind und das die gesellschaftliche Rollenverteilung prägt: Selbstbehauptung, Durchsetzungsvermögen, Ellbogen-

Lukas Cranach d. Ä., um 1531, Judit mit dem Haupt des Holofernes

technik, Leistung und Erfolg für die Männer, Anpassung, Bescheidenheit, Demut, Schönheit, Harmonie und Häuslichkeit für die Frauen.

Ich versuche, Judits Geschichte als eine Legende zu begreifen, in der der Schreiber des Buches von nichts anderem als von Gottes Heilshandeln durch diese Frau berichten will. Und natürlich kann dies nur auf dem Hintergrund der damaligen gesellschaftlichen Verhältnisse, d. h. dem Eroberungsfeldzug des Nebukadnezar durch seinen Feldherrn Holofernes geschehen – die Zeiten waren eben so.

Es ist Judit, die als einzige den Mut hatte, neue Wege zu gehen, mitten im Belagerungszustand, mitten in Bedrängnis und Todesgefahr, in einer Situation, in der das alte Werte-Orientierungssystem des Volkes Israel zusammenzubrechen droht. Sie ergreift die Initiative und geht selbst hinunter ins Lager des Holofernes; sie ist es, die eine klare Strategie entwirft, um die aktuelle Krise zu überwinden.

Sie ist es, die nicht abwartend und voller Angst die Hände in den Schoß legt und sich dem Ratschluß der Ältesten beugt, sondern voller Gottvertrauen ihren eigenen Ideen traut. Und Judit hat Glück. Die Situation ist so aussichtslos, daß der Rat der Ältesten sogar bereit ist, dem Vorschlag einer Frau, die damals weder öffentliches Zeugnisrecht hatte noch führende Positionen in der Öffentlichkeit bekleiden konnte, zu folgen.

Es war eben damals auch nicht wesentlich anders als heute, wo der Vorschlag einer Frau in einer politischen Situation von solcher Tragweite allenfalls dann gehört und verfolgt wird, wenn alle offiziellen und scheinbar qualifizierteren Strategien am Ende sind. Und in einer so ausweglosen Situation scheint es schließlich egal, auf welchem Wege etwas geschieht!

Wenn eine „Frau" allerdings auf ihre Weise die Situation gemeistert und das Problem bewältigt hat, dann wird dies in den seltensten Fällen positiv bewertet: Wo kämen wir denn da hin? Schließlich würden Frauen im Überschwang ihres Selbstbewußtseins nicht nur die Hälfte des Himmels, sondern auch noch die Hälfte der Freiheit und des Mitbestimmungsrechtes auf der Erde wollen! Und vielleicht würde die ganze Männerherrlichkeit in Familie, Beruf und Politik zusammenbrechen, und einige Männer würden sich schließlich sogar bei der Mithilfe im Haushalt wiederfinden, während ihre Frauen irgendwelchen anderen Interessen oder Ämtern in Gemeinde und Politik nachgingen – vielleicht ihre wohlverdiente Freiheit genössen!

Immer noch sind es Männer, die das „richtige" Frauenbild prägen, die die Vorteile und die Macht genießen, aber es sind Frauen, die diese Frauenbilder als Leitbilder übernehmen und sich brav in sie hineinfügen, aus Angst, vor anderen und sich selbst nicht bestehen zu können.

Judit – Eine Frau, die aus der Rolle fällt

Die Bibel entwirft ein anderes Bild von Judit, als es uns von vielen Zeitgenossen vorgegaukelt wird. Sie stellt es in den Kontext der Heilsgeschichte. Das heißt, sie gibt Zeugnis von Judits mutiger Tat, von ihrem gläubigen Gottvertrauen und ihrem heilsgeschichtlichen Erfolg. Eine Frau als Trägerin der Verheißungsgeschichte, eine Frau, die im gläubigen Gottvertrauen die traditionelle Frauenrolle sprengt und mit den ihr eigenen Mitteln politische Verantwortung übernimmt, um der Verheißung Gottes auf Erden Gerechtigkeit zu verschaffen.

Schon hier bewahrheitet sich, was Jahrhunderte später der Apostel Paulus zum Ausdruck bringen wird: „Jetzt gilt nicht mehr Jude noch Grieche, nicht mehr Sklave noch Freier, nicht mehr Mann und nicht mehr Frau, denn alle sind eins in Christus." (Gal 3, 28)[15]

Und ebenfalls bewahrheitet sich hier, was viele Frauen des Neuen Testamentes im gläubigen Gottvertrauen und in der Hoffnung auf das Reich Gottes später erfahren: Die Verheißung von einem Land, in dem Milch und Honig fließen, vom Reich Gottes als einem neuen Himmel und einer neuen Erde, in denen Gerechtigkeit wohnt (Offb 21, 2-8), sprengt die menschlichen Machtverhältnisse, sprengt die Aufteilung der Gesellschaft in Arme und Reiche, in (Männer-)Macht und (Frauen-)Ohnmacht. Die Verheißung Jahwes sprengt die Rollenklischees unserer Gesellschaft und eröffnet Freiheit und Verantwortung, Selbstverwirklichung und Gemeinschaft für alle in gleicher Weise.

Gläubiges Handeln zeichnet sich dadurch aus, daß es der Würde der guten Schöpfung Gottes und der Menschwerdung des Menschen dient.

Judit stellt die Rollenverhältnisse auf den Kopf, und ich frage mich, ob das der Grund ist, weshalb bisher so wenig von ihr zu hören und zu lesen war. Immerhin hat man ihre Erzählung bei der Zusammenstellung des Alten Testamentes noch ausdrücklich mit dem heilsgeschichtlichen Eingreifen Jahwes in Verbindung gebracht, denn sonst wäre das Buch Judit gar nicht erst in den Kanon aufgenommen worden. Jahwe selbst wurde also schon damals keineswegs als der Initiator der gesellschaftlichen Rollenverteilung und diese auch nicht als „von Gottes Gnaden gegeben" angesehen.

In Judits Geschichte wird auch für mich ein Hauch von der unendlichen Weite und Freiheit Gottes spürbar, der meinen Glauben zum Leben befreit und meiner Initiative Beine macht. Und ich beginne, die unerhörte Tragweite zu ahnen, die sich mit der Verheißungsgeschichte des Buches Judit verbindet: Größe und Ehre des Schöpfergottes spiegeln sich in der Schönheit und Anmut einer Frau wider, die nun einmal nicht – wie so oft in den biblischen Schriften – als Sünderin, Verführerin oder Heilsbedürftige, sondern als Trägerin des Heils ausgewiesen ist!

Eine Frau als Ebenbild Gottes und gläubige Führerin des Volkes Israel! Eine Frau, deren Frausein und deren Weiblichkeit zum Segen werden. Es scheint fast, als gäbe es in dieser Verheißungsgeschichte eine immanente Botschaft, die uns mahnt, die Rollen zu sprengen und die Übermacht patriarchaler, mächtiger und männlicher Strukturen, die in dieser Geschichte durch Holofernes verkörpert sind, durch gläubiges Gottvertrauen, Klugheit, Sinnlichkeit, Freiheit und Verantwortlichkeit der Judit zu ergänzen.

Die Erzählung des Buches Judit weist dabei einen ersten Schritt aus der Enge ungerechter Rollen- und Machtstrukturen, die verhindern, daß christlicher Glaube als die liebende Nähe Gottes, als heilige Begeisterung, als Freiheit und Solidarität erfahrbar wird. Das abgeschlagene Haupt des Holofernes erscheint als das Ende patriarchaler, aggressiver und expansiver Unrechtsstrukturen, als ein Symbol für Ganzheitlichkeit, Frieden und Solidarität unter den Menschen verschiedener Kulturen und verschiedenen Geschlechts, unterschiedlicher politischer Auffassungen und Fähigkeiten.

Wilhelm Willms
Vorspann zur Ökumene heutzutage

Es ist zum weinen nicht
zum lachen für jesus von nazaret
über das erstegeigespielenwollen
unter sogenannten glaubens-
brüdern.
in einem gelungenen konzert
das alle mitspielenden e r f r e u t
und gerade in der freude eins
werden läßt
hat doch jedes instrument ob geige
oder flöte, jede stimme ihren
einmaligen einzigartigen part ...
und geht so in seiner ganzen
würde in einem kosmos der stimmen
auf

DA SITZEN WIR HEUTE UND HEUTZUTAGE
getrennt an zwei verschiedenen
geschiedenen tischen und geben vor
abendmahl eucharistie
zu feiern
ja abendmahl die einen
da k a n n jesus doch kaum –
nach seinem blutigernsten verständnis –
bis in den tod
mitmachen können
als real präsenter mit leib und
seele

o jesus
im luftleeren raum
da ist kein tisch woran realpräsente
sitzen oder liegen

denn so gespalten
können nur welche mit dir in der
mitte gespaltene
also schizophrene sein

komm aufs neue du heiland der
ganzen welt
gib dich aufs neue als unwider-
stehliches medikament bis aufs blut

dann
fällt das ökumenischfeiern weg
so wie am anfang
alle an einem tisch
alle in einem weltweiten raum

12. juni 1994
heinsberg burgberg
als campo santo

Wilhelm Willms
oekumenelied

der sämann
ist die saat
das wort
ist auch
die tat

der geber
ist die gabe
das brot und auch
der wein

wie kann es anders
s e i n

wer sich ver-gibt
und sich ver-schenkt
in brot und wein
bleibt nie
allein

wie kann es anders
s e i n
wer sich so selbst ver-
gißt
wird un-
vergeßlich
bleiben

s o wird es sein

es kann nicht
anders
s e i n

Wilhelm Willms
ANSPRACHE ALS ZUSPRUCH
mit biblischen beweggründen
zum ökumenischen zusammenfinden
auf dem heinsberger burgberg
am 12. juni 1994

Unsere burgbergplattform als freilicht-
bühne will nun heute der ort sein
an dem eine biblische erzählung
nach johannes dem evangelisten
ereignis wird ...
bei dem w i r als nicht nur zuschauer
und zuhörer die mitspieler sind

unser leben ist ein spiel ...
da wir mit leib und seele uns ins spiel
bringen ... und da ist auch gott im spiel

und nun: wer innere augen hat zu sehen
der sehe
und wer intakte ohren hat
der höre:
EINE DENKWÜRDIGE LEBENVOLLE BRUNNEN-
ERZÄHLUNG

an biblischen brunnen geschah
häufig denkwürdiges
bahnbrechend-umwerfendes erneuerndes

nun da kommt jesus von nazaret
als der überlandziehende menschenfreundliche nun aber
von der hitze des tages ermüdete

ER kommt an den uralten jakobsbrunnen
und er läßt sich auf dem steinernen
brunnenrand nieder

damals wie heute gibt es für
diesen menschensohn jesus von nazaret
unverständlich
streit und spaltung in dem ihm so
hochheiligen land und volk gottes:
hier in samaria gibt es das sich-nicht-
riechenkönnen von juden und samaritern

n u n sitzt er hier und – ist es zufall –
da kommt eine samariterin mit einem krug
zum brunnen um wasser zu schöpfen
so wie alltäglich ...

jesus schaut auf und er – o wunder –
als jude und dazu noch als mann
spricht ... die samariterin an ... durchbricht
eine gesetzesschranke – – – und sagt:
frau ... gib mir zu trinken!

„OH" sagt die jüdische dichterin nelly
sachs von weitem zuschauend: „EURE
BRUNNEN SIND EURE TAGEBÜCHER ... eure
bibeltagebücher das sind eure so
tiefen reinen brunnen
und wie sehr dies bis heute wahr ist
wird sich nun hier vor ort
ereignen
hier auf der höhe der zeit auf dem
heinsberger burgberg
denn wenn wir
ganz hier geistesgegenwärtig sind
dann ist jesus von nazaret
in uns auch ganz gegenwärtig als
der stets lebende lebendige

wir hörten es – – – der jude als mann
und mensch bittet diese samariterin als
frau
um einen schluck durststillenden wassers

es geht also wesentlich
um winziges
wenn leben als gelebtes leben gelingen
soll –
jesus der weit offene
sieht den menschen
und sagt nichts weiter als:
GIB MIR ZU TRINKEN!

gibt es erfreulicheres als solche
innere größe und freiheit für uns als
freunde dieses menschenfreundlichen
menschen jesus von nazaret (zu sein)!?
mit einem solch weltverwandelnden
handeln
er bittet diese wildfremde frau als samariterin
um einen schluck wasser
ihn stören menschenfeindliche vorschriften
nicht
er geht darüber hinweg fraglos souverän wie
wenn es solche nicht gebe

ist dies für uns heute hier auf dem burgberg
versammelten vorstellbar
schade ... wenn nicht!

SO ABER ... wie wunderbar entfaltet sich
nun ein herzerfrischendes gespräch
wie ein sprühendes frühlingsfeuerwerk in frage
und antwort – – – wobei jesus so liebevoll
selbstverständlich behutsam – ja zärtlich
der samaritischen frau weiten raum
gewährt
aus ihrer abwehrenden verkrampfung heraus-

zugeraten bis in eine jubelnde
zustimmung
nun endlich einem menschen begegnet
zu sein ... nicht einem besitzergreifenden
mann

es zeigt sich und ergibt sich im gespräch
daß s i e fünf männer gehabt haben
soll ... und daß der jetzige mann
nicht i h r mann ist

schon allein daß ein mann eine frau als
s e i n e frau haben kann als besitz wird
als null und nichtig entlarvt

wie jeder besitzanspruch verkehrt ist ...
ist uns doch alles und jedes geschenkt
diese samariterin sind WIR als
kirche und gottesvolk

mit was allem sind wir fremdgehend
verhurt – verkuppelt als wie mit unserem
besitz
selbst zu behaupten wir seien im
besitz der wahrheit ist bodenlos
dumm und dreist

hier ist die arme verlorene samariterin
als gottesvolk an ihren
mann gekommen als mensch
der selbst um einen schluck wasser
bittet als einer der der hilfe
bedarf

hier wird von i h m das begehrliche
des mann-seins auf den kopf gestellt ...
ER ist bei ihr der fremden frau
der dursthabende bittende

und dies so umwerfend beglückend
zu erleben
wird heute hier für uns real präsent zum
ereignis ... wir auf den spuren eines
menschen jesus von nazaret in heinsberg
und wir die frau am jakobsbrunnen
aller zeiten

hier wird in dieser ereignisträchtigen
begegnung für uns eine
f r e i h e i t erlebbar
von himmelweiter weite
die sich nie und nimmer veranstalten
läßt
in solcher begegnung wächst ein raum
der allen menschen guten willens
raum als heimat gewährt

w i r als diese frau als die hier
versammelten zuhörenden mit-singenden
und sagenden
als die gemeinschaft feiernden und
so auch d i e als gefüllte krüge
bis zum überlaufen
werden von hier weg gehen
aus dieser einzigartigen begegnung
jesus und die samariterin

wir werden als erfüllter krug – jeder
auf seine weise – weg-gehen von der höhe
in die alltagsniederungen eines weltlich-
kirchlichen betriebes
und vor freude überlaufen dürfen
und s o einer rundum dürstenden
menschenlandschaft lebendiges frisches
erfrischendes belebendes wasser der
freude sein ... etwas unverhofftes –
ungeahntes ... alle grenzen überschrei-
tendes leben

leibhaftig verkündend
durch ein ganz einfaches fragloses
selbstloses unter-den-anderen-miteinandersein

da fragt keiner mehr ängstlich eng-
stirnig: w i e weit dürfen wir
gehen in oekumenischen gefilden ...
wir als die mit der weisheit auf dem
erdenrund spielenden kinder – – –
uns ist solches fragen befremdlich!

als die samariterin solches
vorsichtig anfragt bei jesus dem
nazarener ... da sagt dieser menschen-
und -gottesfreund:
glaube mir frau – kirche als volk gottes –
es kommt die stunde
und sie ist schon da
da ihr den vater im himmel
weder auf dem heinsberger kirch- oder
burgberg noch an irgendeiner
heiligen stätte anbeten werdet
i h r betet an
was ihr nicht kennt
w i r beten an
was wir kennen und heiß und innig
lieben

es kommt die stunde
und sie ist schon da
wo die wahren anbeter den vater
im geist und in der wahrheit anbeteten
g o t t ist geist –
die i h n anbeten
sollen im geist und in der wahrheit
anbeten
jenseits aller fragwürdigen vorschriften – – – und d i e von wem!

ja jetzt hier heute im geist und
in der wahrheit hier da sein –
das ist geboten
und so in großer freiheit dies tun
oder lassen was die stunde
geschlagen hat

ist das denn heutzutage so
daß jesus sich entschuldigen muß dafür
was er vom geist getrieben angestiftet
hat ...
feuer auf die erde zu bringen
hier vor ort
und was will er anders als
daß es brenne ...
er selbst ist das feuer – wahrlich nicht –
geheuer für vorsichtig-enge-ängstli-
che zeitgenossen

gewiß hat er sich die finger und
den mund verbrannt und wurde von
ungeistigen totgeschwiegen ... weg-
geräumt unter die erde gebracht
nun – – – daß er der aufständische und
auferstandene ist
haben viele ordnungshüter bis heutezu
nicht wahrgenommen
tote sind ja auch leichter
zu handhaben und zu verwalten

JESUS I.R. oder
INRI
egal wie verschwiegen er wird ...
er – der menschenfreundliche
gute hirt
ER LEBT – IST AUFERSTANDEN
der immer noch auferstehende auferstandene
auch heute sonntagvormittag hier heute
nicht nur

von zehnuhrfünfzehn bis elfuhr-
dreißig
nein – – – wir sagten es schon:
WER WEIß WIE LANG
müssen sich heute oekumenisch gesinnte
dafür entschuldigen: für sogenannte
gestörte ordnung

o gott
säuseln wind und stürme
um die babeltürme
ja – so ist es

beten und singen wir gegen
alles ungeistige an
wer da der erde ganz nahe ist
ist dem himmel am nächsten

jesus als pilger zwischen zwei welten
auf engstem raum
bittet eine frau um einen schluck
wasser
GIB MIR ZU TRINKEN!

und aus diesem begegnungsaugenblick
wird der springende punkt
als zündender überspringender
funke ...
hoffen wir
daß so ein sonntäglicher burgmorgen als
unvergeßlich zündet ...
und jenen geist der freiheit und
offenheit entfacht
der um sich greife als feuer das
frühlingsleben-lebensraum
ohne ängstliche enge
die so risikoreiches fruchtbares
leben nicht auf sich zu nehmen
wagt

wer aber auf den himmel hin
zu leben wagt
wird eine neue erde
als muttererde gewinnen

noch sind wir nicht
ü b e r den berg

habt mut!
ich meine: demut als mut
zu dienen

Maximilian Wolters
Ein Mann mit Vergangenheit
Gedanken zum Nach-denken zu Exodus 3, 14

Er war ein Mann mit Vergangenheit. Aber darüber wollen wir nicht reden, denn längst ist Gras über die Sache gewachsen. Er war alt geworden mit seiner Frau, die ihm damals über manches hinweggeholfen hatte und die ihm auch jetzt noch treu zur Seite stand. Er ging seiner Arbeit nach und versuchte, möglichst nicht an seine Jugendzeit zu denken. Es gab ja genug anderes, worüber man nachdenken und womit man sich beschäftigen konnte.

Das Gras der Steppe, auf das er seine Herden getrieben hatte, deckte manches zu: manche Wunde, manchen Ärger, manchen Schmerz – auch seine Vergangenheit. Dabei hatte er eine schöne Kindheit verlebt. Eine außerordentlich schöne Kindheit. Zumindest gemessen an seinen Alters- und Stammesgenossen, soweit sie überhaupt noch lebten. Ein richtiger Königssohn war er gewesen. Wenn auch nicht aus königlichem Geschlecht, war er doch am Königshof erzogen. Zunächst als Kleinkind verwöhnt und verhätschelt, hatte er Kindermädchen, Spielgefährten und Spielzeug, als noch keiner an solches dachte. Ein verwöhnter, schöner Knabe. Als er größer war, wurde er unterwiesen. Er lernte schreiben und lesen – und was offenbar noch wichtiger war – er lernte die Kriegskunst und die Kunst zu herrschen, zu befehlen, zu regieren.

Aber, wie gesagt: das war lange her. Jetzt hütete er die Herden seines Schwiegervaters, der ihn damals nach seiner Flucht aufgenommen hatte; der ihm seine Frau und der ihm Arbeit gegeben hatte. Der nicht viel gefragt, aber viel mit ihm gesprochen hatte. Der viel Verständnis für ihn aufgebracht hatte. Deswegen wohl hatte er überhaupt überleben können.

Aber, wie gesagt: inzwischen war er alt, und all das war längst vergessen. Zumindest sprach man nie darüber.

Vielleicht hätte man doch darüber reden sollen!
Vielleicht sollte man darüber reden!
Vielleicht müßte man darüber reden!

Denn seinen Stammesbrüdern ging es immer noch nicht besser als damals. Immer noch wurden sie wie Sklaven, wie Untermenschen behandelt – Arbeitstiere, Fremdarbeiter, Ausländer. Sie waren billige, gute Arbeitskräfte, sonst hätte man sie wahrscheinlich längst aus dem Land geworfen. Sie waren nur geduldet und mußten sich viel Schmach, viele Schläge, viel Verachtung gefallen lassen. Gefangene waren sie, seine Stammesbrüder, Gefangene in dem Land, in dem er als Königssohn aufgewachsen war.

Das alles ging ihm schon manchmal durch den Kopf, diesem Mann mit Vergangenheit. Eines Tages ging er über die Steppe hinaus und kam auf einen Berg. Dort sah er einen Dornbusch, der brannte, aber nicht verbrannte. Das rührte ihn an. Er ging näher heran, um sich das Schauspiel anzusehen. Ja, es interessierte ihn. Das war sowie mit seiner Vergangenheit, die immer wieder aufloderte in ihm. Die brannte wie Feuer, aber verbrannte nicht. Kein verzehrendes Feuer, das Platz schafft für neues Leben, sondern ein glimmendes, schwelendes und nagendes Feuer, das sich ausbreiten will und das nicht zur Ruhe kommt.

Ja, ich will hingehen und es anschauen.
Ich will endlich den Mut aufbringen.
Ich will meine Schuhe ausziehen.
Ich will mich hier niederlassen.
Ich will aussteigen aus dem Alltag. Aussteigen aus dem Spiel, das ich mir selbst und anderen vorgemacht habe.
Ich will mich dem Feuer stellen, das in mir brennt.

Ja, das wird heilsam sein! Der Ort, an den du dich jetzt begibst, ist heilender, heiliger Boden! Lauf nicht länger davon! Nutze den Boden nicht als Fluchtweg, sondern laß dich ganz auf den Boden ein! Der Boden trägt dich!

Der Mann ist jetzt stark. Woher kommt ihm diese Kraft? Er kann sich tatsächlich niederlassen, sein Angesicht zu Boden werfen, sich Zeit nehmen.

Im Spiegel des Dornbusches, der brennt und nicht verbrennt, kann er sich selbst so ansehen, wie er wirklich ist, sogar den Mord, den er begangen hat, kann er sich eingestehen.

Hatte er nicht in guter Absicht gehandelt? Hatte er nicht sein Volk aus der Knechtschaft befreien wollen?

Hatte er nicht gespürt, daß das seine Brüder waren, die da zur Fronarbeit herangezogen wurden?

Hatte er nicht gespürt, nicht gewußt, daß er nicht der Königssohn war, sondern eigentlich zu denen gehörte, die da ausgebeutet, geschlagen, geschunden wurden?

Es war Unrecht, wie Menschen dort behandelt wurden, und er mußte einfach dazwischen gehen. Er wollte das Unrecht bestrafen.
Am liebsten hätte er dem Ganzen ein Ende gesetzt, und dieser Mord hätte vielleicht nur der Anfang sein können. Einen Aufstand hätte er planen sollen.
Aber nein! Die eine Gewalttat war schon zuviel. Sie hatte ihn zur Flucht veranlaßt. Gewalt, das ist nicht der Weg.

Ich sollte auf anständige Weise mein Volk befreien!
Ich sollte mich zu meinem Volk bekennen!
Ich sollte zum Führer meines Volkes werden, denn das habe ich gelernt!
Ich bin der einzige aus unserem Stamm, der am Königshof erzogen worden ist!
Ich bin der einzige, der das Land kennt!
Ich bin der einzige, der herrschen und regieren und führen gelernt hat!
Ich sollte hingehen und mein Volk befreien und es hinausführen aus der Sklavenschaft!

Ja, deine Vergangenheit wird dir zugute kommen!
Wenn jemand verhandeln kann, wenn jemand die Verhältnisse kennt, wenn jemand in der Lage ist zu führen, dann bist es du!

Ja, ich habe das Elend, die Schläge und die Schreie dieser unterdrückten Menschen gehört. Ich höre sie immer noch. Ich muß gehen, um mein Volk zu befreien!
Aber wer bin ich denn?

Du bist Mose! Du bist nicht allein!
Ich bin bei dir! Ich bin da!

Das kann man so einfach denken. Das kann man so einfach sagen. Aber wer glaubt einem denn?

Sag nicht man! Sag ICH! Ich bin da! Ich war da, als du geboren wurdest, ins Leben kamst! Ich war da, als du gerettet wurdest am Ufer des Nils! Ich war da, als dir eine außergewöhnliche Erziehung zuteil wurde! Ich war da, als deine Leiden immer größer wurden! Die Leiden darüber, daß deine Stammesbrüder geschlagen und unterdrückt wurden! Aber dann wolltest du plötzlich alles allein machen!
Gut, du warst erwachsen geworden, du wolltest deinen eigenen Weg gehen! Aber dein Weg wurde dann zum Fluchtweg, weil es dein Weg und nicht mehr mein Weg war! Jetzt bist du nicht mehr auf der Flucht! Du bist zu dir selbst und damit zu mir zurückgekehrt!

Wer bist du?
Wer spricht zu mir aus dem Dornbusch, der in mir brennt und nicht verbrennt?
Wer spricht da zu mir aus der Vergangenheit?
Wie ist dein Name?
Was soll ich meinen Schwestern und Brüdern sagen, wenn ich zu ihnen komme?

Sag ihnen: ICH BIN DA – der Gott eurer Väter, der Gott Abrahams, der Gott Isaaks und der Gott Jakobs hat mich zu euch gesandt! Ich bin da und werde euch aus der Knechtschaft Ägyptens befreien und euch in ein Land führen, das von Milch und Honig fließt!

Aber da ist doch noch der Pharao. Was soll ich ihm sagen?
Wer bin ich denn, daß ich zum Pharao gehen könnte, um mein Volk zu befreien?
Ich kann nicht reden. Ich bin keiner, der gut reden kann.
Ich werde weder das Volk noch den Pharao überreden noch überzeugen können.

Wieder ein Fluchtversuch! So wirst du deine Vergangenheit nicht los! So kannst du mit deiner Vergangenheit nicht fertigwerden! Das Feuer wird weiter in dir brennen! Laß es doch zum heilenden Feuer werden! Jetzt bist du entflammt für eine neue Idee! Für die Idee der Befreiung! Lösch das Feuer nicht wieder aus, daß es nur glimmt, daß es nur brennt, aber nicht verbrennt!

Ja, ich denke an Aaron, meinen Bruder. Der kann reden. Er könnte mit dem Pharao verhandeln. Er könnte auch zum Volk sprechen. Wenn man ihn überreden könnte ...

Sag nicht man! Sag ICH! Überzeuge deinen Bruder Aaron! Steh mit deiner ganzen Person ein für das, was du sagst! Sag, ICH bin da! Und du wirst für deinen Bruder Aaron Gott sein![16] **Ihr werdet gemeinsam das Volk aus Ägypten herausführen, und die Vergangenheit wird wirklich Vergangenheit sein!**
Weil du nicht geflohen bist vor deiner Vergangenheit, sondern weil du dich ihr gestellt hast, bist du dir selbst und damit mir begegnet! Das wird dir die Kraft geben; denn ich bin immer bei dir mit meiner Kraft, wenn du dich auf dich selbst und auf mich einläßt!
Ich habe dich geschaffen nach meinem Bild. Ich bin nicht nur in deiner Vergangenheit. Ich bin der Ursprung, dein Ursprung, der Ursprung der Welt – über die soviel Gras gewachsen ist.

Anmerkungen

[1] Die Übersetzung des Deutero-Jesaja-Zitates stammt vom Verfasser. Vgl. zum Deutero-Jes (aktuell): „Bibel heute". Zeitschrift des Kath. Bibelwerkes e.V., Stuttgart. Heft Nr. 123/3. Quartal 1995, „Krise als Chance".

[2] Vgl. dazu Sir 5, 11; Jak 1, 19.

[3] Das Zitat von Bischof Klaus Hemmerle ist entnommen aus: „Das ist mir heilig", Ausstellung Heiligtümer Jugendlicher, 2.-21.9.86, anläßlich der Aachener Heiligtumsfahrt 1986 und des 89. Deutschen Katholikentages vom 10.-14.9.86 in Aachen, Hg.: BDKJ im Bistum Aachen und Abt. für Kirchliche Jugendarbeit ..., Verlag Haus Altenberg, S. 5 (Geleitwort).

[4] Vgl. zu dieser Jugendaktion unter Anm. 3.

[5] Vgl. Lk 15, 11-32. „Man hat dieses Gleichnis Jesu das Evangelium im Evangelium genannt, weil es den Kern der Frohen Botschaft in einer einzigen Geschichte erzählt." (Bischof Wilhelm Kempf). Vgl. dazu auch: „Jakobs Versöhnung mit Esau" (Gen 33, 1-16)!

[6] Paul Reding, geb. 1939 in Castrop-Rauxel, lebt in Waltrop. Seine Arbeitsthemen: Umwelt, Alltag, Mensch (kritischer Realismus). Seine Arbeitsgebiete: Holzschnitte, Ölbilder, Zeichnungen, Glasfenster, Bronzeplastiken, Skulpturen, Radierungen, Illustrationen zahlreicher Bücher. Vgl. dazu u. a.: Paul Reding, „nebenan ist jericho, text und bild", Kevelaer 1976. Darin ist auch der in diesem „EinLeseBuch" abgebildete Holzschnitt veröffentlicht; dort unter dem Titel „Rückkehr".

[7] Joseph Anton Bordoni SJ, Titel im Beitrag erwähnt, dort S. 8.

[8] Bordoni, a.a.O., S. 8 f.

[9] Bordoni, a.a.O., S. 193 ff.

[10] Bordoni, a.a.O., S.193 f.

[11] Bordoni, a.a.O., S. 195.

[12] Für die Predigt verwendete Literatur: Rudolf L. Schreiber (Hg.), „Arche Noah 2000", Gütersloh, 4. Auflage 1984; Albert Schweitzer, „Ehrfurcht vor dem Leben – Grundtexte aus fünf Jahrzehnten", hg. von Hans Walter Bähr, München, 4. Auflage 1984.

[13] Die Übersetzung von 1. Mose 6 und 1. Mose 8 und 9: „Die Heilige Schrift des Alten und des Neuen Testaments" (Zürcher Bibel), Verlag der Zürcher Bibel, Zürich 1978.

[14] Jane Kallir, „Gustav Klimt: 25 Meisterwerke", Salzburg 1989, S. 16.

[15] Die Übersetzung von Gal 3, 28: „Die Heilige Schrift des Alten und Neuen Bundes", vollständige Ausgabe ... von Prof. Dr. Vinzenz Hamp ..., Aschaffenburg 1966.

[16] Vgl. Ex 4, 16.

LEBEN HAT VIELE SEITEN …

Hermann-Josef Beckers
Trend „Religion"
Überlegungen zu drei Titelgrafiken von Helmut Kehr

In unserer Zeit ist eine merkwürdige, in sich gegenläufige Entwicklung zu beobachten: Einerseits werden die Kirchen immer leerer, andererseits zeigt sich ein Anwachsen neuer religiöser Bewegungen. Zwei Bilder sollen dabei helfen, dieser Entwicklung nachzuspüren. Es sind die Titelgrafiken der beiden Arbeitshilfen „Neue Kultbewegungen und Weltanschauungsszene", die das Bistum Aachen herausgegeben hat.[1]

Als ich vor etlichen Jahren mit der intensiveren Beobachtung der Weltanschauungsszene begann, stellte sie sich für mich etwa so dar wie in dem ersten Bild:

Die kirchlich-religiöse Welt schien weitgehend heil. Die Kirche hatte Bodenhaftung, und der Regenbogen symbolisierte gewissermaßen die Zusage, daß die Pforten der Hölle sie nicht überwältigen würden. Die Kirche und – mutatis mutandis – die anderen großen Weltreligionen erschienen als **die** Heilswege, die sich irgendwie zu **dem** Weg zu vereinigen schienen. Ich erlebte die Beobachtung der religiösen Szene gewissermaßen als eine – spannende und manchmal aufregende – Expedition in fremde Welten. In der eigenen christlichen Tradition sicher beheimatet, sammelte man erste Erfahrungen in der Auseinandersetzung mit christlichen Sondergemeinschaften, die Versatzstücke der biblischen Lehre absolut setzten oder mit eigenen Offenbarungen anreicherten. Es waren, um im Bild zu bleiben, zunächst Exkursionen entlang der sicheren – oder sichergeglaubten – Küste des eigenen Kontinents (dessen Inneres nicht einmal ganz erforscht – geschweige denn in all seinen Facetten und Reichtümern bekannt war). Erst nach und nach wurden auch andere religiöse Welten in den Blick genommen. Der indische Subkontinent war eines der wichtigsten Ziele. Bei dieser Reise nach Osten mußte man sich nicht mal auf den Weg machen. Die Gurus machten sich ihrerseits auf den Weg nach Westen.

Andere Expeditionen führten zurück in die eigene heidnische Vorgeschichte. Dabei zeigte sich, daß sich unter der christentümlichen

Oberfläche viele alte, längst vergessen geglaubte Traditionen erhalten hatten. Ein anderes Mal standen die indianischen Schamanen im Mittelpunkt des Interesses, nachdem die „Lehren des Don Juan" von Carlos Castaneda einem breiten Publikum den Blick für diese Welten erschlossen hatten. Mit einigem Erschrecken sahen wir, was geschieht, wenn der Konsum psychotroper Drogen, aus dem rituellen Kontext gelöst, den Weg in eine selbstgemachte Unendlichkeit erschließen soll. Andere Forschungsreisen führten in die zuweilen abstrus erscheinenden Welten esoterischer Geheimtraditionen mit ihren merkwürdigen Ritualen; wieder andere zu astrologischen und okkulten Erkenntnisquellen. Es waren, wie gesagt, spannende Ausflüge; aufs Ganze gesehen, schien die religiöse Welt aber eine heile Welt zu sein.

Erst sehr, sehr langsam kam die Erkenntnis, daß diese andersartigen Deutungssysteme für den christlichen Glauben eine ernste Konkurrenz sein könnten. Die wesentlichere Infragestellung schien nicht in anderen religiösen Entwürfen zu liegen, sondern in der vordergründig diesseitigen Konsumorientierung der meisten Menschen in unserer Gesellschaft. Die Kirche blieb – wie in unserem Bild – im Dorf, und die Stadt erschien als „Stadt ohne Gott", die sich erst nach und nach als „Stadt der vielen Götter" entpuppte.

Das zweite Bild[2] – gut zwei Jahre später entstanden als das erste – zeigt einige wesentliche Veränderungen. Eine – vielleicht die wichtigste – fällt manchem erst beim zweiten Hinschauen auf: beim zweiten Bild handelt es sich um eine Computergrafik; denn **die** Medien unserer Zeit sind die elektronischen Medien. Virtuelle Realitäten der Spiel- und Fantasy-Welten treten an die Stelle der Wirklichkeit. Aber auch die wirkliche religiöse Szene hat sich, wie es scheint, in wenigen Jahren verändert. Sicher ist die Wahrnehmung anders geworden.

Die bislang tragenden Fundamente scheinen zunehmend brüchig, und unser Bild wird von einem großen Spielfeld beherrscht. Die weltanschauliche Auseinandersetzung zwischen den verschiedenen Kultbewegungen und Religionen erweckt den Eindruck eines Spiels, bei dem es um Macht und Einfluß geht.

Auf den ersten Blick gewinnt man den Eindruck, daß dieses Spiel klaren und durchschaubaren Regeln folgt; etwa, daß das entscheidende Kriterium die Plausibilität des Deutungsmusters sei, oder daß

es um einen Zugewinn an Freiheit gehe. Bei näherem Zusehen zeigt sich jedoch, daß derartige Kriterien nicht auszumachen sind. Einander widersprechende religiöse Systeme stehen unverbunden und unvermittelt nebeneinander. Da alle Angebote mit gleichem Recht für sich Gültigkeit beanspruchen, ist es scheinbar gleichgültig, wie sich der einzelne entscheidet. Das Christentum ist auch im „christlichen Abendland", wie es scheint, nicht mehr **die** Religion, sondern **eine** Religion. Mit dieser Gleich-Gültigkeit religiöser Angebote korreliert eine Gleichgültigkeit vieler Menschen diesen Angeboten gegenüber.

Andererseits ist festzustellen, daß sich viele Menschen ihre Weltanschauung gewissermaßen „zurechtbasteln". Dabei werden Elemente aus den unterschiedlichsten religiösen Traditionen miteinander verknüpft und verwoben, so daß eine wirkliche Orientierung immer schwieriger wird. Die Kirchen haben ihre Monopolstellung auf dem Markt der Heilslehren eingebüßt und sind nur noch eine Figur auf dem großen Spielbrett. Ja, es ist nicht einmal erkennbar, wer mit wem zusammen gegen wen spielt. Es ist auch nicht erkennbar, nach welchen Regeln entschieden wird, wer ausgespielt hat. So ist nicht erkennbar, ob die neoarischen Runen an den Rand gedrängt oder ob sie zusammen mit fernöstlich geprägter Esoterik auf dem Vormarsch sind. Steht das Kreuz der Christen wie der König beim Schach nach einer Rochade in einer starken Position, oder ist die beherrschende Figur das achtstrahlige Kreuz der Scientologen? Fällt die Zahl des Tieres durch, oder feiert das große Tier in unseren Tagen seine Auferstehung? Sind Islam und indische Frömmigkeit in unserer Kultur nur Randphänomene, oder sind dies die wirklich entscheidenden Figuren? Bilden die Grundlinien das Fundament, von dem aus agiert werden kann – sind die markierten Positionen vielleicht selber fundamentalistisch?

Wo man zuvor den Eindruck gewinnen konnte, daß sich verschiedene Strömungen im letzten doch ergänzen und befruchten, sind jetzt Querverbindungen nicht mehr erkennbar und wohl auch nicht mehr gefragt. Indem das Spielbrett auf unserem zweiten Bild die brüchig gewordene Welt überlagert, kommt zum Ausdruck, daß dieses „Spiel", trotz seiner Undurchschaubarkeit, offenbar für viele Menschen mehr im Vordergrund ihres Denkens und Suchens steht, als dies die immer leerer werdenden Kirchen zunächst vermuten lassen.

Das dritte Bild – es wurde bisher noch nicht veröffentlicht – läßt die Welt leer und hohl zurück. Der aufwärts gerichtete Pfeil signalisiert eine Hoffnung, und doch ist im Bild selber kein Ziel erkennbar, auf das sich diese Hoffnung richtet. Die verschiedensten Kulte und

Bewegungen führen gleichsam einen „kosmischen Reigen", einen „Tanz ums goldene Kalb" auf.

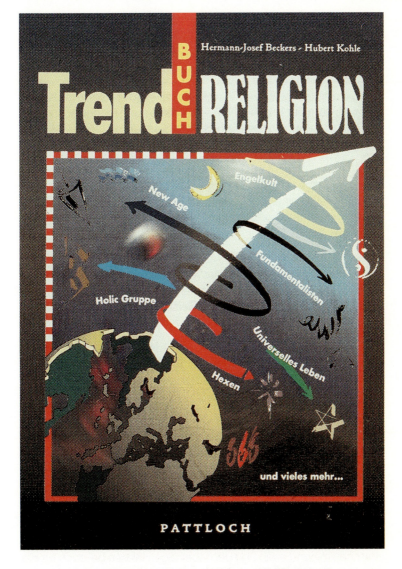

Ist der Weg das Ziel, oder ist das Ziel Religion?

Heinrich Mussinghoff

Der Bund Gottes mit uns Menschen

Auf dem Zion in Jerusalem hüten Benediktiner die Kirche der Entschlafung Mariens. Dormition Abbey bewahrt das Gedächtnis an grundlegende Ereignisse unserer Heilsgeschichte:

- In unmittelbarer Nähe zur Abtei befindet sich das Grab des Königs David, dem der Prophet Natan die Verheißung Gottes ankündigt: „Dein Haus und dein Königtum sollen durch mich auf ewig bestehen bleiben; dein Thron soll auf ewig Bestand haben." (2 Sam 7, 16)

- In unmittelbarer Nähe befindet sich ebenfalls der Abendmahlssaal – heute eine Moschee –, in dem Jesus, der Sohn Davids, den „neuen und ewigen Bund" in der eucharistischen Feier stiftet. (Mk 14, 17 ff. par.)

- Hier dürfte die Stätte sein, wo die zwölf Apostel „zusammen mit den Frauen und mit Maria, der Mutter Jesu, und mit seinen Brüdern ... einmütig im Gebet verharrten" und in dieser Geburtsstunde der Kirche Jesu Gottes Heiligen Geist empfingen. (Apg 1, 14; 2, 1 ff.)

- Hier ist die Stätte, an der nach der Tradition Maria entschlief und in den Himmel aufgenommen wurde als Zeichen unser aller Hoffnung auf die Auferstehung von den Toten und der Verheißung der Seligkeit des Himmels.

Die zentrale Bedeutung dieses Ortes für uns Christen wird symbolisch erfaßbar in dem **Standkreuz** dieser Kirche, das von drei Bünden Gottes mit seinem Volk kündet.

Als erstes Bundeszeichen sehen wir den Regenbogen über dem Kreuz, Zeichen des Bundes Gottes mit seiner ganzen Schöpfung. Nach der großen Flut, die alles Leben auf der Erde vernichtete, aus der Gott nur Noach und die Menschen und Tiere in der Arche rettete, spricht Gott: „Das ist das Zeichen des Bundes, den ich stifte zwischen mir und euch und den lebendigen Wesen bei euch für alle kommenden Generationen: Meinen Bogen setze ich in die Wolken;

Regenbogenkreuz, Dormitio-Abtei, Jerusalem

er soll das Bundeszeichen sein zwischen mir und der Erde ... Das Wasser wird nie wieder zur Flut werden, die alle Wesen aus Fleisch vernichtet ..." (Gen 9, 12-15) Gottes universalistischer Bund gilt allen Menschen und Lebewesen, dafür steht sein Kriegsbogen in den Wolken als Zeichen des Friedens Gottes mit seiner Schöpfung.

Das zweite Bundeszeichen sehen wir in den jeweils in drei Spitzen auslaufenden vier Enden der Kreuzbalken, die in ihrer Zwölfzahl auf die zwölf Stämme Israels verweisen und an Gottes Bund mit seinem Volk erinnern, den er mit Abraham (bes. Gen 15 und 17) und Mose (Ex 19 ff.) schloß. „Ich schließe meinen Bund zwischen mir und dir ..., einen ewigen Bund: Dir und deinen Nachkommen werde ich Gott sein. Dir und deinen Nachkommen gebe ich ganz Kanaan ..." (Gen 17, 7 f.) Am Sinai gibt Gott die zehn Lebensweisungen für sein Volk. „Ihr habt gesehen ..., wie ich euch auf Adlersflügeln ... hierher zu mir gebracht habe. Jetzt aber, wenn ihr auf meine Stimme hört und meinen Bund haltet, werdet ihr unter allen Völkern mein besonderes Eigentum sein ... Ihr sollt mir als ein Reich von Priestern und als ein heiliges Volk gehören ..." (Ex 19, 4-6)

Bundeszeichen sind die Beschneidung und die Bundestafeln. Gott hat seinen Bund mit seinem Volk Israel nie widerrufen. Was immer die Propheten an Bundesbrüchen rügten, Gott ist getreu; er steht zu seinem Bund; er wird ihn erneuern. So künden Jeremia und Ezechiel den „neuen Bund" an: „Ich lege mein Gesetz in sie hinein und schreibe es auf ihr Herz. Ich werde ihr Gott sein, und sie werden mein Volk sein." (Jer 31, 33) „Ich schenke ihnen ein anderes Herz und schenke ihnen einen neuen Geist. Ich nehme das Herz von Stein aus ihrer Brust und gebe ihnen ein Herz von Fleisch, damit sie nach meinen Gesetzen leben und auf meine Rechtsvorschriften achten und sie erfüllen. Sie werden mein Volk sein, und ich werde ihr Gott sein." (Ez 11, 19 f.)

Das dritte Bundeszeichen ist das Kreuz, das an Jesu Leben, Sterben und Auferstehen für uns Menschen und um unseres Heiles willen erinnert. Das Kreuz ist das Zeichen des Christus-Bundes für alle Menschen und Völker, das Jesus selbst uns beim letzten Abendmahl deutet: „Nehmet und esset alle davon: das ist mein Leib, der für euch hingegeben wird ... Das ist der Kelch des Neuen und Ewigen Bundes, mein Blut, das für euch und alle vergossen wird zur Vergebung der Sünden." (Canon der Messe, der die synoptischen und paulinischen Texte und ihre Verweise auf Gesetz und Propheten aufgreift: Mk 14, 22-25 und Mt 26, 26-29 mit Ex 24; Lk 22, 15-20 und 1 Kor 11, 23-26 mit Jes 53) Diesen Bund feiern wir auf Jesu Tod und Auferstehung Getaufte (vgl. Röm 6) in der Eucharistie als „neuen und ewigen Bund." (vgl. 2 Kor 3, 6 u. ö.; Hebr 9, 15)

Das Kreuz der Dormitio-Abtei in Jerusalem verweist uns auf die drei Bundesschlüsse Gottes, die alle drei gültig sind und bleibende Gestalt haben, weil Gott getreu ist, die aber gleichzeitig auf die künftige und erneuerte Gestalt verweisen, auf Frieden (Schalom), Leben und Gemeinschaft, die Gott uns schenkt. Sie enthalten in sich eine prophetisch-eschatologische Verweisstruktur: der **Noach-Bund** verweist durch die Propheten und Paulus auf den endgültigen Schalom Gottes mit seiner Schöpfung (Röm 8); der **Abraham-Mose-Bund** verweist durch die Propheten Jeremia und Ezechiel auf den „neuen und ewigen Bund"; der **Christus-Bund** verweist auf die Erfüllung im Reich Gottes: „Amen, ich sage euch: Ich werde nicht mehr von der Frucht des Weinstocks trinken bis zu dem Tag, an dem ich von neuem davon trinke im Reich Gottes." (Mk 14, 25; Mt 26, 29; Lk 22, 16.18; 1 Kor 11, 26)

Das Kreuz der Dormitio-Abtei läßt uns anschaulich werden, daß die Bundesschlüsse Gottes in ihren verschiedenen Gestalten die Treue Gottes verkündigen und uns Friede, Leben und Gemeinschaft mit Gott schenken und alle in gewisser Vorläufigkeit auf die Erneuerung und Erfüllung im Reich Gottes ausgerichtet sind.

Wir Christen glauben, daß wir in Christus im „neuen und ewigen Bund" Gottes sind; wir Christen leben im Christus-Bund Nachfolge Christi durch Gottes- und Nächstenliebe. (Mk 12, 28 ff. par.) Wir Christen hoffen auf Gottes Reich: „Deinen Tod, o Herr, verkünden wir, und deine Auferstehung preisen wir, bis du kommst in Herrlichkeit." (Canon der Messe)

„Donec venias" – mit Gottes Kommen in Christus ist Gottes Reich da, gelangen Gottes Bundesschlüsse zu dem einen Ziel, das der treue Gott für alle bereithält, die seiner Weisung folgen.

P. Rolf D. Pfahl SJ
Eine Betrachtung, um Liebe zu erlangen

BETRACHTUNG, UM LIEBE ZU ERLANGEN – Exerzitienbuch 230-237 [3]

Es ist angebracht, zuerst zwei Dinge zu beachten:

1. Die Liebe muß mehr in die Werke als in die Worte gelegt werden.
2. Die Liebe besteht in gegenseitigem Mitteilen: Der Liebende gibt dem Geliebten, was er hat oder kann; und umgekehrt der Geliebte dem Liebenden. So teilt immer einer dem anderen mit.

Einstimmung:

1. Ich sehe, wie ich vor Gott, unserem Herrn, stehe, vor den Engeln und Heiligen, die für mich eintreten. Und ich bitte um die innere Erkenntnis der empfangenen Wohltaten, damit ich sie voll anerkenne, in allem Gott liebe und ihm diene.

Betrachtungspunkte:

1. Ich rufe mir die empfangenen Wohltaten von Schöpfung und Erlösung ins Gedächtnis und die besonderen Gaben, die ich empfangen habe, und erwäge, wieviel Gott, unser Herr, für mich getan hat und wieviel er mir gegeben hat. Weiterhin: Wie sich Gott selbst mir schenkt.
Hierauf besinne ich mich auf mich selbst und erwäge, was ich Gott anbieten und schenken muß, nämlich alles, was ich bin und habe, wie jemand, der mit großer Hingabe anbietet:
Nimm hin, Herr, meine ganze Freiheit, mein Gedächtnis, meinen Verstand und meinen ganzen Willen, meinen ganzen Besitz. Du, Herr, hast es mir gegeben, dir, Herr, gebe

> ich es zurück. Alles ist dein, verfüge nach deinem ganzen Willen. Gib mir nur deine Liebe und deine Gnade, das ist mir genug.
>
> 2. Ich erwäge, wie Gott in den Geschöpfen wohnt, in den Elementen, denen er Dasein gibt; den Pflanzen Leben; den Tieren sinnliche Wahrnehmung; den Menschen geistige Einsicht. So auch mir: Er gibt mir Dasein, beseelt mich, hat mir Wahrnehmung und Verständnis geschenkt und mich zu seinem Tempel gemacht.
>
> 3. Ich erwäge, wie Gott sich in allen geschaffenen Dingen für mich müht und anstrengt, das heißt, er verhält sich wie einer, der arbeitet, indem er Himmel und Elementen Dasein gibt, Pflanzen, Früchte und Herden belebt und erhält.
>
> 4. Ich schaue, wie alle Gaben von oben herabsteigen, meine beschränkte Kraft kommt von der höchsten, unendlichen oben, ebenso Gerechtigkeit, Güte, Freundlichkeit, Barmherzigkeit usw.; so, wie von der Sonne die Strahlen herabsteigen, vom Quell die Wasser ...
>
> Ich ende, indem ich auf mich schaue, Gott danke und ein Vaterunser spreche.

Die „Betrachtung, um Liebe zu erlangen" ist Zielpunkt und Abschluß der Exerzitien des Hl. Ignatius. Wer immer Exerzitien begleitet, wird versuchen, in den Meditationsimpulsen nicht nur das Anliegen des Heiligen zu vermitteln, sondern den Exerzitanten dazu führen, etwas von der Liebe Gottes tiefer „zu spüren und zu verkosten". Dies soll hier dadurch geschehen, indem Schöpfung, Erlösung und ewiges Leben einmal von der Dreifaltigkeit Gottes gesehen werden.

1. Ich lebe als Geschöpf des dreifaltigen Gottes

> „Gott schuf den Menschen als sein Abbild; als Mann und Frau schuf er sie – und er sah, daß es gut war. Gott segnete sie und sprach zu ihnen: Seid fruchtbar und vermehrt euch, bevölkert die Erde."[4]

Als Mensch bin ich Gottes **Geschöpf,** ich bin Leben, das mir selbst geschenkt ist, damit ich lebe. Zunächst und grundlegend heißt dies: Gott hat mich nicht sinnlos ins Leben gerufen! – Gott braucht auch nicht meine Arbeit und Leistung, er braucht nicht uns Menschen als Dienstboten oder Mitglieder in einem himmlischen Hofstaat.

Als Geschöpf eines **dreifaltigen Gottes** ist mir vielmehr zugesagt, daß ich rein aus Liebe geschaffen bin. Denn der dreifaltige Gott selbst offenbart uns, daß er in sich Liebesgemeinschaft ist. Er ist nicht einfach „höchstes Wesen", allein und über allem, sondern in ihm ist Gemeinschaft, Du, Wir, liebender Austausch.

Wenn ich mich als Geschöpf eines dreifaltigen Gottes begreife, so verstehe ich, daß Gott mich rein aus der Freude am Leben, aus einer Liebe, die sich mitteilen will, aus seinem Glück geschaffen hat: Ich bin ein Zeichen für die verschwenderische Fülle Gottes, der mich in meiner Einmaligkeit gewollt hat, damit ich erfahre, daß Leben lebenswert ist, daß Lieben schieres Glück und reine Freude ist. „Freunde, das Leben ist lebenswert!" – diese Überzeugung Gottes ist der einzige Grund dafür, daß es mich gibt; aus dieser Überzeugung Gottes heraus wurde ich geschaffen.

Ich lebe als Wunschkind Gottes – und das gilt in einem viel tieferen Sinn, als dies hoffentlich bei unseren leiblichen Eltern der Fall war: Sie haben sich ein Kind gewünscht, vielleicht einen Jungen oder ein Mädchen, Gott dagegen hat **mich** geschaffen, er kannte und wollte mich – ausgerechnet mich! –, ich wurde aus Milliarden von Möglichkeiten geschaffene, gottgewollte Wirklichkeit.

Jede Liebe aber will Ewigkeit, nicht nur eine Episode zwischen Zeugung und Tod. Dies gilt auch für die Liebe Gottes. Weil Gott mich in Liebe geschaffen hat, will er für mich Ewigkeit! Und wie jede Liebe will auch die Liebe Gottes zu mir erwidert, frei bejaht werden.

Als Mensch bin ich **irdisches, welthaftes** Geschöpf: Gott hat mich in Zeit und Geschichte hinein geschaffen. Damit bin ich wesentlich Erwartung – eine Erwartung freilich, der zugesagt ist, daß sie nicht ins Leere läuft. Wir können dies auch den Hunger nach Leben in uns nennen – oder mit Augustinus: unser unruhiges Herz, das erst in Gott zur Ruhe kommt. Indem Gott uns schuf, hat er uns eingeladen, unsere Existenz Ihm anzuvertrauen, von Ihm alles zu erwarten.

Diese Erwartung meint freilich nicht passive Untätigkeit, sondern das aktive Gestalten dieser Welt durch meine Arbeit. Dadurch verwirkliche ich mich selbst mit meinen Möglichkeiten und Fähigkeiten. Leben in Erwartung meint ein aktives Mich-ins-Spiel-bringen, Miteinbringen im großen Weltspiel der Schöpfung Gottes, das Leben heißt und Leben verwirklicht.

Der Mensch ist als **Mann und Frau** geschaffen. Dies meint nicht nur – nicht einmal primär – Geschlechtlichkeit. Sondern grundlegender noch wird damit gesagt: Wir Menschen sind wesentlich auf Gemeinschaft angelegt. Wir verwirklichen uns, finden zu uns selbst am anderen. Einsamkeit ist keine mögliche Existenzform – schon deshalb, weil Gott, dessen Abbild wir sind, in sich liebende Gemeinschaft ist. Mann- und Frau-sein ist so eine wesentliche Ausprägung dieser Gemeinschaftsbezogenheit.

Wenn wir uns also von Gott sagen lassen, daß wir seine welthaften, auf Ewigkeit angelegten Geschöpfe sind, wird uns damit von Gott zugesagt: Alles, was unser Leben lebenswert macht, ist sein Geschenk. Dies ist doch die durchgängige Erfahrung unseres Lebens: Freundschaft, Liebe, Wohlwollen, Gemeinschaft, Dank, Freude – selbst die eigenen Fähigkeiten, Möglichkeiten und Erfolge sind uns geschenkt.

Jede erfüllte Erwartung meines Lebens, jede Erfahrung von Glück, Liebe und Geborgenheit ist Verheißung endgültiger Erfüllung und trägt zugleich die Sehnsucht danach in sich. Gott hat unsere Erwartungen – er hat uns als lebende Erwartung geschaffen. Er sagt uns, daß er es tat aus freier, schöpferischer Liebe – und wirbt damit um unsere Liebe als freies JA. Wir sind gefragt, ob wir uns als das, was er schuf und als gut ansieht, annehmen, ob wir Ja sagen dazu, daß wir seine Geschöpfe sind, lebendig in Zeit und Welt, als Mann und Frau, ob wir uns in dieser Spannung von „Schon" und „Noch nicht" annehmen.

2. Ich bin erlöst durch die Liebe des dreifaltigen Gottes

Die Todesangst der sündigen Menschheit, durch die Absonderung von Gott sich selbst den Weg in das Glück des ewigen Lebens abgeschnitten zu haben, hat Gott durch die Heilsgeschichte in Jesus

Christus überwunden. Hier geschieht das Gegenteil dessen, was wir Menschen zu erwarten hatten: Gott offenbart uns, daß er nicht reagiert, nicht so antwortet, wie es der Absonderung der Menschen entspricht. Seine Frohbotschaft heißt, daß er uns trotz unseres Nein zu ihm weiterhin bejaht, uns seine Gemeinschaft und damit Leben neu anbietet. Diese Verheißung steht bereits am Beginn der Offenbarung nach dem Sündenfall, sie verdichtet sich zunehmend bis zur Verkündigung des Messias.

Dennoch bleibt die bange Frage der Menschen, ob Gott angesichts immer neuer, wachsender Schuld es nicht doch einmal satt ist, ob nicht endlich das Maß voll ist und Gott den Menschen aufgibt. Gottes entscheidende, letztgültige Antwort hierauf geschieht nicht in Worten, sondern als unglaublichste Wirklichkeit: Er selbst wird in Jesus Christus Mensch, um uns Menschen nachzulaufen und einzuladen, zu ihm heimzukehren.

Gott setzt unserem Nein das JA seiner vergebenden Liebe entgegen. Er vergibt den Schuldigen, er schenkt neue Zukunft, wobei er die Schuld nicht einfach auslöscht, sondern selbst ihre Last auf sich nimmt und austrägt. Diese Wirklichkeit geschieht in der Passion Christi mit letzter Konsequenz: Indem die Menschen den Sohn Gottes kreuzigen, wird die letzte menschliche Möglichkeit der Ablehnung verwirklicht: Mehr als zu Tode foltern können wir wirklich nicht! Aber in dieses letzte, verzweifelte Aufbäumen der Schuld hinein spricht Jesus: „Vater, vergib ihnen …" Dieser Weg Christi wird vom Vater in Christi Auferstehung bestätigt.

Am Kreuz offenbart Gott uns endgültig, ein für allemal, sein Gericht, er zeigt uns, was Sünde und Schuld sind, daß wir Menschen nur dadurch richtig, gerecht gemacht werden können, wenn diese ausgetragen, ausgelitten wird. Gleichzeitig wird Gottes Liebe zu uns Sündern deutlich: damit wir wieder Leben und Zukunft haben, erträgt er selbst dies alles. In dem Maße, wie ich mir von Gott beides sagen lasse, finde ich staunend und dankbar zu der Einsicht des Hl. Paulus: „Als die Schuld überhand nahm – überlief –, wörtlich: 'über-überhand-nahm' die Liebe Gottes zu uns."[5]

Um diese Liebe des dreifaltigen Gottes zu verstehen, kommt es allerdings entscheidend darauf an, das Kreuzesopfer Jesu Christi nicht als Besänftigung eines zürnenden Vaters mißzuverstehen, sondern als Offenbarung der Liebe Gottes zu uns anzunehmen: So sehr bejaht uns der liebende Vater, daß er seinen Sohn für uns hingibt. So sehr weiß sich Jesus Christus eins mit diesem liebenden Vater, daß er noch in der tiefsten Verlassenheit am Kreuz ihm sterbend seinen Geist anvertraut; dies alles aus Liebe zu mir.

3. Ich bin eingesetzt als Erbe des Himmels

Als von Christus Erlöste sind wir bereits jetzt eingesetzt als Erben des Himmels. Welchen Reichtum dies bedeutet, was uns alles damit geschenkt ist, zeigt sich an Jesus Christus, der als Auferstandener mit unserer menschlichen Natur, als einer von uns, voll in die Liebesgemeinschaft mit dem Vater im Heiligen Geist hineingenommen ist. Paulus nennt ihn den „Prototypen" der Auferstandenen, an Ihm kann ich ablesen, was auf mich wartet, an mir offenbar werden soll.

Wir ahnen kaum, was uns da erwartet, aber unser Vater sagt uns, daß es viel mehr ist, als wir zu erträumen wagen. Und damit wir dies nicht aus den Augen verlieren, kommt er uns entgegen und schenkt uns einen Bruder: Jesus Christus, der uns den Weg zeigt, durch diese Zeit zu unserem endgültigen Zuhause.

Das ist doch die unglaublichste Botschaft, die es in der ganzen Welt gibt: Der Schöpfer Himmels und der Erde erklärt mir mit allem Nachdruck, daß ich für ihn wichtig bin, daß er mich bei sich haben will beim großen Hochzeitsfest des Lebens. Gerade weil diese Botschaft so unglaublich ist, besonders, wenn ich dabei an mich denke, an meine Grenzen, meine Schuld und all das, was ich an mir selbst nicht leiden kann, ist es wichtig, sie zu meditieren, sie hörend zu verinnerlichen, damit sie nicht in meinem Verstand steckenbleibt, sondern eben als Liebeserklärung in mein Herz fällt.

Seitdem uns Jesus beten lehrte, sind wir daran gewöhnt, uns an Gott als Vater zu wenden. Ist aber nicht für viele von uns dieses Vaterbild eher streng und fremd, wie für Kinder im vergangenen Jahrhundert der „Herr Vater", den man in besseren Kreisen mit „Sie" anreden mußte? Meinen wir wirklich vertrauensvoll den „lieben Vater" – „Abba" meint ja eigentlich in der heutigen Kindersprache: „Vati!" – an den wir uns im Namen Jesu wenden dürfen?

Doch noch unter einer anderen, für uns entscheidenden Rücksicht betrachtet Gott uns als seine Kinder: Wir sind als Erben eingesetzt, denen alles gehören soll, was Gott besitzt. Unser Vater will uns beschenken mit dem Erbe des ewigen Lebens. Wir dürfen und sollen dieses große, zeitlose Fest mitfeiern, Ihn schauen von Angesicht zu Angesicht.

Arno Jenemann
Wozu Sakramente an den Übergängen des Lebens?

Menschliches Leben vollzieht sich in Übergängen, von der Geburt angefangen bis in den Tod. Im Fluß des Lebens wechseln Lebensphasen einander ab, gibt es bedeutsame, in der Erinnerung verbleibende Einschnitte, Höhe- und Tiefpunkte. Immer wieder gilt es, Abschied zu nehmen und zu neuen, unbekannten Ufern aufzubrechen – manchmal ganz selbstverständlich, manchmal gezwungen, entgegen der eigenen Natur.

So erinnere ich mich noch gut, wie meine Eltern – ich war damals etwa vier Jahre alt – vom Dorf in die nicht weit entfernte Stadt zogen. Für mich lagen Unendlichkeiten zwischen dem, was mein neues Zuhause werden sollte, und dem geliebten Bauernhof, mit seinem großen Garten, der Scheune und den Ställen, wo ich zwischen Hühnern, Enten, Gänsen, Schafen und Kühen aufwuchs. Besonders angetan hatte es mir der große Hofhund „Rolf", ein Schäferhund-Schnauzer-Mischling, der mich überall hin begleitete und immer auf mich aufpaßte. Er war mir damals der allerliebste Freund und Spielgefährte. Ihn zurückzulassen, tat sehr weh. Ich weiß nicht, wielange ich an Heimweh nach alldem und besonders nach meinem Freund „Rolf" litt. Mir kommt es noch heute sehr lange vor. Ich weiß auch nicht mehr, ob und wer mich damals getröstet hat. Wahrscheinlich war ich einfach untröstlich. Für mich damals eine ziemlich einschneidende Lektion in Sachen Abschied-Nehmen. Heute, ich weiß nicht nach wie vielen Abschieden und Neuanfängen, beginne ich allmählich zu begreifen, daß das Leben ein einziges großes Exerzitium von Abschied und Neubeginn ist, bei dem wir Menschen mühsam das Loslassen lernen.

Übergänge gestalten sich nicht einfach, sind im Leben eines jeden Menschen immer sensible und kritische Phasen. Das „Gepäck der Vergangenheit" ist nicht in jedem Falle tauglich für die nächste zu beschreitende Wegstrecke. Wer tauscht schon gerne Vertrautes gegen all das Unbekannte, das vor einem liegt? Den, der ich war, kenne ich; den, der ich sein werde, noch nicht. Heißt es nicht so schön: „Der Spatz in der Hand ist allemal besser als die Taube auf dem Dach"? Und dennoch, obwohl Menschen Übergänge verständlicherweise nur widerwillig vollziehen, weil die Risiken des Neuen gegen die Sicherheiten des Alten aufgewogen werden, empfinden wohl die meisten auch ihre Notwendigkeit – selbst wenn diese noch so schmerzlich die eigene Person berührt. Übergänge machen unsicher, lassen vorübergehend das Gleichgewicht verlieren. Nachvollziehbar, wenn sich in solchen Situationen der Wunsch nach einer starken Hand, nach Begleitung und Geleit regt.

Die Kirche kommt diesem verständlichen Wunsch entgegen. Manche vermuten, nicht uneigennützig. Denn – so könnte man böswillig fragen – gibt es eine bessere Gelegenheit, das eigene sakramentale Angebot an den Mann und die Frau zu bringen, als es an dem so elementaren Wunsch nach Geleit in den Fährnissen des Lebens festzumachen? Ich denke anders:

Die Sakramente in lebensgeschichtlich bedeutsamen, höchst sensiblen und zugleich kritischen Situationen oder Phasen des Überganges zu spenden, zeugt von einem weisen und tiefen Wissen der Kirche um die Menschen und ihre bleibend-gefährdete Existenz. Denn gerade in Lebensphasen, wo Vertrautes verlassen und lebensgeschichtliches Neuland beschritten wird, fühlen sich Menschen um so mehr der Abgründigkeit ihrer Existenz ausgeliefert. Da mag es ihnen manchmal erschreckend bewußt werden, wie wenig sie selber Macher und Meister ihres Lebens sind und wie sehr sie es als Lehen erhalten haben – unverfügbar und dennoch aufgegeben wie eine Bürde, die sich nicht abschütteln läßt. Plötzlich zu spüren, daß man mit seiner Person unverwechselbar und unvertretbar für dieses erhaltene Leben einstehen muß, kann belastend und ängstigend sein.

Um so tröstlicher, wenn Menschen in solchen Phasen und Situationen des Überganges Geleit und Zuspruch geben. Weil Leben nicht einfach wie von selbst gelingt und wir nie wissen können, ob und wie wir seine auf uns zukommenden Unwägbarkeiten bewältigen werden, sind wir auf stärkenden, mutmachenden Zuspruch von außen dringend angewiesen. Die Sakramente der Kirche schenken diesen so notwendigen Zuspruch, indem sie wider alle Erfahrungen des Brüchigen und Scheiterns im alltäglichen Leben der Menschen die Vision unverfälschten, ganz und gar heilen, nicht entfremdeten und durch keinen Tod mehr umzubringenden Lebens mobilisieren, eine Vision, die die Kirche nicht selber erfunden, sondern von Jesus als dem auferstandenen Christus übernommen hat.

Genau darin äußert sich die Menschenfreundlichkeit der sakramentalen Gesten der Kirche, daß sie als Symbole eines letzten, alles Vorfindliche übersteigenden Sinngrundes, den wir Christen Gott nennen, wie Brücken und Stege über die Abgründigkeiten unseres Lebens hinwegzutragen und bergenden Halt zu geben versprechen angesichts der immer und immer wieder erlebten Absurditäten unseres Daseins. Mag also im Erleben des einzelnen Menschen das „Für-sich-selbst-einstehen-müssen", Alleinsein und Ausgeliefertsein dem eigenen Leben gegenüber noch so schwer wiegen und ängstigen – gerade in sensiblen Phasen und Situationen des Übergangs, in den Sakramenten bezeugen und feiern Christen, daß es im letzten mit dem Leben eines jeden Menschen gut bestellt ist. Und deswegen kann der Schritt in lebensgeschichtliches Neuland im Vertrauen auf den Gott, der alle Wege mit uns zu gehen versprochen hat, allen Ängsten und Befürchtungen zum Trotz gewagt werden.

Indem die Sakramente so die in lebensgeschichtlich-bedeutsamen Situationen aufbrechenden Ängste in einen von Gott gewährten „Raum" umfassenden Heil- und Ganzseins einbergen, tragen sie ganz entscheidend mit dazu bei, daß Menschen letztlich ihrem Leben zuversichtlich, gelassen und hoffnungsvoll begegnen können. Ähnlich wie für ein Kleinkind in Situationen realer Abwesenheit der Mutter ein Stofftier symbolhaft deren bleibende Präsenz verkörpern kann und so etwaige Gefühle aufbrechender Angst auf das Verschwinden der realen Mutter besänftigt, so markieren in tiefenpsychologischer Perspektive die Sakramente etwas ähnliches wie „kollektive Übergangsobjekte": Sie bezeugen Gottes Präsenz in dieser Welt wider alle augenscheinliche Erfahrung seiner Abwesenheit. Sie wollen einerseits hinwegtrösten über die Erfahrung, daß es uns allen in dieser Welt schmerzlich an Gott fehlt, indem sie sich als Ersatz für diesen Mangel anbieten; sie wollen uns andererseits glaubhaft und sinnlich greifbar versichern, daß Er in allen unseren Lebensvollzügen da ist und wir dem, was uns in dieser Welt zu Tode ängstigen mag, nicht einfach gott-verlassen preisgegeben sind.

Für Säuglinge werden solche Übergangsobjekte, wie sie in der Sprache der Tiefenpsychologie genannt werden, in Situationen lebens- bzw. überlebenswichtig, in denen sie zwischen sich und der Mutter als einer anderen, von ihnen getrennten Person zu unterscheiden lernen und diese Unterscheidung zugleich massive Ängste freisetzt. Sie erleben nämlich das Da-sein dieser anderen, von ihnen getrennten Person und ihre Zuwendung als zutiefst beseligend, während sie deren Weg-sein als zutiefst ängstigend, schmerzlich und ihre Welt tödlich bedrohend empfinden. Vom Erscheinen bzw. Verschwinden der Mutter hängen sozusagen für sie Sein oder Nichtsein ab; im Kontext dieser frühen Erfahrungen bilden sich beim Menschen wohl erste Vorstellungen von Himmel und Hölle. Übergangsobjekte wie Schnuller, Stofftiere oder Tücher sind eigentlich Ersatz, die über die Schmerzlichkeit eines Verlusts hinwegtrösten. Sie helfen mit, Situationen erlittenen realen Verlusts dadurch erträglich zu machen, daß all das, was die real anwesende Mutter an Lebensqualität verkörpert, mit einem realen greifbaren Gegenstand verbunden wird. Erst die emotionale Besetzung eines solchen Gegenstandes mit den Qualitäten der Nahrung, Zuwendung und Nähe spendenden Mutter läßt sie gegenwärtig sein auch und gerade in Situationen ihrer Abwesenheit.

Tiefenpsychologisch gesehen, knüpfen die Sakramente der Kirche an diesem frühen „Modell" eines zu bewältigenden Übergangs an. Denn sie vereinen in sich Widersprüchliches, insofern sie von Gott als jenem Gegenüber, das unser aller Leben trägt, Greifbarkeit und Abwesenheit zugleich bezeugen. Sie verheißen den Menschen Himmel und wollen sie vor dem Höllensturz ins Leere und Nichts bewahren. Sie erinnern an einen unser Menschsein in dieser Welt bleibend und unaufhebbar kennzeichnenden schmerzlichen Mangel, den die Menschen mit und in allem, was sie tun, vergeblich zu beheben versuchen. Denn wir sind und bleiben Gottesbedürftige. Sie, die Sakramente, als Symbole der ständigen Gottespräsenz und des immerwährenden Gottesmangels hier und jetzt halten somit jene Sehnsucht nach einer letzten, allen Lebenshunger – woran er sich innerweltlich auch immer entzünden und festmachen mag – stillenden Erfüllung wach. Daß die Kirche diese Zeichen in lebensgeschichtlich bedeutsamen Situationen des Übergangs spendet, will nur nochmals verdeutlichen, wie sehr unser Leben insgesamt ein Übergang und Durchgang auf Endgültiges hin ist. Sakramente als Übergangssymbole wollen letztlich verhindern, daß wir unser Menschsein auf Vorfindliches reduzieren und unsere unstillbare Sehnsucht nach dem ganz anderen zu einem Bündel beliebig austauschbarer und steuerbarer Bedürfnisse ermäßigen. Sakramente verweisen somit auf Heimat in einem letzten und endgültigen Sinn inmitten einer Welt, die gerade an Heimatlosigkeit keinen Mangel hat.

Sakramente sind daher nicht zu ersetzen, weil es einen unstillbaren Bedarf des Menschen nach Gott gibt und es dem Menschen nicht genügte, diesen Bedarf mit weniger als Gott zu decken.

Gabriele Eichelmann

Der Wolf, die sieben Geißlein und die Mutter Kirche

Der Wolf und die sieben jungen Geißlein[6]

Es war einmal eine alte Geiß, die hatte sieben junge Geißlein und hatte sie lieb, wie eine Mutter ihre Kinder liebhat. Eines Tages wollte sie in den Wald gehen und Futter holen; da rief sie alle sieben herbei und sprach: „Liebe Kinder, ich will hinaus in den Wald, **seid auf eurer Hut vor dem Wolf; wenn er hereinkommt, so frißt er euch alle mit Haut und Haar.** Der Bösewicht verstellt sich oft, aber an seiner rauhen Stimme und an seinen schwarzen Füßen werdet ihr ihn gleich erkennen." Die Geißlein sagten: „Liebe Mutter, wir wollen uns schon in acht nehmen, Ihr könnt ohne Sorgen fortgehen." Da meckerte die Alte und machte sich getrost auf den Weg.

Es dauerte nicht lange, so klopfte jemand an die Haustür und rief: „Macht auf, ihr lieben Kinder, eure Mutter ist da und hat jedem von euch etwas mitgebracht!" Aber die Geißchen hörten an der rauhen Stimme, daß es der Wolf war. „Wir machen nicht auf", riefen sie, „du bist unsere Mutter nicht, die hat eine feine, liebliche Stimme, aber deine Stimme ist rauh; du bist der Wolf!" Da ging der Wolf fort zu einem Krämer und kaufte sich ein großes Stück Kreide – die aß er und machte damit seine Stimme fein. Dann kam er zurück, klopfte an die Haustür und rief: „Macht auf, ihr lieben Kinder, eure Mutter ist da und hat jedem von euch etwas mitgebracht!" Aber der Wolf hatte seine schwarze Pfote in das Fenster gelegt, das sahen die Kinder und riefen: „Wir machen nicht auf, unsere Mutter hat keinen schwarzen Fuß wie du; du bist der Wolf!" Da lief der Wolf zu einem Bäcker und sprach: „Ich habe mich an den Fuß gestoßen, streich mir Teig darüber." Und als ihm der Bäcker die Pfote bestrichen hatte, so lief er zum Müller und sprach: „Streu mir weißes Mehl auf meine Pfote." Der Müller dachte: Der Wolf will einen betrügen und weigerte sich, aber der Wolf sprach: „Wenn du es nicht tust, so fresse ich dich." Da fürchtete sich der Müller und machte ihm die Pfote weiß. Ja, so sind die Menschen.

Nun ging der Bösewicht zum drittenmal zu der Haustüre, klopfte an und sprach: „Macht mir auf, Kinder, euer liebes Mütterchen ist heimgekommen und hat jedem von euch etwas aus dem Walde mitgebracht." Die Geißchen riefen: „Zeig uns erst deine Pfote, damit wir wissen, daß du unser liebes Mütterchen bist." Da legte er die Pfote ins Fenster, und als sie sahen, daß sie weiß war, glaubten sie, es wäre alles wahr, was er sagte, und machten die Türe auf. Wer aber hereinkam, das war der Wolf. Sie erschraken und wollten sich verstecken. **Das eine sprang unter den Tisch, das zweite ins Bett, das dritte in den Ofen, das vierte in die Küche, das fünfte in den Schrank, das sechste unter die Waschschüssel, das siebente in den Kasten der Wanduhr.** Aber der Wolf fand sie alle und machte kein langes Federlesen: eins nach dem andern schluckte er in seinen Rachen; nur das jüngste in dem Uhrkasten, das fand er nicht. Als der Wolf seinen Hunger gestillt hatte, trollte er sich fort, legte sich draußen auf der grünen Wiese unter einen Baum und fing an zu schlafen.

Nicht lange danach kam die alte Geiß aus dem Walde wieder heim. Ach, was mußte sie da erblicken! Die Haustür stand sperrweit offen – Tisch, Stühle und Bänke waren umgeworfen, die Waschschüssel lag in Scherben, Decke und Kissen waren aus dem Bett gezogen. Sie suchte ihre Kinder, aber nirgends waren sie zu finden. Sie rief sie nacheinander beim Namen, aber niemand antwortete. Endlich, als sie an das jüngste kam, da rief eine feine Stimme: „Liebe Mutter, ich stecke im Uhrkasten." Sie holte es heraus und es erzählte ihr, daß der Wolf gekommen wäre und die andern alle gefressen hätte. **Da könnt ihr denken, wie sie über ihre armen Kinder geweint hat.**

Endlich ging sie in ihrem Jammer hinaus, und das jüngste Geißlein lief mit. Als sie auf die Wiese kam, lag da der Wolf unter einem Baum und schnarchte, daß die Äste zitterten. Sie betrachtete ihn von allen Seiten und sah, daß in seinem angefüllten Bauch sich etwas regte und zappelte. **Ach Gott, dachte sie, sollen meine armen Kinder,** *die er zum Abendbrot hinuntergewürgt hat,* **noch am Leben sein?** *Da mußte das Geißlein nach Hause laufen und Schere, Nadel und Zwirn holen. Dann schnitt sie dem Ungetüm den Wanst auf, und kaum hatte sie einen Schnitt getan, so streckte schon ein Geißlein den Kopf heraus, und als sie weiterschnitt, da sprangen nacheinander alle sechse heraus und waren noch alle am Leben und hatten nicht einmal Schaden gelitten, denn das Ungetüm hatte sie in der Gier ganz hinuntergeschluckt. Das war eine Freude! Da herzten sie ihre liebe Mutter und hüpften wie ein Schneider, der Hochzeit hält. Die Alte aber sagte: „Jetzt geht und sucht Wackersteine, damit wollen wir dem gottlosen Tier den Bauch füllen, solange es noch im Schlafe liegt." Da schleppten die sieben Geißchen in aller Eile die Steine herbei und steckten sie ihm in den Bauch, soviel sie hineinbringen konnten. Dann nähte ihn die Alte mit solcher Geschwindigkeit wieder zu, daß er nichts merkte und sich nicht einmal regte.*

Als der Wolf endlich ausgeschlafen hatte, machte er sich auf die Beine, und weil ihm die Steine im Magen so großen Durst erregten, wollte er zu einem Brunnen gehen und trinken. Als er aber anfing zu gehen und sich hin und her zu bewegen, stießen die Steine in seinem Bauch aneinander und rappelten. Da rief er:

*„Was rumpelt und pumpelt
In meinem Bauch herum?
Ich meinte, es wären sechs Geißlein,
So sind's lauter Wackersteine."*

Und als er an den Brunnen kam und sich über das Wasser bückte und trinken wollte, da zogen ihn die schweren Steine

> *hinein, und er mußte jämmerlich ersaufen. Als die sieben Geißlein das sahen, da kamen sie herbeigelaufen, riefen laut: "Der Wolf ist tot! Der Wolf ist tot!" und tanzten mit ihrer Mutter vor Freude um den Brunnen herum.*
>
> Gebrüder Grimm

Da sitzen die drei Pfarrgemeinderatsvorsitzenden mit ihrem gemeinsamen Pfarrer und dem Gemeindereferenten zusammen, oder der Pfarrgemeinderatsvorstand bzw. der Dekanatsrat trifft sich im Sitzungssaal des Pfarrheims. Ich bin als Beraterin dabei. Es soll die zukünftige Arbeit geplant werden. Aber nichts geht mehr. Auf einmal kommt mir die Idee, direkt danach zu fragen, "welches Stück hier eigentlich gespielt wird". Ich fordere dazu auf, mir ein Märchen zu erzählen, oder besser: sich der Sprache eines allen bekannten Märchens zu bedienen.

Märchen zeigen allgemeine menschliche Probleme auf und bieten eine "Musterlösung" an. Sie tun dies in Bildern und Symbolen, die Unbewußtes, d. h. noch nicht Bewußtes oder nicht mehr Bewußtes, weil Verdrängtes, zur Sprache bringen. Sie helfen, gebundene Energien freizusetzen und verfügbar zu machen. Auffällig häufig wird das Märchen "Der Wolf und die sieben Geißlein" vorgeschlagen. Ich lese das Märchen langsam vor, die Anwesenden erzählen alles, was ihnen dazu einfällt.

"Es war einmal eine alte Geiß ..."

Oft wird mit diesem Satz eine mütterliche Frau, die Gemeindereferentin, die Pfarrgemeinderatsvorsitzende, identifiziert. Öfter noch wird aber der Pastor mit dieser weiblichen Rolle bedacht, weil er sich im Zweifelsfalle wie eine Mutter immer eher für den konkreten Menschen als für eine abstrakte Aufgabe, eher für Beziehungen als für Strukturen entscheidet. Das Leitbild, an dem er sich orientiert, ist der "gute Hirte", der das kleine Lamm auf seine Schultern hebt. Dieses Bild ist der Darstellung des mütterlichen Archetyps, der Frau, die das kleine (männliche) Kind trägt oder an der Hand führt, verwandt.

Manchmal wird mit dieser Rollenzuweisung ein Problem angemeldet. Nicht allen Müttern/Pastören fällt es leicht, ihre Kinder/Mitarbeiter/Gemeinden groß/selbständig werden zu sehen und sie von der Hand zu lassen/ihnen Verantwortung zu übertragen.

„Seid auf eurer Hut vor dem Wolf; wenn er hereinkommt, frißt er euch alle mit Haut und Haar."

In der Regel wird mir von den Ratsuchenden jemand als Wolf benannt, der aktuell nicht anwesend ist oder der überhaupt nicht mehr dazugehört, von dem man sich bereits getrennt hat. Die Welt der Geiß und ihrer Kinder ist „weiß", vertraut. Der Wolf ist „schwarz", er verkörpert das Fremde, er ist das aggressive Element. Es erschreckt mich immer wieder, wie schwer es fällt, das andere, das Fremde, das Dunkle in uns selbst zu sehen, geschweige denn anzunehmen und zu integrieren. Aggression wird außerhalb lokalisiert, abgespalten, verdrängt.

„Das eine sprang unter den Tisch, das zweite ins Bett, ... das siebente in den Kasten der Wanduhr."

Meist sind die am Gespräch Beteiligten schnell bereit, in der Reaktion auf den Angreifer ihr eigenes Konfliktverhalten zu sehen: sich verstecken und die Decke über den Kopf ziehen. Die Mutter hat ihren Kindern gesagt, daß sie keine Chance in der Auseinandersetzung, in der Konfrontation haben.

Auf die Frage, an welcher Stelle des Märchens wir uns befinden, wird nicht selten geantwortet: die Mutter entdeckt gerade, daß der Wolf ihre Kinder gefressen hat. Es wird folgender Satz zitiert:

„Da könnt ihr denken, wie sie über ihre armen Kinder geweint hat."

Meist kann man denjenigen, die für sich Beratung organisieren, einen gewissen Leidensdruck unterstellen. Manche stehen persönlich, als Gruppe oder als Organisation vor dem Scheitern ihrer Hoffnungen und der Pläne ihrer Kinder und glauben, alleine nicht weiterzukommen. Da gilt es, Abschied zu nehmen, Trauerarbeit zu leisten. Niemand weiß so recht, wie es weitergehen könnte.

Ich schlage vor, sich von dem Märchen einen Lösungsweg aufzeigen zu lassen und zu prüfen, ob er auch der eigene sein könnte. Dadurch kommen diese Sätze in den Blick:

„Endlich ging sie in ihrem Jammer hinaus ... Ach Gott, dachte sie, sollen meine armen Kinder noch am Leben sein?"

Diese Sätze stehen in der Mitte des Märchens. Sie sind der Dreh- und Angelpunkt und bringen die Wandlung.

Begleitet vom Jüngsten, sucht die Mutter nach dem, was sich noch „regt und zappelt". Und dann setzt sie selber einen aggressiven Akt: sie schneidet dem Wolf den Bauch auf – und findet das Leben, ihre lebendig verschluckten Kinder wieder. Das Märchen empfiehlt die Deblockierung der eigenen Aggression als Motor der Veränderung. Es lädt ein, sich an das Fremde, Bedrohliche heranzumachen und ihm auf den Leib zu rücken.

Jeder kennt (hoffentlich) den qualitativen Sprung in einer Beziehung durch den ersten ernsten Streit. In der Regel ist dies das einzige Hilfsmittel, wenn Pfarrgemeinderatsmitglieder, Pfarrer, Dechanten und pastorale Mitarbeiter resigniert klagen: „Wir kommen bei uns über die Nettigkeiten nicht hinaus."

Weil das Märchen vom Wolf und den sieben Geißlein so häufig angeboten wird, mag ich kaum noch glauben, daß nur die jeweiligen Personen, die Gruppe oder die Organisation Thema sind. Vielmehr vermute ich, daß immer wieder neu über die Institution, die im Hintergrund der Ratsuchenden steht, über die Kirche, erzählt wird. Märchen können auch auf dieser Ebene Probleme aufdecken helfen und Lösungen anbieten.

Im Unterschied zum Märchen haben in der katholischen Kirche nur Männer die Elternrolle inne, aber die einzelnen nehmen Leitung meist mütterlich wahr. Sieht man vom einzelnen auf die Institution, in der er tätig ist, auf die Hierarchie, macht man die paradox anmutende Entdeckung, daß sich in dieser heiligen Ordnung der Männer die Mutter Kirche selbst darstellt.

Die Mutter im Märchen macht keinen überbehütenden Eindruck. Sie verläßt die Kinder, um in den Wald zu gehen und Futter zu holen. Im Symbol des Waldes will sich die Mutter dem Unbewußten, ihrem Ursprung, zuwenden, um daraus für sich und ihre Kinder neue Nahrung zu beziehen. Daß die Mutter Kirche durch solche Art von

Abwesenheit sorgen könnte, scheint gerade heute in Zeiten des Priestermangels vielen auf den ersten Blick überhaupt nicht nachvollziehbar. Dies wird aber oft für Gemeinden in Zeiten der Vakanz erfahrbar und drückt sich in dem Slogan aus: „Krise ist der neue Name für Chance."

Die Mutter im Märchen hat ihre Geißlein anscheinend bzw. nur scheinbar gut auf den Umgang mit dem Wolf vorbereitet. Sie rät, die Kinder sollen sich strikt abgrenzen und jeden Kontakt vermeiden. Bis zum Zweiten Vatikanischen Konzil war dies die offizielle Gebrauchsanweisung der Mutter Kirche für den Umgang mit der Welt außerhalb ihrer selbst, für das ihr Fremde. Heute wird das Verhältnis von Kirche und Gesellschaft neu unter den Stichworten „Wertewandel – Werteverlust" diskutiert. Fundamentalistische Kreise empfehlen die Strategie der Geißlein. Die Folgen im Märchen sind bekannt.

Die Mutter Kirche ist als Institution als ganze in die Krise geraten. Manche diagnostizieren ihren Zustand als depressiv und halten ihre vielen Aktivitäten für verzweifelte Versuche, das Gefühl der inneren Leere zu überwinden. Die Mutter ruft ihre Kinder der Reihe nach beim Namen. Gerade die ältesten Töchter melden sich nicht, scheinen tot zu sein. Traditionelle Formen von Kirchlichkeit sind leblos geworden. Glauben und Leben klaffen auseinander. Schwerpunkte kirchlichen Handelns scheinen nicht immer auf gesellschaftliche Herausforderungen zu antworten. Die Kirche gerät unter Legitimationsdruck. Liebgewordenes muß aufgegeben, Totes begraben werden.
Nur das Jüngste im Uhrkasten, am Puls der Zeit, antwortet. Sollten tatsächlich die jungen Initiativen, die, die sich mit unserer Zeit einlassen, die Hoffnungsträger sein?

Wenn die Mutter Kirche das Leben (wieder)finden will, muß sie auf das Fremde zugehen, d. h. aggressiv (im ursprünglichen Wortsinn) sein. Die Mutter beantwortet am Schluß des Märchens die Frage „flüchten oder standhalten?" eindeutig anders als zu Beginn. Sie leitet ihre Kinder zur aktiven Auseinandersetzung an und definiert sich so nicht länger als Opfer, das stirbt, sondern als Handelnde, die sich lebendig erlebt.

Rolf Mengelmann
Ein Pfarrgemeinderat zieht Bilanz

"Ob es wohl auffällt, oder es gar Menschen traurig macht, wenn wir uns als Pfarrgemeinderat auflösen, und die Kirchengemeinde ihre liturgischen und pastoralen Dienste einstellt?" Mit dieser provozierenden Frage brachte ein Mitglied in der Pfarrgemeinderatssitzung die Sache auf den Punkt. Da schnell deutlich wurde, daß der Anstoß von Frau G. durchaus ernst gemeint war, wurde er zum beherrschenden Thema dieses Abends. Man beschloß, mit dem Pfarrgemeinderat einen ganzen Samstag in Klausur zu gehen, um Klarheit zu bekommen über den Auftrag einer christlichen Gemeinde in der heutigen Zeit.
23 Mitglieder des Pfarrgemeinderates, inclusive Leiter der Sachausschüsse, nahmen daran teil. Eine Fachkraft von „außen" begleitete das Treffen.
Im ersten Teil wurden mit Hilfe der Symbole Blumen und Steine Erfahrungen der Arbeit im Pfarrgemeinderat und in der Pfarrgemeinde ausgetauscht: Was sind für mich Blumen; was sind für mich Steine? Sehr viele Kärtchen wurden beschrieben und besprochen. Die Teilnehmer/innen kamen so gut miteinander ins Gespräch, daß eine Atmosphäre der Offenheit und des Miteinanders entstand.
In einem nächsten Schritt des Bibelteilens entdeckte die Gruppe (neu), daß Christsein heißt: von Jesus aus zu denken und zu fühlen.

Jesus visitiert die Gemeinde

Drei Kleingruppen (die jüngeren Teilnehmer/innen, eine Frauen- und eine Männergruppe) war die Aufgabe gegeben, sich vorzustellen, daß Jesus selbst ihre Pfarrgemeinde visitiert.
Wann und wie wird er kommen, welchen Weg wird er durch die Pfarrgemeinde nehmen, und was wird er dem Pfarrgemeinderat bei der abendlichen Begegnung als Botschaft hinterlassen? Das war die Aufgabenstellung für alle Gruppen.
Zwei Stunden Zeit hatten die Gruppen, um sich hierüber Gedanken zu machen und den „jesuanischen Weg" auf Plakate zu malen.
Die Ergebnisse waren beeindruckend.

Am Beispiel der Gruppe der Jugendlichen will ich das näher erläutern.

Bei ihnen kommt Jesus an einem Dienstag gegen 10.00 Uhr. Vor der Kirche wird der Wochenmarkt abgehalten. Laut und bunt geht es zu. Er setzt sich auf eine Bank, etwas abseits des Platzes neben zwei „Penner", die, schon leicht alkoholisiert, darüber verärgert sind, daß die Polizei sie in der letzten Nacht von ihrem Schlafplatz vertrieben hat. Jesu Äußeres gleicht dem der beiden. Er kommt mit ihnen ins Gespräch und erfährt viel über das Leben und Schicksal dieser Männer. Dann wendet er sich der Kirche am anderen Ende des Marktes zu, um eine Weile zu beten. Aber die Kirchentüre ist verschlossen. Verständnislos schüttelt er den Kopf und geht traurig weiter in den Stadtteil, in dem unter menschenunwürdigen Bedingungen Asylanten untergebracht sind. Die Situation dieser Menschen und die Reaktion der Umwelt auf sie bewegen ihn tief. Die Asylanten aber spüren, daß hier einer gekommen ist, der ihnen ganz nahe sein will.

Sein nächster Weg führt ihn in eines der drei Hochhäuser an der Peripherie der Gemeinde. Viele Menschenschicksale beherbergen diese häßlichen Wohntürme: alte, einsame Menschen, viele Alleinerziehende, Sozialhilfeempfänger, Arbeitslose. Das Gebäude macht ihm Angst. Dunkle, mit Farben und Sprüchen verschmierte Flure, verrauchte, stickige Luft, nichts, was Freude stiften könnte.
Nach langen vergeblichen Bemühungen öffnet eine alte Frau im 8. Stock ihre Wohnungstür und läßt ihn hinein. Sie spricht über ihre Einsamkeit und die Todesnot, die sie ausgestanden hat, als einmal der Aufzug steckenblieb und niemand bei ihr war.
Jesus fragt, welche Kontakte der Pfarrgemeinde es zu den Bewohnern der Hochhäuser gebe? Die alte Dame lächelt müde und meint: „Wer interessiert sich von denen schon für uns, die wir in den Augen der Bevölkerung doch 'minder' sind."
Müde und erschöpft kehrt Jesus dann noch in der Kneipe neben den Hochhäusern ein, die sich langsam zu füllen beginnt. „Hilde, zwei Bier für mich und den Kumpel da an der Theke."

Der Kumpel ist Jesus, und so kriegt er einen ausgegeben. Sehr menschlich geht es zu im Schankraum. Wer hier einkehrt, ist willkommen. Sie sprechen über ihre Alltagsprobleme: die „Scheiß-Maloche", den Streit mit der Frau, die Politik usw. Alle fühlen sich

verstanden und akzeptiert. Auch der Fremde wird ins Gespräch verwickelt. Es ist eine Atmosphäre, ähnlich dem Refrain eines Liedes von Peter Alexander: „Die kleine Kneipe in unserer Straße, da wo das Leben noch lebenswert ist ..."
In allen Wegbeschreibungen der Gruppen nimmt Jesus die Hochhäuser in den Blick. Der Pfarrgemeinderat und die Aktivitäten der Pfarrgemeinde aber hatten sie bisher nicht auf ihrem Programm.

Diese und weitere Situationen der Jesuswege lösten tiefe Betroffenheit aus, zeigten sie doch auf, daß der Pfarrgemeinderat bisher kaum verstanden hatte, was der eigentliche Auftrag einer christlichen Gemeinde ist. Jesus hatte ihnen die Augen und Herzen geöffnet!

Viele Pfarrgemeinderäte und zunehmend auch Dekanats- und andere Räte im Bistum Aachen haben mit „Jesus-Visitationen" gute Erfahrungen gemacht. Helfen sie doch, herauszufinden, was wirklich wichtig ist in der pastoralen Arbeit.
Damit ist ein Prozeß angestoßen, sich von bisherigen „Vorlieben" zu verabschieden, die nicht taugen, die Menschen Gott näher zu bringen. Ein solcher Prozeß erfordert viel Kraft, Mut und einen langen Atem. Doch wer ihn geht, erlebt neue Aufbrüche; österliche und pfingstliche Aufbrüche. Das Klima des Miteinanders verändert sich, ist geprägt von gegenseitiger Wertschätzung. Es entsteht ein geschwisterliches „Wir-Gefühl". Der Pfarrgemeinderat und seine Arbeit bekommen eine neue Qualität! In ihr spiegelt sich der theologisch bedeutende Satz wider, den auch Bischof Dr. Klaus Hemmerle häufig betonte:

„Versöhnung ist wichtiger als Erfolg."

Metapher-Meditation als Ausklang eines Treffens

Reflexion, Rückblick auf ein Treffen ist ein wichtiges Element zum Abschluß einer solchen Veranstaltung.
Dies kann auf vielfältige Art und Weise geschehen. Eine eher meditative Möglichkeit möchte ich nachstehend vorstellen:
Die Teilnehmer/innen werden gebeten, am Ende des Treffens noch einmal „still" zu werden und bei sich nachzuspüren, wie sie es erlebt haben. (Leise, ruhige Musik kann dazu eingespielt werden.)

Nach dieser Phase sind die Teilnehmer/innen eingeladen, ihre Eindrücke und Erfahrungen als Metapher (bildhafter Vergleich) auf Kärtchen zu schreiben. Für jede Metapher ein neues Kärtchen. Der Impuls dazu kann heißen:
Dieses Treffen war für mich wie ... (z. B. eine aufgehende Sonne)
Die Metaphern werden anschließend von jedem, von jeder laut vorgelesen und auf ein Plakat in der Mitte des Stuhlkreises gelegt.
Das Plakat kann später von einem Teilnehmer, einer Teilnehmerin entweder mit Symbolen oder entsprechenden Bildausschnitten „geschmückt" werden.

Ich darf nicht die sein, die ich bin

Ich heiße Maria und bin 13 Jahre jung.[7]

Vor drei Jahren bin ich mit meinen Eltern und sechs Geschwistern nach Deutschland geflüchtet. In einem Haus für Asylbewerber in einer kleinen Stadt fanden wir Aufnahme.

Vor zwei Jahren ist noch ein Brüderchen hinzugekommen, so daß wir jetzt neun Personen sind, denen zwei Zimmer zur Verfügung stehen. An den Wochenenden kommen meist auch noch Onkel und Tanten zu Besuch.

Ich gehöre zur Volksgruppe der Zigeuner.

Aber meine Eltern haben mir gesagt, daß ich das niemandem sagen dürfe, denn das Wort „Zigeuner" habe in Deutschland keinen guten Klang. So bin ich für die Leute nur Maria aus Albanien.

Meine Tage sind ausgefüllt mit Schulbesuch, Aufsicht der Geschwister – alles Brüder, die jünger sind als ich – und der Mithilfe im Haushalt.

Für mich bleibt da keine Zeit.

Gerne würde ich einmal eine Freundin aus der Schule zu mir nach Hause einladen, aber ich traue mich nicht zu fragen, weil ich weiß, wie ihre Eltern über unser Haus denken. Zugegeben, bei uns sieht es ja auch nicht so besonders ordentlich aus. Aber wie sollen wir auch Ordnung halten, wenn in den gleichen Räumen gespielt, gegessen und geschlafen wird. Ja, und das Haus macht insgesamt auch nicht gerade einen guten Eindruck.

Ich habe eigentlich nichts, was mir alleine gehört. Selbst die Rollschuhe, die ich ganz persönlich geschenkt bekam, werden von allen benutzt.

• Mein Traum wäre, wenigstens ein Bett für mich ganz alleine zu haben, aber ...

Meine Mutter war 14 Jahre alt, als sie mich zur Welt brachte. Bei uns heiratet man sehr früh. Wenn ich mir vorstelle, in einem Jahr zu heiraten, bekomme ich Angst. Aber Gott sei Dank bin ich körperlich noch nicht so weit, daß sich „unsere" Männer nach mir umdrehen. Aber, wie ich unsere Leute kenne, werden sie mich wohl kaum fragen, ob, wann und wen ich heiraten möchte.

Ich gehe, was für unsereins nicht selbstverständlich ist, in die Schule und kann mich in der deutschen Sprache verständigen, auch wenn mir das mit dem: an, auf, hinter, neben, in, über, vor und zwischen ganz schön schwerfällt. Ich habe es nie verstanden und verstehe es auch in Zukunft nicht, warum es in der deutschen Sprache *die* Rose und *die* Dame heißt, ich aber *der* Dame *die* Rose schenke.

Ich meine, ich hätte es für mein Alter in Deutschland nicht leicht. Einerseits fühle ich mich in meiner Familie einigermaßen wohl, denn da ist viel los – wer hat schon in Deutschland so viele Geschwister – andererseits fühle ich mich ständig körperlich und seelisch überfordert. Nie ist jemand da, zumindest nicht in unserer Familie, der mich einmal dafür lobt, daß ich soviel in unserem Haushalt mitarbeite oder eine gute Schulnote mit nach Hause bringe. Auch ist es für mich nicht einfach, tagtäglich zu erleben, daß meine Mitschülerinnen und Mitschüler nahezu alles bekommen, was sie sich wünschen. Daß sie ein eigenes Zimmer haben, also ein Zimmer ganz für sich alleine, ist für sie selbstverständlich.

Und dann gibt es nicht wenige deutsche Leute, die mich am liebsten aus meiner Familie herausholen und aus mir ein deutsches Mädchen machen würden. Das ist schon ein schlimmes inneres Gezerre in mir, denn manchmal weiß ich wirklich nicht, wohin ich eigentlich gehöre.

Nun bin ich seit einigen Wochen wieder auf der Flucht. Wir Zigeuner, das meinen jedenfalls meine Eltern, müssen hin und wieder einfach unterwegs sein. Mich hat niemand gefragt, ob ich mit wollte. Ich kenne nicht wenige Menschen, von denen ich das Gefühl habe, daß sie mich mögen, aber von keinem konnte ich mich verabschieden, nicht einmal von den Freundinnen in unserem Haus. Das ist bei uns Zigeunern so.

Wo ich jetzt bin? Nicht einmal das darf ich sagen.

Das Zigeunerleben ist ganz bestimmt nicht, wie ihr Deutschen das in einem Lied besingt, immer lustig. Ganz sicherlich nicht, wenn man ein Kind ist, in Deutschland wohnen muß und nicht mit ein bißchen Stolz sagen kann: ich bin Zigeunerin und Albanerin, oder umgekehrt ...

In die Gefühlswelt von „Maria" hat sich hineingedacht

Bert Landen

Franz-Josef Schümmer
Wo legen sie denn ihr Haupt hin?

Viele wohnen auf der Straße. Ja, werden Sie denken, leider! Die Obdachlosen, die Punker, die Pennerinnen und Penner. Das wissen wir. Aber was können wir daran tun?

Für den Moment möchte ich das Augenmerk allerdings auf eine Reihe anderer ZeitgenossInnen lenken: Als da sind die vielen AutofahrerInnen, die beruflich und in ihrer Freizeit die Straßen bevölkern, die Brummi-Lenker, die PharmareferentInnen usw. usw.

Läßt sich ahnen, wie viele Stunden da täglich, wöchentlich, auf der Straße zugebracht, gewohnt werden? Bemerken wir manchmal die Fähnchen und Lämpchen im LKW-Führerhaus? Und die Schlafkoje hintendran für den Beifahrer? Und fallen uns die rollenden Wohn-Schlaf-Küchen der Rentnerpaare auf, die wochenlang rollen?

Wenn das alles so ist – und so ist das –, dann sind das nicht nur die täglichen Er-fahr-ungs-Räume dieser Menschen, sondern auch die Begegnungsstätten und Begegnungsflächen mit dem Geheimnis ihres Lebens. Da bekommt dann die Raststätte auch einen übertragenen und übertragbaren Sinn. Da fällt dann auch die eine von den wenigen Autobahnkirchen ins Lebens-Gewicht. Und die Geste, die die Vorfahrt gewährt, wird einem zum kleinen Hoffnungszeichen, daß es doch noch menschlich zugehen kann im Getriebe des Zeitdrucks. Oder daß es doch nicht allein um das persönliche Fort-Kommen geht, beruflich oder auch in den Urlaub. Das Zuhause – wo sie doch dann alle wieder (mal) hinfahren – erlebt jede Person wohl auch dann auf ihre Weise neu.

Welch eine krasse Entwicklung im Gegensatz zum Erleben etwa meiner Großmutter, die stolz erzählte, als Kind am Anfang dieses Jahrhunderts **einmal** von Aachen nach Köln gereist zu sein.

Ja, werden Sie jetzt wieder denken – na und? Ich frage mich z. B., wie Dienste der Kirche aussehen sollten in einem solch mobilen Lebensgefühl. Und gleichzeitig prägt dieses ebenso die bisher nicht genannten vielen Bahn-, Schiffs- und Flug-Reisenden. Sind wir als Kirche wirklich schon eingestellt und vorbereitet darauf, daß eine ständig wachsende Zahl von Menschen überhaupt nicht be-ständig an ihrem Wohnort ist? Und dazu gehören z. B. die Taxi- und BusfahrerInnen, die Lok- und Flugzeugführer, das Begleitpersonal und ... und ... und z. B. die Roma und Sinti, die zur Ausübung ihrer Gewerbe und zur Pflege familiärer Beziehungen weite Strecken zurücklegen und ...

Wo legen Sie denn Ihr Haupt hin?
Von Jesus jedenfalls heißt es: „Der Menschensohn hat nichts, ... wo er sein Haupt hinlegen kann."[8]

Jesus nachfolgen heißt dann eben auch, ihm nachgehen bis da, wo die Menschen sind. Daß er schon da ist, wird zu den großen Geschenken gehören, die wir dabei empfangen.

Conrad M. Siegers

Die Heilige Familie – Abbild, Vorbild oder Ebenbild (der Gemeindearbeit)?

Eva gab Adam den Apfel, und er aß davon. Jeder von uns kennt die Geschichte, und zahlreiche Bilder zeigen Eva, wie sie Adam den Apfel, der den Menschen Vertreibung und Tod brachte, reicht. Schaut man jedoch in die Bibel, sucht man den Apfel vergeblich. Dort heißt es nämlich: „Da sah die Frau, daß es köstlich wäre, von dem Baum zu essen, daß der Baum eine Augenweide war und dazu verlockte, klug zu werden. Sie nahm von seinen Früchten und aß; sie gab auch ihrem Mann, der bei ihr war, und auch er aß." (Gen 3, 6) Von einem Apfel ist nicht die Rede. Der kam erst mit den Bildern in die Welt. Schließlich mußten die Maler sich für eine Frucht entscheiden, und da kam der Apfel den Künstlern lateinischer Kultur gerade recht, zumal im Lateinischen malum „Apfel" und malum „Böses" nur durch die Länge des „a" in malum zu unterscheiden war. Und weil nach dem Genuß der Frucht beiden die Augen aufgingen „und sie erkannten, daß sie nackt waren" (Gen 3, 7), und zudem ein Granatapfel in der Symbolsprache der alten Welt Sinnbild für die Liebe war, gab der Granatapfel indirekt sogar der augustinischen Deutung recht, daß es sich bei der Sünde im Paradies und dem Streben nach Erkenntnis letztlich um eine sinnliche und fleischliche Angelegenheit handelte. Und so präsentiert sich uns die Frucht vom Baum der Erkenntnis immer als Apfel, obwohl in der Bibel davon kein Sterbenswörtchen steht. Das Bild hat das Wort bezwungen.

Bis ins letzte Jahrhundert waren Bilder die „biblia pauperum", die Bibel des einfachen Volkes, das nicht lesen und schreiben konnte. Die Menschen früherer Zeiten erfuhren ihre Heilsgeschichte aus den Bildern ihrer Kirchen und ihrer Umgebung. Und die Interpretation der Bibel durch Bilder entsprach mehr zeitgenössischen theologischen bzw. volksgläubigen Überzeugungen als den biblischen Wort-Quellen.

Erasmus Quellinus d. J., um 1650, Heilige Familie

Ähnlich geht es uns auch mit den Bildern von der Heiligen Familie: Alte Bilder von Heiliger Familie prägen unsere Vorstellung von der Heiligen Familie stärker als die noch älteren Worte der Bibel. So etwa das Bild von der Heiligen Familie, das Erasmus Quellinus der Jüngere um 1650 malte und das im Suermondt-Ludwig-Museum in Aachen zu sehen ist.

Die Heilige Familie, eine Quelle der Ruhe und des Schutzes, der Geborgenheit, des Aufeinander-Angewiesenseins und der Eintracht in einer feindlichen, ungastlichen Welt. Die kleine Zelle, die Menschwerdung ermöglichen soll, in der Abkapselung von der bösen Umwelt, im Einstehen füreinander, mit klarer Rollenverteilung für (Ersatz-)Vater, Mutter und Kind. Familiäre Harmonie par excellence.

Doch wie spricht die Bibel von der Heiligen Familie? Von Maria, Josef und ihrem Sohn Jesus? Wie hört sich der biblische O-Ton an?

Während die Eltern sich Sorgen machten, machte sich ihr zwölfjähriger Sohn unabhängig von ihren Ängsten und Erwartungen und versuchte, die Lehrer der Lehre in Jerusalem zu bekehren, kehrte dann aber, bis seine Zeit gekommen war, „mit ihnen nach Nazareth zurück und war ihnen gehorsam. ... und seine Weisheit nahm zu, und er fand Gefallen bei Gott und den Menschen." (Lk 2, 51 f.)

Dann allerdings waren alle familiären Bande für ihn erledigt. Keine Gefühle der Dankbarkeit, keine Rücksichtnahme, weder Idylle noch Geborgenheit, sondern Konflikte um des Himmelreiches willen sind angesagt: „Was willst du von mir, Frau?" (Joh 2, 4)

„Da kamen seine Mutter und seine Brüder; sie blieben vor dem Haus stehen und ließen ihn herausrufen. Es saßen viele Leute um ihn herum, und man sagte zu ihm: Deine Mutter und deine Brüder stehen draußen und fragen nach dir. Er erwiderte: Wer ist meine Mutter, und wer sind meine Brüder? Und er blickte auf die Menschen, die im Kreis um ihn herumsaßen, und sagte: Das hier sind meine Mutter und meine Brüder. Wer den Willen Gottes erfüllt, der ist für mich Bruder und Schwester und Mutter." (Mk 3, 31-35)

„Wenn jemand zu mir kommt und nicht Vater und Mutter, Frau und Kinder, Brüder und Schwestern, ja sogar sein Leben gering achtet, dann kann er nicht mein Jünger sein." (Lk 14, 26)

„Zu einem anderen sagte er: Folge mir nach! Der erwiderte: Laß mich zuerst heimgehen und meinen Vater begraben. Jesus sagte zu ihm: Laß die Toten ihre Toten begraben; du aber geh und verkünde das Reich Gottes! Wieder ein anderer sagte: Ich will dir nachfolgen, Herr. Zuvor aber laß mich von meiner Familie Abschied nehmen. Jesus erwiderte ihm: Keiner, der die Hand an den Pflug gelegt hat und nochmals zurückblickt, taugt für das Reich Gottes." (Lk 9, 59-62)

Jesus zeigt keinen Respekt vor Blutsbanden. Seine Familie ist größer. Unglaublich, dieser Jesus! Kein Wunder, daß seine Familie ihn aus dem Verkehr ziehen wollte:
„Jesus ging in ein Haus, und wieder kamen so viele Menschen zusammen, daß er und die Jünger nicht einmal mehr essen konnten. Als seine Angehörigen davon hörten, machten sie sich auf den Weg, um ihn mit Gewalt zurückzuholen; denn sie sagten: Er ist von Sinnen." (Mk 3, 20-21)

Doch wo sind die Bilder, die zeigen, wie Jesus seine Eltern und Verwandten vor den Kopf stößt und die Gemeinde derer, die sich auf Gott verlassen, zu seiner neuen Familie macht? Wo wird der Auszug aus der Kleinfamilie bildhaft dargestellt?

Orientierung an der Heiligen Familie, das bedeutete lange Zeit Orientierung an der Kindheitsgeschichte Jesu, an einem Ideal von tiefem innigem Glück, seligmachender Verbundenheit, Wohlanständigkeit und Schutz vor Gefahren; und so ist das Bild der Heiligen Familie eher brav, süßlich, angepaßt und konfliktentwöhnt. Konflikte kommen hier nur von außen (wie bei der Flucht nach Ägypten), nicht aber von innen. Es sind zweifelsohne schöne Bilder von Heiliger Familie, die uns die Maler früherer Zeiten gemalt haben. Doch je schöner die Bilder, um so unvollkommener diejenigen, die sich in Orientierung am Originalbild als Nachahmer, Abbilder und Ebenbilder verstehen wollen. Und daher wirkt das Idealbild eher überfordernd destruktiv als konstruktiv aufbauend.

Genau hier liegt die Problematik der Familienpastoral: Woran soll sie sich orientieren? Es gibt so etwas wie eine geheime, unterbewußte Vorentscheidung für die gemalten Bilder, die ganze Christengenerationen verinnerlicht haben. Doch was machen wir mit den Worten des erwachsenen Jesus?

Während die gemalten Bilder von der Heiligen Familie Schönheit und Harmonie ausstrahlen, sprechen die Worte der Bibel vom Kampf um die rechte Wertorientierung. Neue Bilder braucht die christliche Familie – alten Worten gemäß! In ihnen müßte Familie erscheinen als ein Ort der Menschwerdung, in der sich die Ich-Stärke entwikkeln kann, die einen Menschen befähigt, aus seiner Familie heraus in eine größere Gemeinschaft hinein zu wirken, um mit anderen die Kreuzwege gehen zu können, auf die christliches Leben und Engagement einen Menschen führen.

Orientierung an der Heiligen Familie ist in diesem Sinne Auszug aus der Enge der eigenen Familie in die Familie, die Gemeinde sein soll, als Gemeinschaft derer, die den Willen Gottes erfüllen – ernsthaft am Reiche Gottes im Himmel und auf Erden interessiert, mit all den schönen und bitteren Konsequenzen, die diese Umorientierung bedeutet.

Wie versuchen wir diesen „pastoralen Spagat" im Bistum Aachen? Im Bistum Aachen wurden vor einiger Zeit mit allen, die in der Ehe-, Eltern- und Familienarbeit tätig sind, Orientierungshilfen mit Zielen und Inhalten der Elternbildung, Ehevorbereitung und Ehebegleitung erarbeitet. Dabei wurde der Versuch, sich an Jesus und seiner Botschaft zu orientieren, so formuliert (es folgen Auszüge)[9]:

- Voraussetzungen für ein zufriedenstellendes Zusammenleben mit einem Partner: z. B.
  - Gesprächsfähigkeit
  - Konfliktbereitschaft
  - Selbstannahme
  - Lösung aus kindhafter Vater- und Mutterbindung
  - Frustrationstoleranz

  (S. C 9)

- Jesus – seine Zärtlichkeit, sein liebevoller Umgang mit den Menschen, seine Konfliktbereitschaft, sein Umgang mit Scheitern und Mißerfolg, seine Leidensfähigkeit, sein Vertrauen, seine Versöhnungsbereitschaft usw. – als Vorbild, Ermutigung und Orientierung in Freundschaft und Partnerschaft. (S. C 10)

- Versuchen, so wie Jesus zu handeln, Vertrauen zu haben, Hoffnung zu erzeugen, Konflikte auszuhalten und auszutragen, treu zu sein, Vergebung zu schenken usw. (S. C 11)

- Die Selbstfindung des Kindes, seine Ich-Stärkung und Lebensbejahung fördern. (S.C 22)
- Erkennen, daß Glauben und Glaubenspraxis der Familie auf eine größere christliche Gemeinschaft angewiesen ist. (S. C 22)
- Den Kindern die Möglichkeit geben, ihr Sozialverhalten und die Selbstregulierung sozialer Beziehungen zu trainieren. (S. C 25)
- Umgang mit Konflikten und Frustrationen. (S. C 25)
- Das Familienleben so gestalten, daß die Kinder im familialen Mitvollzug ihre *eigenen* Glaubenserfahrungen machen können. (S. C 26)
- Das Angebot Gottes und die Botschaft Jesu den Kindern so verstehbar machen, daß sie sich in all ihren Ängsten, Nöten, Sehnsüchten und Freuden an den Vater im Himmel wenden dürfen. (S. C 27)
- Bereitschaft zur Konfrontation der eigenen Erziehungsauffassung mit den Erziehungsauffassungen anderer Eltern. (S. C 29)
- Das Einüben von Toleranz gegenüber Andersdenkenden. (S. C 30)

Alte Bilder sind schön, doch was wir brauchen, ist die Aktualisierung und Umsetzung ("il aggiornamento") noch älterer Worte: Rückkehr zu den Quellen biblischer Botschaften. Eine große Aufgabe liegt vor uns, und die Bibel erweist sich in der Auseinandersetzung mit traditionellen Bildern als notwendiger denn je zuvor. Bildbewältigung ist gefragt. Nur so bekommen wir Zugang zu den Phänomenen unserer Zeit, die auf Erlösung hoffen.

Nicht die alten Bilder helfen weiter, sondern die Botschaft der Befreiung von Vorstellungen und Normen, die sich statt am Reich Gottes an Idealen von Familie orientieren, die unterderhand zum Bild von der „Heiligen Familie" avancierten.

Rolf Mengelmann
Wenn die Liebe hinfällt
In der Beziehungskrise wird Sexualität oft zum „Kriegsschauplatz"

Seit 30 Jahren stehe ich selbst im Spannungsfeld einer Ehe und Familie, weiß um die vielen unerfüllten Hoffnungen und kenne aus eigenem Erleben die Sehnsüchte der Partner nach Zärtlichkeit und lustvoller genitaler Sexualität.

Sie begegnen mir auch immer wieder in der Praxis der Eheberatung. Und aus der Erfahrung einer 30-jährigen Beratungsarbeit kann ich feststellen: <u>Sexualität ist zu einem riesigen Problemfeld in Ehe und Partnerschaft geworden</u>.

Denn wenn die Liebe hinfällt, bleibt sie oft genug (zu) lange am Boden liegen und erholt sich nur sehr langsam.

Mit dieser vielleicht etwas provokativen und pessimistischen Einstimmung in das Thema möchte ich jedoch einladen zu einem Spaziergang in die sensible Welt der Erotik. Wir können auf diesem Weg Oasen aufspüren, die uns verweilen lassen, Quellen (neu) erschließen, aber möglicherweise auch vorstoßen an die eigenen Verletzungsgeschichten und Schmerzgrenzen.

Das Ziel dieser Reise?

Die Liebe neu entdecken und lustvoll (er)leben

Am Beginn einer Liebesbeziehung ist alles so wunderbar; ein Stück Himmel auf Erden. <u>Faszination</u> bestimmt das Verhalten der Liebenden. Sie entwickeln viel Phantasie, sich zu beschenken und zu verwöhnen, und sehen großzügig hinweg über die „Macken", die sie schon jetzt beim anderen entdecken. Liebe macht eben blind, wie eine alte Weisheit sagt. Die Liebenden können noch warten und genießen dankbar die Nähe erlebter (erliebter) Zweisamkeit.

Manchmal, wenn die Krise ein Paar so zur Verzweiflung gebracht hat, daß es sprachlos geworden ist und kaum noch positive Gefühle und Gedanken füreinander zum Ausdruck bringen kann, frage ich, was sie früher aneinander fasziniert hat, und leite sie an, darüber ins Gespräch zu kommen.

Oft ist es nach einer langen Zeit das erste Mal, daß sich die beiden hörend aufeinander einlassen und die verletzenden Waffen aus der Hand legen. Und wenn sie dabei das längst Verschollene – häufig tränengerührt – wieder zum Leben erwecken, beginnt nicht selten im Beratungsprozeß eine Atmosphäre menschlicher Nähe; <u>denn Liebe verwandelt die Welt</u>!

Ein Tabu ist zerbrochen

Das Wort „Sexualität" war für unsere Eltern- und Großelterngeneration ein Begriff, über den man eigentlich nicht sprechen sollte. Viele Menschen damals stolperten mehr oder weniger in die Pubertät. Eine sachliche, hilfreiche Aufklärung fand nicht statt, und erotische Gefühle waren mit Unsicherheit und Angst besetzt. Genitale Sexualität hatte, dem moralischen Anspruch gemäß, ausschließlich der Zeugung eines Kindes zu dienen.
Wie dankbar können wir heute den Wandel dieser Auffassung feststellen und begrüßen. Ältere Menschen aber fühlen sich zum Teil betrogen und beneiden oft die Jugend ob ihres großzügigeren und lustvolleren Verhaltens im Umgang mit der Sexualität.

Doch der radikale Umschwung im Verständnis von Sexualität und Partnerschaft zeigt immer deutlicher auch seine Schattenseite.
Sexuelles Verhalten ist weitgehend derart leistungsbezogen und bisweilen brutal geworden, daß viele Menschen, vor allem Frauen, sie kaum noch lustvoll genießen können.
In der Beratung ist eine der häufigsten Klagen von Frauen gegenüber den Partnern, daß sie sich oft sexuell von ihnen mißbraucht oder gar prostituiert fühlen. Die Aussage einer Frau kann hier für viele sprechen: „Ich denke mit Schrecken daran, wenn er abends nach Hause kommt. Dann soll ich möglichst sofort parat stehen und mit ihm schmusen, um dann später mit ihm zu schlafen. Gehe ich darauf nicht ein, weil ich müde und gestreßt bin von der Berufsarbeit und den Kindern, reagiert er sauer und geht in die Kneipe. Leider habe ich inzwischen meine Widerstände aufgegeben. Um Ruhe zu haben, tue ich so als ob ...
Mich ekelt das so an, daß ich mich selbst nicht mehr leiden kann. Ich will das so nicht mehr weitermachen."

Die Frau als Lust- und Liebesobjekt des triebgesteuerten Mannes?

Es scheint, als ob Sexualität immer mehr zur Ware wird. Jedenfalls besteht die Gefahr, es zu werden. Sexuelles Verhalten ist sehr entmenschlicht worden.
Ich sehe in der Sexualität zwei wesentliche Elemente, die aufeinander bezogen sind und ins Spiel kommen müssen:
Zärtlichkeit und genitale Sexualität.

Häufig wird heute Zärtlichkeit reduziert auf das Vorspiel zum Geschlechtsverkehr. Männern geht es nicht schnell genug, denn der Trieb drängt auf Befriedigung. Und hat sie sich dann – leider im Schnellverfahren – im Orgasmus erledigt, tritt „Funkstille" ein. Für die Frau eine bedrückende, tief verletzende, unmenschliche Situation, die, wenn sie häufig so erfahren wird, Gefühlskälte und Abscheu vor genitaler Sexualität bewirken kann.

Ich habe das Bild einer Frau vor Augen, die fassungslos folgendes schilderte:
„Mein Mann und ich hatten Streit an jenem Abend. Es ging mal wieder scheinbar um nichts. Aber dieses Mal stritten wir heftiger als sonst. Er hatte getrunken und war sehr aggressiv. Ich reagierte zynisch. Dann knallte er mir eine und ging wütend ins Schlafzimmer. Ich blieb noch lange im Wohnzimmer und überließ mich meinen Gefühlen. Tief enttäuscht über unsere Beziehung wollte ich dann auch schlafen gehen. Er lag wach im Bett, das Licht brannte noch. Beim Ausziehen konnte ich im Spiegel sehen, wie ihn mein 'Striptease' munter machte. Und noch bevor ich das Nachthemd überziehen konnte, hatte er mich geschnappt, küßte mich leidenschaftlich und wollte offenbar mit mir schlafen. Als ich mich losriß, knurrte er noch etwas Beleidigendes in seinen Bart, zog die Decke über den Kopf und wandte sich ab."
Wütend, enttäuscht und hilflos, wie er im Beratungsgespräch zugab.

In diesem Zusammenhang fällt mir der Titel eines Buches ein: „Männer lassen lieben" von Wilfried Wieck.[10]
Ein wahrhaftig ehrliches Buch, das mir beim Lesen manchmal den Atem verschlug, weil ich mich darin auch angestoßen fand. Aber ein Buch nicht nur für Männer; auch Frauen kann es Mut machen zu einem neuen Anfang.

Nein! In der Sexualität geht es nicht um Eroberung und Besitz, um Hörigkeit und Unterwerfung. Es geht um die Grunderhaltung des Schenkens und Empfangens.

Zärtlichkeit muß neu entdeckt und ausgeübt werden

Gemeint sind hier die kleinen Aufmerksamkeiten und Gesten, mit denen ich dem Partner/der Partnerin im Alltag begegnen kann, ganz selbstlos, ohne eine Gegenleistung zu fordern.
Alles ist möglich; nichts muß sein!
Hier möchte ich Ihnen eine Lesepause gönnen und Sie zum Nachdenken über das eigene Verhalten in der Sexualität einladen.

<u>für Männer</u>:
- wie geht es mir mit meiner Sexualität?
- wieviel Zeit nehme ich mir, meiner Partnerin liebevoll zu begegnen?
- wie zärtlich und rücksichtsvoll bin ich zu ihr?
- wie verhalte ich mich, wenn sie „keine Lust" hat zum Geschlechtsverkehr?
- wie nahe bleibe ich meiner Partnerin nach meinem Orgasmus?
- welche Aufmerksamkeit schenke ich meiner Partnerin im Alltag?

<u>für Frauen</u>:
- was bedeutet Sexualität für mein Leben, und welchen Platz hat sie in meiner Beziehung?
- wie reagiere ich, wenn mich der Partner sexuell bedrängt?
- was tue ich, um meinem Partner zu gefallen?
- wann habe ich zum letzten Mal die Initiative zum sexuellen Miteinander ergriffen?
- wie gut kennt mein Partner meine sexuellen Wünsche, und wie versuche ich, sie erfüllt zu bekommen?

Diese Impulse können eine Anregung sein, einmal über das eigene Sexualverhalten nachzudenken und vielleicht mit dem Partner/der Partnerin hierüber ins Gespräch zu kommen.

Wichtig ist es, sich in seinen Bedürfnissen und Wünschen dem Partner mitzuteilen. Nicht immer kann oder will der/die andere diese erfüllen. Partnerschaft in der Sexualität kann jedoch bedeuten, daß einmal mehr seine, einmal mehr ihre Bedürfnisse das sexuelle Miteinander beeinflussen.

Auch ein Seitensprung kann heilsam sein

Häufig ist er der letzte Anstoß zum Aufsuchen einer Eheberatungsstelle. Zugegeben: Es ist schmerzlich, damit konfrontiert zu sein, zu wissen, daß ich nicht mehr der/die Geliebte des Partners/der Partnerin bin. In vielen Fällen führt das sog. „Fremdgehen" zum Scheidungsrichter. Das muß nicht sein, wenn man das Faktum zunächst als das wohl deutlichste Zeichen wertet, daß die Beziehung in einer tiefen Krise steckt.
Hier kann die Eheberatung, die Arbeit des Paares an seiner Beziehung, einen wichtigen Dienst leisten. Meine Erfahrung ist es, daß sich in der Bearbeitung der Anteile in den Personen, die zur Krise geführt haben, viele Paare neu entdecken und verlieben. Der Seitensprung bzw. die außereheliche Beziehung bekommt einen anderen Stellenwert.
„Das flüchtige Abenteuer in der Kur hat mir ein Gefühl gegeben, das ich seit Jahren nicht mehr kannte: Ich bin noch attraktiv und liebesfähig." Diese Erfahrung einer Frau kann in der Tat helfen, die vielleicht schon tief begrabene Hoffnung auf eine bessere Ehezeit neu zu beleben, und die Liebe kann wieder auf(er)stehen.
Ich war oft Zeuge einer tief erfahrenen Vergebung und Versöhnung. Noch vor kurzem schrieb mir ein seit 20 Jahren verheiratetes Ehepaar, das erfolgreich seine Krise mit Hilfe des Beraters bewältigt hat, aus dem Urlaub: „Es ist wie eine Hochzeitsreise, und wir sind sehr, sehr glücklich."

Sexualität – ein Lebenselixier

Zweifellos ist die Sexualität eine der größten Kraftquellen für den Menschen; vor allem dann, wenn sie nicht auf vordergründigen Sex reduziert bleibt.

Aber leider werden in unserer heutigen Gesellschaft einige wichtige Verhaltensweisen nicht mehr gefördert oder gelten geradezu als altmodisch, etwa: Das Einüben in Askese (freiwilliges Verzichten auf ...), Rücksichtnahme, Einfühlen in den anderen Menschen, Einbeziehen der Gefühle in das Handeln, regelmäßige Zeiten zur Erholung für Leib und Seele.

Christoph Henkel, Mensch(w)erdung

Acht Seligkeiten zur Sexualität:

- Selig, die mit der Sexualität sorgsam umgehen und sie pflegen wie einen kostbaren Schatz; denn sie werden die wahre Liebe erfahren.
- Selig, die Rücksicht nehmen und andere nicht überfordern; denn sie werden begehrenswerte Liebhaber sein.
- Selig, die sich beherrschen können; denn sie werden lustvoller lieben.
- Selig, die in der Lage sind, ihre sexuellen Bedürfnisse auch unterzuordnen; denn so kann der Partner/die Partnerin den Ton angeben.
- Selig, die in der Beziehungskrise den wichtigen ersten Schritt auf den anderen zugehen; denn sie werden einen neuen Anfang setzen.
- Selig, die sich in ihrer Schwachheit annehmen können; denn sie werden Trost erfahren.
- Selig, die anderen zärtlich begegnen; denn sie werden die Welt verwandeln.
- Selig, die in der Liebe auf den anderen warten können; denn sie werden reich beschenkt.

ANMERKUNGEN

[1] Arbeitshilfe für die Gemeinden im Bistum Aachen „Neue Kultbewegungen und Weltanschauungsszene" Band 1, B. Kühlen-Verlag, Mönchengladbach, 10., ergänzte Auflage 1995.

[2] Arbeitshilfe für die Gemeinden im Bistum Aachen „Neue Kultbewegungen und Weltanschauungsszene", Band 2, B. Kühlen-Verlag, Mönchengladbach, 1. Auflage 1990.

[3] Vom Verfasser überarbeitete und gekürzte Übersetzung.

[4] Gen 1, 27 f.

[5] Vgl. zu Röm 5, 20 (wörtlich) die Übersetzung von Fridolin Stier: „Das Neue Testament", übersetzt von F. Stier ..., München-Düsseldorf 1989; auch Heinrich Schlier, „Der Römerbrief", Herders Theologischer Kommentar zum Neuen Testament, Band VI, Freiburg 1977, S. 158.

[6] „Die Märchen der Brüder Grimm", vollständige Ausgabe, Goldmann-Verlag, München, 15. Auflage 1/88, S. 32-34.

[7] Name wurde geändert.

[8] Die Übersetzung von Lk 9, 58 b: Vgl. „Die Heilige Schrift des Alten und Neuen Bundes", vollständige Ausgabe ..., von Prof. Dr. Vinzenz Hamp ..., Aschaffenburg 1966.

[9] „EHE – Orientierungshilfen für Elternbildung, Ehevorbereitung und Ehebegleitung im Bistum Aachen", hg. vom Bistum Aachen, Hauptabteilung Gemeindearbeit, Referat Familienarbeit, Aachen 1981-1985 (2. Auflage Dez. 1987).

[10] Wilfried Wieck, „Männer lassen lieben", Frankfurt/M., 4. Auflage 1991.

LEBEN AUSSPRECHEN ...

Wilhelm Bruners
Gebet zu einem „alleswissenden" Gott

Gott braucht nicht zu lernen,
er weiß schon alles,
        haben sie mir gesagt.

Aber von mir, Gott,
weißt du noch längst
nicht alles.
Ich habe dir noch nicht erzählt,
wie das war mit Doris,
die plötzlich nicht mehr gehen konnte.
Es hat mir die Sprache verschlagen.
Erst langsam finde ich Worte,
zornige Worte,
fragende Worte ...

Du weißt noch längst nicht alles,
Gott.

Ich habe dir noch nicht erzählt,
daß ich mich jeden Morgen freue,
wenn sich deine Sonne über die Häuser
Jerusalems tastet und sie reinwäscht
von allem Staub, von den Tränen der
Nacht, von den Gedanken der Rache
für angetanes Unrecht.

Auch das habe ich dir noch nicht
erzählt, alleswissender Gott,
daß ich manchmal Angst habe
vor dir, vor deinem Schweigen,
vor deinen Dunkelheiten,
vor deinen unberechenbaren Einfällen.

Das alles habe ich dir nicht erzählt.
Du warst viel zu beschäftigt,
und mir war nicht danach,
mit dir zu reden.
Woher sollst du also wissen,
was in mir vorgeht?
     Oder bist du ein Röntgenauge-Gott,
der mich durchschaut
und keine Ehrfurcht vor
meinem Geheimnis hat?

Wenn du schon alles weißt, Gott,
warum muß ich dann
noch mit dir reden?
Mir wäre lieber, du würdest
nicht alles wissen.
Dann hätten wir uns noch
viel zu sagen – und könnten
voneinander lernen.
Du von mir
und ich von dir.
Amen.

Werner Kallen
Ihr, die ihr nach Gott fraget, euer Herz lebe auf! [1]
– Eine Erwägung –

Wer fragt (in der Kirche!) noch nach – Gott?
Nach dem lebendigen, nicht berechneten, in Bewegung bringenden,
leidenschaftlichen, entzogenen, treuen, anwesenden, ohnmächtigen,
rätselhaften, liebenden, unfaßbaren, nahen, fremden,
fernen, vertrauten – Gott.
Wer fragt noch? Oder schreit noch?
Und tut das nicht in „legitimatorischer" Absicht?
In der Absicht nämlich der Selbstbestätigung:
der eigenen Meinung, der eigenen Struktur, der eigenen „Vision".

Oder:
Wer schweigt so von Gott,
daß man diesem Schweigen noch die Schale anmerkt,
die etwas hütet, einen Kern birgt?
Ein geheimnisvolles Schweigen, „darinnen" etwas bewahrt ist.
Verschwiegene Tiefe.

Euer Herz lebe auf!
Es schlage höher.
Werde unruhig.
Es fange Feuer und „brenne"!

ICH, der Herr, euer Gott
reiße das alte, enge Struktur-Herz aus eurer Brust.
Das progressive und das konservative.
Das moralische und das dogmatische.
Das laikale und das klerikale.
Das linke und das rechte.
Das „unten" und das „oben".

Das Herz – wenn es denn noch eines ist! – schlägt.
Von selbst.

ICH, der Herr, euer Gott
schenke euch ein neues, weites Herz.
Ein lebendiges, feuriges, liebesfähiges Herz.

Umsonst.

Wenn ihr es geschehen laßt.
Das ist ein Passiv.
Ein leidenschaftliches Passiv.
Grund-Öffnung.

„Schließlich müssen wir uns daran gewöhnen, daß es nicht nötig ist,
laut mit dem Herrn zu sprechen.
Gott,
der in uns weilt,
wird sich uns schon verständlich machen." (Teresa von Avila)[2]

Manfred Langner
mein leben
– zu psalm 23 –

Mein leben
eine lust ja
lust

mein leben
eine last ja
last

mein leben
zwischen last und
lust
zwischen licht und
dunkel

mein leben schön
schwer

aber
DU bist
in mir
bei mir
mit mir
da
für mich

amen

P. Rudolf Ostermann SJ
Drei Gebete[3]

Herr Jesus Christus!
Du hast in Deiner Vorsehung von Ewigkeit her jedem Menschen eine Aufgabe gestellt.

Du tust mir Deinen Willen kund, in der Stimme des Gewissens, in den Anlagen meines Charakters, in meinen Fähigkeiten, im Rat guter Menschen, in den Ereignissen der Tage, im Wirken Deiner Kirche.
In allem trifft mich Dein Ruf.
Laß mich im Licht Deiner Gnade den Weg erkennen, den ich gehen soll. Ich will Dir dienen, wie Du verlangst.
In Ehe und Familie – wenn Du es willst.
Im Verzicht auf die eheliche Gemeinschaft – wenn Du es willst.
In der Arbeit des Geistes – wenn Du es willst.
Im Werk meiner Hände – wenn Du es willst.
In Krankheit, Not oder der Gebrechlichkeit des Alters – wenn Du es willst.
Herr, was willst Du, das ich tun soll?
Führe mich den rechten Weg. Erleuchte meinen Verstand. Öffne mir Herz und Sinne für meine Bestimmung.
Zeige mir Deinen Willen und gib mir die Kraft und den Mut, ihn zu tun.

Herr Jesus Christus,
als Du aus eigener Kraft den Tod bezwangst, waren die Menschen fassungslos.

Auch Deine Jünger. Obwohl Du Deine Auferstehung mehrfach angekündigt hattest, kam sie für alle überraschend.
So wie ihnen geht es auch mir. Ich wundere mich nur. So wird es wohl immer sein. Die Männer werden nüchtern den Tatbestand prüfen und das undurchschaubare Geheimnis mißtrauisch betrachten. Die Frauen werden – nach dem Urteil der Männer – ihre „Gesichte" haben, denen man nicht glauben darf.
Mein Glaube an Deine Auferstehung hat seine Nöte und Schwierigkeiten. Wie Thomas, durch Dein innerweltliches Scheitern vom Zweifel gepackt, sich zurückzog und trotzig seinen Weg ging, so auch ich. Aber wie auf Thomas wartest Du auch auf mich. Du erfülltest seine anmaßende Forderung und führtest ihn zu dem Bekenntnis: „Mein Herr und mein Gott!" (Joh 20, 28) Du kannst auch mich dahin bringen.
Herr, schenke mir den Glauben an Deine Auferstehung. Laß mich Freude an Deinem Glück haben, weil Du die Schmerzen des Todes für immer durchlitten hast. Gib mir Freude über Deine Verheißung, selbst einmal an Deinem Glück teilzuhaben.
„Wenn wir aber mit Christus gestorben sind, so glauben wir, daß wir zugleich auch mit ihm leben werden, da wir wissen, daß Christus nach seiner Auferstehung von den Toten nicht mehr stirbt, der Tod über ihn fürder nicht herrschen wird. Insofern er starb, starb er ein und für allemal der Sünde; insofern er aber lebt, lebt er Gott. So betrachtet auch ihr euch als solche, die der Sünde abgestorben sind, für Gott aber leben in Christus Jesus unserem Herrn."

Herr Jesus Christus,
im Boot der Zeit wirst Du mir immer ein gutes Stück fremd bleiben. Erfolglose Nächte und Müdigkeit werden mich begleiten. Aber im Glauben weiß ich, daß Du bei mir bist. Und dieser Glaube soll einmal zu Schauen werden. Ich werde Dich sehen, wie Du bist.
Hier ist nur eins für mich wichtig: Deinem Wink folgen und das Netz auswerfen. Dir treu bleiben in den erfolglosen Nächten. Am Ufer der Ewigkeit stehst Du, um das Dunkel des Mißerfolges für immer zu vertreiben. Dort wirst Du mir schenken, was Deine Auferstehung bewirkte: das ewige Leben bei Dir.
Herr, laß mich in einer Welt, die glaubt, den Himmel auf Erden machen zu können, aus der Kraft Deiner Auferstehung leben.
Herr, hilf meinem Unglauben!

P. Rolf D. Pfahl SJ
Steht Gott bei mir in der Warteschlange?

„Ich habe meine täglichen Gebete vergessen, habe unregelmäßig, unandächtig gebetet, mir nicht richtig Zeit genommen für das Beten."

So lauten immer wieder Bekenntnisse von Menschen, denen „an sich" das Gebet ein echtes Anliegen ist, die aber dann doch oft feststellen, daß sie es vergessen haben oder daß einfach „die Zeit fehlte".

Für mich ist hierzu eine kleine Betrachtung gelegentlich eine Hilfe: Wenn ich morgens meinen Tag überdenke, dann wartet auf mich eine ganze Reihe von Terminen, Erledigungen und Verabredungen, teils ausdrücklich abgesprochen, teils selbstverständlich eingeplant wie Zähneputzen, Rasieren und Frühstück – hiervon wird nichts vergessen oder ausgelassen. Auch wenn ich mit jemandem einen Termin verabredet habe, kann der oder die Betreffende ziemlich sicher sein, daß ich mich an die Absprache halte und zur gegebenen Zeit anwesend bin.

Wenn ich all diese Termine eines Tages aneinander reihe, so ergibt dies eine ganze Liste, wie eine Warteschlange an der Bushaltestelle oder an der Kasse eines Supermarkts.

Irgendwo in dieser Schlange nun steht Gott, der Schöpfer Himmels und der Erde, er wartet auf meine Zeit und Aufmerksamkeit, er will sich von mir als mein Vater ansprechen lassen, er wartet darauf, daß ich ihm betend zuhöre.

Ist es nun nicht eigenartig: Was wir bei anderen Menschen nicht so leicht tun, fällt uns Gott gegenüber viel leichter:

– Tut mir leid, ich habe unseren Termin vergessen.

– Wir sind zwar verabredet, aber ich habe jetzt keine Zeit, keine Lust. Rück ein paar Plätze weiter nach hinten in meiner Warteschlange, vielleicht später, oder heute abend, falls noch irgendwo ein Rest Zeit übrig bleibt und ich nicht zu müde bin.

So lasse ich Gott, meinen Schöpfer und Erlöser, leichter als andere Gesprächspartner stehen – gleichzeitig gehe ich aber davon aus, daß er für mich jederzeit zu sprechen ist, wenn ich gerade Zeit und Lust habe. Und erstaunlicherweise habe ich dabei sogar recht: Gott selbst sagt mir zu, daß er, der Schöpfer Himmels und der Erde, jederzeit für mich zu sprechen ist, mir zuhört, mich nie mit leeren Händen stehen läßt.

Gott steht bei mir Schlange, er klopft an meiner Tür an und wartet, daß ich ihm öffne. (vgl. Offb 3, 20) Und ich meine wirklich, alles andere sei wichtiger?

Dabei sagt mir meine Erfahrung etwas anderes:

Gerade, wenn ich im Streß bin, ist es mir eine Hilfe, mich täglich einmal sozusagen neben mich selbst zu stellen und mich vor Gott zu fragen, was heute wirklich ansteht, was wichtig ist und was nicht. Die Zeit, die ich hierfür aufwende, spare ich locker ein bei dem, was ich auf Grund solcher Überlegung mit gutem Gewissen streichen kann.

Die tägliche Überlegung, ob ich mich heute rasiere oder mir die Zähne putze, habe ich längst gestrichen, beides ist morgens eben einfach „dran" und hat eine feste Zeit. Diese Routine ent-lastet. Wenn es für mich ebenso selbstverständlich ist, daß ich vor oder nach dem Frühstück eine Verabredung mit Gott habe, wird mir dies genauso eine gute Gewohnheit. Immer besser begreife ich: es lohnt sich für mich, wenn ich Gott nicht warten lasse. Schließlich ist es gut zu wissen, daß er auf mich wartet.

Ewald Vienken
„An den Zweigen läßt sich erkennen ..."
Eine Gewissenserforschung

1 a) Zweige stehen für Wachstum und Leben,
gewähren Schutz und Schatten,
vermitteln Heimat und Geborgenheit.

Im Schatten des Kreuzes
dürfen wir unsere Schatten loswerden,
Seine Zweige überragen Raum und Zeit,
und Seine Blätter welken nicht.

Wer sich in Ihnen birgt,
geht nicht verloren.

b) Nicht, daß ich Gott nicht anerkennen würde,
ist meine Sünde, sondern

– daß ich Seine Liebe bis in den Tod vielleicht
registriere, aber nicht wirklich erwidere;

– daß ich meine Schatten lieber verdränge,
als sie in Sein Kreuz hineinzugeben;

– daß mir alles andere oft wichtiger ist
als Seine Freundschaft mit mir.

2 a) Mit Zweigen in den Händen
jubeln sie Dem zu, Der in seine Stadt
einzieht: „Hosianna dem Sohne Davids!"

Und ein wenig später:
„Nicht Dieser, sondern Barrabas!"

Statt der Palmzweige die Dornenkrone,
statt des Jubels Hohngelächter.

„Gruß Dir, König der Juden!"

b) Nicht, daß ich mit anderen manchmal
aneinandergerate, ist eigentlich meine Sünde,
sondern

- daß ich launisch heute so, morgen so sein kann;
- daß ich mich bis zur Verlogenheit der herrschenden Stimmung anzupassen verstehe;
- daß ich auf Kosten anderer meinen Spaß und Vorteil suche.

3 a) Zweige können verdorren, absterben.
Sie taugen zu nichts mehr,
werden ins Feuer geworfen.

Wenn schon dem „grünen" Holz Gewalt angetan wird,
was wird dann mit dem dürren geschehen?

Dürres Holz zu sein –
ein kaum zu ertragender Gedanke!

b) Nicht, daß mir dieses oder jenes wieder einmal
unterläuft, ist eigentlich meine Sünde,
sondern

- daß ich mich einfach damit abfinde;
- daß ich mich mit dem Elend, das andere quält, nicht belasten will;
- daß ich – wo es nicht gerade sein muß – keine Verantwortung für das Ganze übernehme.

4 a) An den Zweigen läßt sich erkennen,
daß der Sommer nahe ist.
Ihre Blätter geben Auskunft,
was an der Zeit ist:

Zeit zu säen, Zeit zu ernten,
Zeit zu schweigen, Zeit zu beten,
Zeit zu trauern, Zeit zu trösten.

Wachsam sein, unterscheiden, entscheiden.

b) Nicht, daß ich mir manchmal zuviel oder
zuwenig zumute, ist eigentlich meine Sünde,
sondern

- daß ich entweder nur im Streß bin oder
  einfach die Zeit totschlage;
- daß ich kaum noch zuhöre und zu verstehen suche;
- daß ich nicht in mich hineinhorche und die
  leisen Töne kaum noch wahrnehme.

5 a) In der Offenbarung des hl. Johannes heißt es:
„Danach sah ich eine große Schar aus allen Nationen.
Sie standen vor dem Thron und vor dem Lamm und trugen
Palmzweige in den Händen!"

Ausblick auf Gottes neue Schöpfung,
auf den neuen Himmel und die neue Erde,
auf Frieden und Sieg!

Erinnerung an die Zukunft.

b) Nicht, daß ich keine Hoffnung mehr hätte,
ist meine Sünde, sondern

- daß ich den Genuß sofort will und Triebaufschub
  für mich zum Fremdwort geworden ist;
- daß ich in Bedrängnissen wehleidig bin;
- daß ich mich für den neuen Himmel und die
  neue Erde nur halbherzig oder gar nicht einsetze.

Arnold Vitzer
Abendgebet eines Eheberaters

Herr, wieder liegt ein Tag hinter mir,
der gefüllt war von Gesprächen
mit Menschen in Nöten und Krisen
voller Verzweiflung, Resignation,
Depression, Hoffnungslosigkeit und Angst.

heute morgen:

– *Frau S., Mutter von drei Kindern, die keine Hoffnung mehr sieht, da ihr Mann sie verlassen will, weil er sich in eine andere verliebt hat.*

– *Das Ehepaar, das sich nichts mehr zu sagen hat, das sich das Leben gegenseitig schwer macht. Beim kleinsten Anlaß streiten sie wegen Nichtigkeiten. Weil zwei kleine Kinder da sind, wollen sie sich nicht trennen, sehen aber auch, daß es so nicht weitergeht.*

– *Die verzweifelte Anruferin, die bereit war, ihrem Mann zu verzeihen, wenn er das andere Verhältnis beendet. Soeben hatte sie erfahren, daß ihr Mann doch wieder am Wochenende bei der anderen Frau war.*

heute nachmittag:

– *Frau M., Mutter von zwei kleinen Kindern, die ihren schwerkranken Vater bei sich zu Hause pflegt, die sich überfordert sieht, da sie am Ende ihrer Kräfte ist und von niemandem Hilfe erwarten kann.*

– *Herr B., der versucht, es seiner Familie recht zu tun, aber in den Augen seiner Frau alles falsch macht. Seine Frau fordert, daß er aus dem Haus auszieht. Er weiß nicht mehr ein noch aus.*

– *Das junge Paar; der Mann schafft es nicht, sich vom Elternhaus zu lösen. Die Ehefrau fühlt sich zurückgestellt und bevormundet. Sie stellt ihn nun vor die Alternative: „Entweder ich oder deine Mutter."*

Herr, ich war für diese Menschen da, ich habe sie angenommen, ich habe mir Zeit für sie genommen.
Ich habe versucht, ihnen zu helfen:

– ihr Problem anzugehen

– Möglichkeiten der Veränderung und Bewältigung zu finden

– ihren Weg zu finden

Ich habe versucht,

– ihnen Mut zu machen

– neue Hoffnung zu wecken

Aber jedes Gespräch hatte auch ein Ende. Ich mußte mich verabschieden.
Diese Menschen sind wieder alleine. Ihr nächstes Gespräch bei mir ist nächste oder übernächste Woche.

Heute bleiben bei mir Fragen, Befürchtungen, vielleicht auch Ängste, wenn ich an diese Menschen denke:

– habe ich ihnen wirklich helfen können?

– habe ich ihre Erwartungen an Beratung, an Hilfe, an Begleitung erfüllen können?

– gab es nicht auch Erwartungen, die ich gar nicht erfüllen kann?

– wie geht es weiter?

– gibt es Lichtblicke, oder verstärken sich die Probleme?

Herr, ich habe getan, was ich konnte.
Jetzt kann ich Dir nur diese Menschen anvertrauen, daß sie ihren Weg wieder finden, diesen Lebensweg wieder glücklicher und zufriedener gehen können. Soweit es in meinen Kräften steht, bin ich bereit zu helfen.
Du hast uns gesagt: „Kommt alle zu mir, die ihr mühselig und beladen seid."
Ich vertraue Dir heute ganz besonders diese Menschen an.
Vielleicht haben sie Dein Angebot vergessen oder kennen es nicht.
Laß sie Deine Nähe und Güte spüren.
Du hast uns die Zusage gegeben: „Wie mich der Vater geliebt hat, so liebe ich auch euch."
Laß diesen Menschen Deine Liebe und Zuneigung bewußt werden, daß sie neue Kraft und Hoffnung schöpfen, ihre Probleme zu bewältigen, und neue Wege ihres Lebens finden.

Morgen ist ein neuer Tag. Wieder kommen Menschen mit ihren Sorgen und Nöten zu mir.
Ich richte meine Bitte an Dich: „Herr, bleibe bei uns!"
Mit Deiner Zusage: „... ich bin bei euch ..." kann ich morgen wieder für andere Menschen dasein.

A m e n .

Sr. Christl Winkler
Jesus, wachse in mir

Wachse, Jesus, wachse in mir.
Wachse in mir, in deiner Liebe zu den Menschen,
die sich in Ängsten, Bedrängnis, Gebrechlichkeit zeigt.

Wachse in mir in deiner Liebe zum Leben,
die über den Weg der Ohnmacht und des Sterbens führt.

Wachse in mir in deiner Liebe zur Freiheit,
die nach außen gebunden und nach innen frei ist.

Wachse in mir in deiner Liebe zum Vater,
die da ist – in seiner Nähe und in seiner Ferne.

Wachse, Jesus, wachse in mir.
Wachse in mir in deiner leidensfähigen Liebe,
die Belastbarkeit und Gradheit zeigt.

Wachse in mir mit deiner einsamen Liebe,
die geschmäht und unverstanden
und trotzdem ganz vergebend ist.

Wachse in mir mit deiner schweigenden Liebe,
die in ihrem Schweigen Menschen verwandelt.

Wachse in mir in deiner gekreuzigten Liebe,
die dich als Sohn Gottes offenbart.

Wachse in mir in deiner verschwenderischen Liebe,
die sich selbst liebt und sich doch vergessen kann.

Laß mich wachsen, Jesus,
in das Geheimnis deiner großen Liebe
zur Verherrlichung des Vaters
und zur größeren Ehre Gottes.

Ernst Schneider
Heimfahrt von einer Pastoralkonferenz

Ja, es war ein anstrengender und schwieriger Abend.
Es ist alles ganz anders gekommen,
als wir es geplant hatten und ich es erwartet habe.
Viel Engagement, aber gegensätzliche Richtungen.
Klare Positionen, aber auch sehr endgültige Urteile.
Wie kann und soll der Weg in die Zukunft dieser Kirche gehen?

Jetzt und in ähnlichen Augenblicken nimmt mich Sorge,
ja bisweilen auch Angst um die Zukunft
dieser unserer Kirche gefangen.
Wie können sie alle – trotz so vieler Polarisierungen –
noch miteinander eine Kirche bleiben –
wie gelingt es ihnen, beieinander zu bleiben:
den Traditionalisten und den Reformern,
den Männern und den Frauen,
den Patriarchalisten und den Feministinnen,
den Intellektuellen und den Praktikern,
den Hauptamtlichen und den Ehrenamtlichen,
den Moralisten und den Lebensfrohen,
den Dogmatischen und den politischen Aktivisten,
den Bischöfen und den Basischristen,
den Klerikern und den Laien,
den Alten und den Jungen ...

Sorge, ja manchmal auch Angst nimmt mich gefangen.
Aber „Angst", Herr, ist keine Vokabel aus Deinem Evangelium.
Im Gegenteil – Du sagst uns: „Ängstigt euch nicht!" (Lk 12, 29)
Aber keine Angst verschwindet allein auf ein Wort hin,
da sind die Erfahrungen stärker ...

Du gibst zu bedenken: „Neuer Wein gehört
in neue Schläuche" (Mk 2, 22),
die alten werden vom neuen, jungen Wein zerrissen.
Wenn in unseren Tagen so manche
kirchliche Lebensform brüchig ist,
wenn wir so manches nicht mehr wie gewohnt leben
oder be"dienen" können,
dann gärt und arbeitet der neue, junge Wein,
dann zeigt uns das die Herausforderung und Radikalität
Deines Evangeliums,
der immer noch neuen und jungen Botschaft.

An den Brüchen unserer Kirche und unserer Gesellschaft
stößt Du mich
auf diese Wahrheit –
doch will ich sie sehen und annehmen?
Oder geht mir nicht leichter ein Lamento und Klagen
über die Lippen!?

Herr, Du weißt, wie Du die Menschen in Deiner Kirche
beieinander halten kannst.
Dein Wort kann unsere Enge weit machen.
Deine Nähe verbindet uns, wo wir oft nur mehr schwer
miteinander reden können.
So hilf Du mir, gegen meine Ängste anzugehen.

Ich will gehen – hingehen, wohin Du schon gegangen bist,
und ich will hinschauen, wo Du längst schon da bist.
Ich will schauen, was Dein Evangelium in dieser Zeit wirkt,
so bunt, so vielfältig, so lebendig.
Ich will es annehmen und dafür dankbar sein.

Dein Wort ist auch in meiner Zeit dynamisch und lebendig.
Es ist Evangelium: neue, junge, frohmachende Botschaft.

Anmerkungen

[1] Ps 69, 33 nach Martin Buber: „Die Schrift, verdeutscht von Martin Buber gemeinsam mit Franz Rosenzweig", Band 4, 6. Auflage der neu bearbeiteten Ausgabe von 1962, Heidelberg 1986.

[2] Teresa von Avila (1515-1582), Werke, Band 6: „Weg der Vollkommenheit", München, 3. Auflage 1980, S. 150.

[3] Die drei Gebete stammen aus dem Nachlaß von P. Rudolf Ostermann SJ. Die Schriftstelle am Ende des zweiten Gebets findet sich bei Röm 6, 8-11. Die hier vorliegende freie Übersetzung stammt von P. Ostermann.

Anhang

Autorinnen und Autoren

Herbert Arens
geb. 1939, Dr. theol., Pfarrer, Leiter der Abteilung Liturgie in der Hauptabteilung Gemeindearbeit, Subsidiar.

Ulrich Bätz
geb. 1956, verh., 4 Kinder, Dr. phil., Mitarbeiter des Bischöflichen Generalvikariats (z. Zt. vom Bistumsdienst beurlaubt), Forschungsleiter am Institut für Pädagogik und Päd. Psychologie der Universität Fribourg/Schweiz.

Günter Bartczek
geb. 1948, verh., 3 Kinder, Dr. theol., Familientherapeut (DFS), Leiter des Referates Bibelarbeit in der Hauptabteilung Gemeindearbeit, Diözesanleiter des Kath. Bibelwerks im Bistum Aachen.

Eva-Marie Beckers
geb. 1944, verh., 2 Kinder, Bürokauffrau, Referatssekretärin/Sachbearbeiterin des Referates Frauenarbeit und der kfd (Bistum Aachen) in der Hauptabteilung Gemeindearbeit.

Hermann-Josef Beckers
geb. 1944, verh., 2 Kinder, Dr. päd., Studium der kath. Theologie und Mathematik, stellvertretender Leiter der Hauptabteilung Gemeindearbeit, Leiter der Abteilung Kirchliche Erwachsenenarbeit in der Hauptabteilung Gemeindearbeit, Dozent an der Kath. Fachhochschule Aachen, zahlreiche Veröffentlichungen.

Hans Günter Bender
geb. 1928, Dr. phil., Spiritual, interessiert an Philosophie, Theologie und deren Auswirkung in Pastoral und Spiritualität.

Franz-Josef Breuer
geb. 1946, verh., 2 Kinder, Verw.-Angestellter, Jugend- und Erwachsenenbildner, Leiter der Abteilung Situationsbezogene Seelsorge in der Hauptabteilung Gemeindearbeit.

Wilhelm Bruners
geb. 1940, Dr. theol., Priester des Bistums Aachen, lebt in Jerusalem, Leiter der Bibelpastoralen Arbeitsstelle in Jerusalem (angegliedert dem Kath. Bibelwerk Österreichs), Kurstätigkeit im Heimatbistum Aachen, Exerzitienarbeit in Israel und Deutschland, schreibt (religiöse) Lyrik, Mitglied von LYRIS, einer Vereinigung jüd. Schriftsteller und Schriftstellerinnen deutscher Sprache in Israel, zahlreiche Veröffentlichungen.

Gisela Bücken
geb. 1937, verh., 2 Kinder, Großhandelskauffrau, Sekretärin in den Referaten Frauenarbeit/kfd (Bistum Aachen) und Alleinerziehende in der Hauptabteilung Gemeindearbeit.

Veronika Bünger
geb. 1954, Stud. Ass., Sekretärin/Sachbearbeiterin der Abteilung Verkündigung und Umweltfragen in der Hauptabteilung Gemeindearbeit.

H. Herbert Busch
geb. 1954, verh., 1 Kind, Dipl.-Soz.-Päd. (Sozialtherapie), seit 1987 Referent und Berater im Referat für Sekten- und Weltanschauungsfragen in der Hauptabteilung Gemeindearbeit.

Jürgen Damen
geb. 1947, verh., 3 Kinder, Lehrer, Dipl.-Päd., Leiter des Referates Öffentlichkeitsarbeit in der Abteilung Kirchliche Jugendarbeit, Hauptabteilung Gemeindearbeit.

Anni Decker
geb. 1932, Bürokauffrau, Sekretärin/Sachbearbeiterin im Referat Kirchenmusik in der Hauptabteilung Gemeindearbeit.

Ulrich Deller
geb. 1952, verh., 2 Kinder, Dipl.-Päd., Supervisor, Dr. phil., Leiter der Abteilung Kirchliche Jugendarbeit in der Hauptabteilung Gemeindearbeit.

Gabriele Eichelmann
geb. 1954, verh., 3 Kinder, Dipl.-Theol., Pastoralreferentin, Ehe-, Familien- und Lebensberaterin, Organisationsberaterin, Leiterin des Referates Gemeinde- und Dekanatsberatung in der Hauptabteilung Gemeindearbeit.

Edmund Erlemann
geb. 1935, Propst in Mönchengladbach, Vorsitzender der Projektgruppe „Kirche und Arbeiterschaft" im Bistum Aachen.

Norbert Geis
geb. 1952, verh., 2 Kinder, Dipl.-Theol., Dipl.-Sozialarbeiter, Berater in der Psychosozialen Beratung im Bistum Aachen innerhalb des Schwerpunktes „Hilfe zum Weiterleben".

Marie-Theres Hansen-Weitz
geb. 1948, verh., 2 Kinder, Ausbildung zur Bürokauffrau im Bischöflichen Generalvikariat, Sekretärin/Sachbearbeiterin im Referat Frauenarbeit/kfd (Bistum Aachen) in der Hauptabteilung Gemeindearbeit.

Anselm Hartmann
geb. 1959, verh., Dr. phil., Pianist, Musikwissenschaftler, Musikpädagoge, Hochschullehrer, Direktor der Kirchenmusikschule St.-Gregorius-Haus, Aachen.

Erich Johannes Heck
geb. 1922, verh., Dr. theol., Dr. phil., Mitarbeiter bei einzelnen Unterrichtswerken für den Religionsunterricht, Verfasser mehrerer Publikationen und zahlreicher Aufsätze, Dozent in der Erzbischöflichen Bibel- und Liturgieschule Köln mit dem Fach: Die Kunst als Deuterin der Heiligen Schrift.

Christoph Henkel
geb. 1926, Dr. päd., Pastor im Eifeldorf Abenden, gleichzeitig von 1973-1986 Dozent im Fachbereich Soziologie an der Universität Dortmund; bedeutsam wurde ihm der befruchtende Bezug zwischen Theologie und Soziologie; schriftstellerisch und malerisch tätig.

Hans Albert Höntges
geb. 1928, Pfarrer in Aachen, mehrere Buchveröffentlichungen und zahlreiche Zeitschriftenartikel.

Friedhelm Hofmann
geb. 1942, Dr. phil., 1. Vorsitzender des Vereins für Christliche Kunst im Erzbistum Köln und Bistum Aachen e. V., Weihbischof in Köln.

Elisabeth Jansen
geb. 1947, verh., 1 Kind, Verwaltungsangestellte, Sekretärin/Sachbearbeiterin der Abteilung Liturgie in der Hauptabteilung Gemeindearbeit.

Paul Jansen
geb. 1936, verh., Dr. päd., Leiter des Referates Redaktionsaufgaben in der Hauptabteilung Gemeindearbeit, Verfasser von Artikeln in Büchern und Zeitschriften.

Arno Jenemann
geb. 1946, verh., Lic. theol., Psychodrama-Leiter, Leiter des Referates für Gemeindekatechese in der Hauptabteilung Gemeindearbeit.

Werner Kallen
geb. 1956, Theologe, verschiedene kirchliche Tätigkeiten, arbeitet z. Zt. in der Katholischen Student-inn-engemeinde in Mönchengladbach, sucht nach einer eigenen Sprache, vor allem im Grenzbereich von Lyrik und Theo-logie, mehrere Veröffentlichungen.

Siegfried Kruse
geb. 1934, verh., 2 Kinder, Dr. theol., ev. Pfarrer, seit 1979 Leiter der ökumenischen Telefonseelsorge Aachen-Eifel.

Maria Kübel
geb. 1949, Dipl.-Psych., Psychotherapeutin, zur Zeit tätig in der Psychologisch-Psychotherapeutischen Beratungsstelle für Studenten, Träger Bistum Aachen.

Anja Künzel
geb. 1963, Dipl.-Theol., Mitglied der Arbeitsgruppe „Kirchliche Architektur und Sakrale Kunst (AKASK)" der Liturgiekommission der Deutschen Bischofskonferenz, Leiterin eines Projektes „Kirchenbau und Gemeindebildung" (1992-1995) im Bistum Aachen, seit dem 1.3.1996 Tätigkeit als Pastoralassistentin im Bistum Aachen.

Karl-Heinz Kurze
geb. 1940, verh., 4 Kinder, Dr. theol., Leiter der Abteilung Verkündigung und Umweltfragen in der Hauptabteilung Gemeindearbeit, Umweltbeauftragter des Bistums Aachen.

Bert Landen
geb. 1935, verh., 2 Kinder, Sozialarbeiter, Leiter des Referates Freizeitpastoral in der Hauptabteilung Gemeindearbeit.

Manfred Langner
geb. 1954, verh., 2 Kinder, Dipl.-Theol., Pastoralreferent, Ausbildung zum Exerzitienbegleiter, Beauftragter für Exerzitienarbeit (Referat Exerzitienarbeit) in der Hauptabteilung Gemeindearbeit, schreibt religiöse Lyrik, mehrere Veröffentlichungen.

Gabriele Laumen
geb. 1957, verh., Dipl.-Theol., Pastoralreferentin, Leiterin des Referates Krankenhaus- und Behindertenpastoral in der Hauptabteilung Gemeindearbeit, außerdem in der Kurseelsorge (Aachen-Burtscheid) tätig.

Doris Lintzen
geb. 1944, Ausbildung zur Bürokauffrau im Bischöflichen Generalvikariat, seit 1972 Leiterin des Geschäftszimmers der Hauptabteilung Gemeindearbeit.

Gerhard Ludewig
geb. 1944, verh., 2 Kinder, Dipl.-Psych., Psychotherapeut, z. Zt. tätig in der Psychologisch-Psychotherapeutischen Beratungsstelle für Studenten, Träger Bistum Aachen.

Christa Matenaar
geb. 1950, Dipl.-Päd., Theologin, klinische Transaktionsanalytikerin, Tätigkeit in Ehe-, Familien- und Lebensberatung, Leiterin der ökumenischen Telefonseelsorge Düren-Heinsberg-Jülich.

Rolf Mengelmann
geb. 1936, verh., 2 Kinder, Soz.-Päd., dipl. Berater in der Ehe-, Familien- und Lebensberatung, Leiter der Abteilung Territoriale Gemeindearbeit in der Hauptabteilung Gemeindearbeit.

Heinrich Mussinghoff
geb. 1940, Dr. theol., 1978-1981 betreute er die Studierenden an der Universität Münster, die sich auf einen pastoralen und religionspädagogischen Dienst vorbereiteten, 1980-1995 Mitglied des Domkapitels in Münster, seit 1990 Dompropst, 1981-1995 als Offizial Leiter des Kirchlichen Gerichtes in Münster, seit 1995 Bischof von Aachen.

P. Rudolf Ostermann SJ
1925-1994, u. a. Diözesanmännerseelsorger im Bistum Aachen, Diözesanpräses der Sozialen Seminare im Bistum Aachen, Dozent an der Bischöflichen Akademie.

Elisabeth Pajonk
geb. 1959, gesch., 2 Kinder, Dipl.-Soz.-Päd., Familientherapeutin, Tätigkeit im Referat Alleinerziehende in der Hauptabteilung Gemeindearbeit.

P. Rolf D. Pfahl SJ
geb. 1939, Lic. phil., Dr. theol., Beichtvater und Exerzitienbegleiter in Aachen.

Ursula Pöppinghaus
geb. 1941, Lehrerin für Kontemplation, Begleitung von Menschen auf dem spirituellen Weg, Fortbildungsangebote in Sakralem Tanz, Leiterin des Referates Gemeindedienste in der Hauptabteilung Gemeindearbeit.

Franz Reidt
geb. 1931, verh., 3 Kinder, Dipl.-Ing., Architekt, Leiter der Hauptabteilung Bauwesen und Liegenschaften im Bischöflichen Generalvikariat Aachen.

Karl Schein
geb. 1931 in Aachen, Studium der kath. Theologie in Bonn und Aachen, 1958 Priesterweihe, anschließend drei Kaplanstellen im Bistum Aachen, von 1966-1975 Militärpfarrer auf dem Fliegerhorst Nörvenich/Kreis Düren, 1976-1978 Regionalpfarrer und Leiter der Regionalstelle Düren, 1979-1983 Leiter der Abteilung „Priester, Diakone und Laien im pastoralen Dienst" im Bischöflichen Generalvikariat, 1983-1996 Leiter der Hauptabteilung Gemeindearbeit im Bischöflichen Generalvikariat, 1985-1996 Hochschulreferent des Bistums Aachen, 1991-1995 Vorsitzender der Kath. Bundesarbeitsgemeinschaft für Beratung e. V.

Mario Schleypen
geb. 1960, verh., 2 Kinder, Dipl.-Theol., Referent für Altenarbeit in der Region Aachen-Stadt, Mitarbeit in der diözesanen Arbeitsgruppe „Altenarbeit" im Bistum Aachen, seit dem 1.3.1996 Tätigkeit als Pastoralassistent im Bistum Aachen.

Dorothee Schmidt
geb. 1970, Kauffrau im Groß- und Außenhandel, Sekretärin/Sachbearbeiterin in den Referaten Ausländerpastoral, Krankenhaus- und Behindertenpastoral und Exerzitienarbeit in der Hauptabteilung Gemeindearbeit.

Doris Schmitz
geb. 1944, Ausbildung zur Bürokauffrau im Bischöflichen Generalvikariat, Sekretärin/Sachbearbeiterin der Abteilung Situationsbezogene Seelsorge in der Hauptabteilung Gemeindearbeit.

Ernst Schneider
geb. 1947, Diözesanfrauenseelsorger im Bistum Aachen, Pfarrer in Simmerath-Eicherscheid und Simmerath-Hammer/Eifel.

Josef Schneider
geb. 1930, verh., 2 Kinder, früher u. a. Leiter des Referates Kirchenmusik in der Hauptabteilung Gemeindearbeit und Direktor der Kirchenmusikschule St.-Gregorius-Haus Aachen, z. Zt. Vizepräsident ACV, Mitglied der Arbeitsgruppe „Musik im Gottesdienst (Amig)", Mitarbeiter bei „Liturgie im Fernkurs", Mitarbeiter im Priesterseminar Aachen.

Johannes Schnettler
geb. 1953, verh., 3 Kinder, Dipl.-Theol., Leiter des Referates Friedensförderung in der Hauptabteilung Gemeindearbeit, Vizepräsident von Pax Christi.

Franz-Josef Schümmer
geb. 1952, verh., 3 Kinder, Dipl.-Theol., Pastoralreferent, Diözesanbeauftragter für Seelsorge mit Sinti und Roma im Bistum Aachen.

Conrad M. Siegers
geb. 1949, verh., 3 Kinder, Dipl.-Theol., Kommunikationstrainer, seit 1977 Leiter des Referates Familienarbeit in der Hauptabteilung Gemeindearbeit, zahlreiche Veröffentlichungen.

Herbert Steinbusch
geb. 1939, Pfarrer in Aachen, Spiritual am Priesterseminar Aachen, Bischöflicher Beauftragter für den Ständigen Diakonat im Bistum Aachen.

Elvira Storms
geb. 1955, verh., IHK-geprüfte Sekretärin, Sekretärin/Sachbearbeiterin in den Referaten Familienarbeit und Altenarbeit in der Hauptabteilung Gemeindearbeit.

Ewald Vienken
geb. 1946, Dr. theol., Priester des Bistums Aachen, verschiedene Zusatzqualifikationen, Direktor des Jugendbildungshauses des Bistums Aachen „Haus Eich".

Arnold Vitzer
geb. 1950, verh., 2 Kinder, Dipl.-Theol., Pastoralreferent, dipl. Ehe-, Familien- und Lebensberater, Leiter des Referates Eheberatung in der Hauptabteilung Gemeindearbeit, Leiter der Ehe-, Familien- und Lebensberatung in Düren.

Lieselore Wald
geb. 1946, verh., 1 Kind, Industriekauffrau, IHK-geprüfte Sekretärin, Sekretärin/Sachbearbeiterin der Abteilung Kirchliche Erwachsenenarbeit in der Hauptabteilung Gemeindearbeit.

Marianne Willemsen
geb. 1961, verh., 1 Kind, Dipl.-Theol., Ausbildung in Familientherapie und systemischer Supervision, Fortbildung in Transaktionsanalyse, Leiterin des Referates Frauenarbeit in der Hauptabteilung Gemeindearbeit.

Wilhelm Willms
geb. 1930, Priester des Bistums Aachen, Lyriker, Mitglied der europäischen Autorengemeinschaft „Die Kogge", Texter vieler bekannter neuer geistlicher Lieder, Lyrik in mehreren Anthologien, Mitarbeit in Rundfunk und Fernsehen, zahlreiche Veröffentlichungen.

Sr. Christl Winkler
geb. 1945, Gymnasiallehrerin für Mathematik, Physik, Religion, Kongregation der Helferinnen, Exerzitienbegleiterausbildung, Leiterin des Referates Exerzitienarbeit in der Hauptabteilung Gemeindearbeit.

Andreas Wittrahm
geb. 1958, verh., 1 Kind, Dipl.-Psych., Dipl.-Theol., Leiter des Referates Altenarbeit in der Hauptabteilung Gemeindearbeit, Lehrbeauftragter an der Kath. Fachhochschule Köln, zahlreiche Veröffentlichungen.

Maximilian Wolters
geb. 1937, langjährige Tätigkeit als Kaufmann, Exerzitienbegleiterausbildung, Pfarrer in Hückelhoven und Bischöflicher Beauftragter für Exerzitienarbeit im Bistum Aachen.

Michael Zielonka
geb. 1942, Eisenbahner, Lic. phil., Mag. theol., Pfarrer in Aachen, Autor und Dozent, zahlreiche Veröffentlichungen.

BILDNACHWEIS

Der Herausgeber dankt allen für die freundlich erteilte Abdruckerlaubnis:

S. 41   © Leszek Holdanowicz. Das Plakat stammt aus den Sammlungen des Staatlichen Museum Auschwitz.

S. 50   © Janosch, „Oh, wie schön ist Panama", 1986 Beltz-Verlag, Weinheim und Basel, Programm Beltz & Gelberg, Weinheim

S. 66   © Pejo Weiß, Monschau

S. 68ff. © H. Herbert Busch, Heinsberg

S. 77   © Manfred Langner, Aachen

S. 83   © Elisabeth Pajonk, Aachen

S. 96   © Hartmut Vogler, Düsseldorf

S. 100 © Anne Gold, Aachen

S. 103 © Bistum Aachen

S. 107 © Gerold Rapp, Schramberg/Schwarzwald, „Baum des Lebens – Baum des Todes", Leinwand, 4,70 m x 3,20 m, 1992

S. 113 © Klaus Herzog, Aachen

S. 115 © Doris Lintzen, Aachen

S. 116 © Doris Lintzen, Aachen

S. 123 © Bistum Aachen

S. 125 © Christa Matenaar, Aachen

S. 128 © Christa Matenaar, Aachen

S. 143ff. © im Privatbesitz der Autorinnen

S. 167 © Bistum Aachen

S. 171 © Paul Reding, Waltrop

S. 173 © Paul Jansen, Hückelhoven

S. 177 © „111 Kinderlieder zur Bibel", Hg. Gerd Watkinson, Umschlagentwurf und grafische Gestaltung: Erna de Vries, Verlag Ernst Kaufmann, Lahr/Schwarzwald, und Christophorus-Verlag Herder, Freiburg i. B., 1968, S. 24 und S. 31

S. 181 © Anne Gold, Aachen

S. 206ff. © Bistum Aachen

S. 213 © Dormitio-Abtei, Jerusalem

S. 238 © Rolf Mengelmann, B-Kelmis

S. 239 © Bert Landen, Schleiden-Olef

S. 245 © Anne Gold, Aachen

S. 255 © Christoph Henkel, Abenden. Das Aquarell „Mensch-(w)erdung" stammt aus einem Bild-Zyklus zur biblischen Schöpfungserzählung, entstanden 1991.